死者を巡る「想い」の歴史

死者を巡る「想い」の歴史

山本幸司

岩波書店

祖父、山岸靖一の思い出に

目　次

はじめに　1

第一章　死者を送る、死者を悼む　9

一　家族・親族との死別　10

1 妻・夫との別れ　10／2 親を送る　19
3 子に先立たれ　27／4 兄弟を送る　36

二　家族・親族以外の別れ　40

1 友人・知人を送る　40／2 名も知らぬ人を送る　46

第二章　遺された側の想い　55

一　慰め合う人々　56

1 慰めの歌を贈る　56／2 弔問の頃合い　62

二　遺された身の孤独……64
1　連れ合いに先立たれ　65／2　友に後れる　68
3　遠方で接する死　71／4　重なる不幸　73
三　厳しい現実……75
1　切れる絆　75／2　処世の姿　78／3　流れへの反発　80
4　悲喜交々　82／5　供養の負担　83
四　死後の供養……84
1　服喪と喪明け　84／2　年忌　87／3　墓参り　93
【コラム】記紀万葉の他界観1　政治神話と天上他界　99
第三章　死者の世界へ――109
一　死に行く者の思い……109
1『万葉集』の例　110／2　八代集以降　112
3　死者の詠んだ歌　120
二　死への諦念……125

1　夢と現　126　／　2　無常の世　130
三　死後の道程……135
1　死者の行く道　136　／　2　三途の川　141　／　3　死出の山　143
【コラム】記紀万葉の他界観2　黄泉国と山　148
第四章　なお残る死者への想い――153
一　蘇る思い出……154
1　幼い子　157　／　2　形見の品　158　／　3　主なき家　164
4　花に触れて　169　／　5　鳥の声・虫の音　173
二　夢に託す想い……178
1　夢の中での再会　178　／　2　夢の悲しさ　182
三　死者は身近に……185
1　再会を念じて　185　／　2　死者の還る日　189
【コラム】記紀万葉の他界観3　鳥と天翔る　201

第五章　死者とその霊魂 205
一　死者の霊魂と肉体 206
1　あこがれ出る魂 207／2　死者の霊魂 212
二　説話や物語に見る死者の霊魂 217
三　死者の霊魂に対する二つの見方 227
四　浄土や極楽を信じるか 232
五　「あの世」とは 238
補章　能楽——負の他界の死者 243
一　穏やかな死者の霊 246
二　死者の生前における社会的属性 250
三　死者の成仏を妨げる要因 252
1　合戦という修羅道 253／2　殺生の業 258

3　男女の妄執　260／4　親子の恩愛　264
5　晴らしがたい怨念　266／6　やり残したことへの執着　271
四　導師としてのワキ……………………………274
五　救済劇としての能楽…………………………277
文献一覧
あとがき
引用史料略年表

＊本文中で史料原文や現代語訳のテキストとして使用した文献については、巻末の「史料・参考文献」の初めに一括して掲載しました。多数に上るため、個々には注記しませんが、それぞれの校訂・注釈に当たられた方々には、この場を借りて改めて御礼申し上げます。

なお史料の引用にあたっては、分かりやすくするため、ゝや〱などのおどり字は使用を避け、振り仮名は現代仮名遣いにするなどの修整を加えた場合もあることを、お断りいたします。

はじめに

その夜、シェイタニッツァの森で、アリゴルコ師はわたしに、かつて愛し今も愛している人びとを呼び出すこと、そういう人たちのために神に祈ること、そういう人たちと相談し合うことを教えてくれた。相手が生者たると死者たるとを問わずである。以来、わたしはもはや一度として孤独だったことはない。

A・ドンチェフ『別れの時』

歳を取ったせいか、昔のこと、亡くなった家族や友人・知人たちのことなど、折に触れて思い出す。暮夜、床に入ってから、あるいは明け方覚めやらぬ布団の中などで、自らの行動についての反省や、政治情勢やら経済問題やらについての考えが、自問自答の形で進行する。その合間には亡くなった誰彼ならどのように考えるか、あるいはどう言うかという疑問など、いろいろの思いが浮かび、結果的に、故人との会話のような形で思考が展開していくこともある。

私自身の立場から見ると、自分を中心に、生きている人々と亡くなった人々が、いわば一つの交遊圏を作り上げているのであり、そうした交遊圏は、故人の部分は眼には見えないが、それなりにある種の共同体だといってもよい。多かれ少なかれ、この世の大方の人はそうした死者と生者の入り混じった共同体の一員だと考えられるように思う。

当たり前のことではあるが、歳を重ねるにつれて、新しい知己は減る一方、思い出の中に登場する、すでに故人となった友人・知人の数は増す。自己を中心とした交遊圏のメンバーは、次第次第に故人が増え、現に生きている人の比重は低下する。

肉体の死という生理的・物理的な事実を、死の世界と生の世界とを隔てる厳然たる境界として考えれば、死者と生者の共存する共同体などというのは、全くの絵空事になってしまう。しかし観念の世界では、死と生との区別はそれほど明確なものではない。老いが進めば、二つの世界が頭のなかに混在して、どちらに生きているのか分からなくなるような場合もあろう。

まして我々のような現代人とは違って、生命の危険にさらされることが遥かに多く、寿命も遥かに短い時代、そしてまた考え方の上でも、生と死は隣り合った世界として捉えられていた時代にあっては、日常的に死者と生者は共存し、お互いの存在を感知し、認め合い、時には語り合うこともあったのではないか。

死者と生者は常に引かれ合うものであって、その交歓は一方的なものではないというのが、古く日本人の通念だったのだと想像する。


漠然とこのように考えるうちに、やがて過去の時代、とりわけ物の考え方の上でも感覚的にも現代の我々とは隔たっている、古代から中世にかけての時代に生きた人々は、人間の死をどのようなものとして受けとめ、また死んでいく人々をどのように送ってきたのかを、自分なりに跡づけてみたいと思うようになった。さらに親しい人の死を悲しむということは、人間普遍のこととしてあるにしても、それをどう表現するかというのは、時代時代によって変わるだろうし、またその背後には各々の時代に応じた、死後のあり方についての考え方が横たわっているに違いない、とも考えたのである。

しかし人間の内面を歴史的にたどるのは、方法的にかなり難しい課題である上に、そもそも史料が極めて少ない。まして古代や中世となれば、個人の内面を語ってくれる、現代的な意味での日記や書簡のような史料は、ほとんど存在しない。歴史研究者が通常扱う古文書や古記録で、このような人間の内面について触れたものはほとんどないといってよいだろう。この点でかなり試行錯誤を重ね、一時は断念しようかと思ったほどである。そうした事情で、最初に思い立ってから今日まで、すでに八年か九年、途中二年間の現役復帰という研究上のブランクを差し引いても、六、七年の月日が経ってしまった。

その結果、右のような隘路を抜けて史料の欠を補うためには、日記・物語文学あるいは和歌などの文学作品を史料とする他はないという判断に至ったのである。といっても、これまでとりわけ和歌や国文学を専門に探究したわけではないし、読者として読むことはあっても、はっきりした問題意識を持って取り組んだこともないので、果してうまく行くか否か自信はなかった。

しかも本書の主眼とするのは、かつての一般的な日本人が死者をどのような想いで送っていたか、あるいは死者についてどのように考えていたかを知ることにあるが、実際には民衆一般についてそうした試みを可能とするような史料は、ほとんど存在せず、日記・物語文学や和歌などに遺されているのは、主として貴族社会の現実である。その点でも日記・物語や和歌の使用は次善の策であるのは認めざるを得ない。

そのような懸念を抱きつつ、しかし実際に作業を始めてみて、日記・物語文学に関しては、たとえフィクションではあっても、その中に表現されている内的な感情・思惟は、それぞれの作品の属する時代の人々に自然に受け入れられていたものとして、史料とすることに問題はないと考えられたし、和歌を含めて、社会層による感情・感覚の違いなどについては、貴族階層を必ずしも特別視しないでもいいのではないかと判断された。

また和歌については、極めて短い短詩型である和歌だが、体系的思考や理論の分析などとは違って、抽象度の低い感情・思惟の分析のためなら有用なだけでなく、分類して並べて見ることによって、集合的に何らかの傾向性を見ることができるし、特に詞書《ことばがき》がある場合は役に立つことも再認識した。

和歌は基本的に作歌した人物の個人的感情・思惟の表出だと考えることができようが、だからといって感じ方も表現も完全に個人かぎりのものであるとは限らず、むしろ社会的に一定の影響を受けたものであることが多い。表現様式や語彙は、意識的ないし無意識的に、社会的な定型に則って用いられるのが一般的だったと考えられるし、様式化され流行化することも、社会との関わりのうちである。また様式は個人を制約するばかりとは限らず、様式があることによってかえって、自分の気持ちを素直に表現しやすくなることもある。

中には仮構された状況に関する歌など、和歌には意識的な虚構性が含まれていることもあるので、それを史料とすることへの疑問もあるだろうが、日記・物語文学と同様、時代の好尚に適ったものとして詠まれている限りは、時代の精神を表しているのだから、その点は問題ないと考えている。

和歌の解釈にあたっては、その歌の背後にある死生観、他界観、あるいは肉体と魂との関係についての考え方など、当時の人間の抱いていた、これも意識的・無意識的な思考を常に考えに入れていなければ、解釈を誤ることになるが、そのような注意を必要とすること自体が和歌の持つ社会的性格を示すものだろう。

ただ一つ指摘しておかなければならないのは、死者と関係の深い他界観の場合、和歌には固有の限界がある点である。すなわち和歌は、多くは身近の死者を悼むという立場からの作品である以上、死者の行方を地獄というような悲惨な場に想定することは、よほど例外的な場合のみであろう。それゆえ歌に表現された他界観には、通常、いってみれば負の他界は想定されていないと考えるべきなのである。

古代・中世の人々が書き遺した作品を読んだ時に、それを遺した人々の抱いていたであろう様々な思いを感じる。そうした思いの中でも、そのまま時空を超えて今の我々の感覚と変わらない印象を抱かせるものと、何となく理解に苦しむもの、違和感のあるものなどとがあるが、死者に寄せる想いなどは、現代の人間にも理解されやすいものではないかと思う。

ただし本書における私の問題関心は、単に死者を悼むということばかりでなく、死者の死後の道行きに対する想像、弔問などの形での死者の家族への想いの表明、さらには具体的な死者に関するものでなくても、「死」に関する一般的な考え方なども対象としている。そういう意味で書名は「死者を巡る」という表現で、人の死に付随する問題を広く対象としていることを示した。

また「想い」という言葉は、例えば感情史といったジャンルの研究とは異なるものであることを示す意味で用いている。なぜなら人が亡くなったことで感じる悲しみ・苦しみなどだけであれば、感情史というジャンルに入れてもいいだろうが、本書の対象はそれに止まらず、右に述べたように、死後の道程についての想像、死者の家族への配慮、その人の死によってもたらされる社会的影響など、感情よりは想像・配慮・推測などと呼ぶべき、人間の内面的活動にも触れているからである。そうした死者を取り巻く周囲の人間の内面に、死者に関して生じる曖昧な全体を、包括的に表現する言葉として、「想い」を選んだのである。

具体的に使用した史料としては、歴史書や物語・日記文学などでは、記紀に始まり『日本霊異記《にほんりょういき》』から『徒然草』あたりまで、和歌ではいうまでもなく膨大に残る和歌のすべてを対象とすることは不可能なので、日本最古の和歌集である『万葉集』以後、天皇の命令で編纂された和歌集、すなわち勅撰和歌集(勅撰集)のうち、『万葉集』の後に続けて編纂された『古今《こきん》和歌集』『後撰和歌集』『拾遺《しゅうい》和歌集』『後拾遺和歌集』『金葉《きんよう》和歌集』『詞花《しか》和歌集』『千載《せんざい》和歌集』『新古今和歌集』を合わせた八代集(以下、本書では「古今集」「後撰集」「拾遺集」「後拾遺集」「金葉集」「詞花集」「千載集」「新古今集」と略称する)を主たる対象とした。これによって例外はあるが、概ね時代的には奈良から平安、そして鎌倉初期あたりまでが対象として取り上げられることになる。

また和歌の場合、死者を悼む歌といえば、国文学の世界だったら「挽歌《ばんか》」あるいは「哀傷歌《あいしょうか》」という範疇で歌集に収載される和歌を、まず想起するだろうし、もちろんそれは当然のことでもあるが、私の立場からは、「挽歌」や「哀傷歌」の範疇だけに留まらない。そのことは、問題関心の在り方から理解されることと思う。

最後に改めて確認しておきたいのは、本書は多く日記・物語や和歌などを史料としているが、あくまでもそれは史料として必要以上の情緒的解釈や感情移入は避けて、できるだけ客観的に分析する対象としてであって、文学評論や創作とは違った歴史的研究を意図したものであるという一点である。いうまでもなく引用する史料の採択もまた、文学的な評価とは全く関係ない。

ただし史料解釈の面で、主観的な感想を完全に排除することは難しいことでもある。そういう意味で、文中では文学的な解釈や表現を用いている個所もあるが、それは主題によって導き出された、やむを得ざる結果であるとお断りしておこう。

第一章　死者を送る、死者を悼む

どこか記憶の襞《ひだ》のひとすみから、シェリーの詩句がうかんできたが、それはまるで、意味のなかでからみあうように、たがいに反復しあっていた——

……いかにして聞くことができようか

だれか、死者の言葉を知らない者がいようか？

わたしがこれまで、そこで生きてきた都会の人間は、もはやこれらの言葉の意味するところに気づくことはない。死者に話しかけることができる者たちの言語を忘れてしまったからである。一人ぼっちでとりのこされることの究極的な恐怖を知っている者たちの言語、また、かくも不確かな領域に一人ぼっちにしないでくれ、と嘆願している人間の苦悩を予知することができる者たちの言語を、忘れてしまったからである。

A・カルペンティエル『失われた足跡』

本章では、『万葉集』以降の歌集や日記・説話文学の中で、いろいろな人が、様々な場面で人の死を悼んだ歌や文について検討するが、一口に死者を悼むといっても、悼む対象となる死者と悼む人との関係によって、表現の仕方も変わると考えられるので、以下では、送る対象に沿っていくつかに分類して取り上げる。

普通、誰しもがもっとも遭遇する可能性が高く、また痛切に喪失感を感じるのは、いうまでもなく親族や親しい知人・友人の死である。初めにそうした場面に関連する作品を中心に、奈良・平安期から鎌倉期前半くらいまでの史料を検討し、当時の人々の想いをたどってみることに力点を置くこととした。

一　家族・親族との死別

1　妻・夫との別れ

人の死を悼むといえば、まず長年共に暮らした相手を送る場面が思い浮かぶので、最初に妻や夫など愛する人の死に際して詠まれた歌を挙げよう。

夫が妻を送る歌は、『万葉集』には、柿本人麻呂《かきのもとのひとまろ》の歌を初めとして長歌・短歌を合わせて七九首ほど(数え方や歌の解釈などで多少の差はある)あり、このうち柿本人麻呂が一六首、大伴旅人《おおとものたびと》が一一首、大伴家持《やかもち》が一一首と、この三人で約半数になる。

まず『万葉集』を代表する歌人、柿本人麻呂(生没年不詳)が「妻死して後に泣血哀慟《きゅうけつあいどう》して(泣き悲しんで)作りし歌」とある長歌から。

天飛《あま》ぶや　軽《かる》の道は　我妹子《わぎもこ》が　里にしあれば　ねもころに　見まく欲しけど　やまず行かば

人目を多み　まねく行かば　人知りぬべみ　さね葛《かずら》　後も逢はむと　大船の　思ひ頼みて玉かぎる　磐垣淵《いわかきふち》の　隠《こも》りのみ　恋ひつつあるに　渡る日の　暮れぬるがごと　照る月の　雲《くも》隠《かく》るごと　沖つ藻《も》の　なびきし妹《いも》は　黄葉《もみじば》の　過ぎて去《い》にきと　玉梓《たまずさ》の　使ひの言へば　梓弓《あずさゆみ》音に聞きて　言はむすべ　せむすべ知らに　音《ね》のみを　聞きてありえねば　我《あ》が恋ふる　千《ち》重《え》の一重《ひとえ》も　慰もる　心もありやと　我妹子が　やまず出で見し　軽《かる》の市に　我が立ち聞けば玉だすき　畝傍《うねび》の山に　鳴く鳥の　声も聞こえず　玉桙《たまぼこ》の　道行き人も　ひとりだに　似てし行かねば　すべをなみ　妹が名呼びて　袖そ振りつる　（万葉二〇七）

〈軽の道は私の妻の里なので、十分によく見たいとは思うけれど、絶えず行ったら人目が多いし、あまり度々行ったならば人が知ってしまうであろうから、後でも会えるだろうと、それを頼みにして岩垣淵のように、人知れず恋い続けている間に、空を渡る日が暮れてゆくように、照る月が雲に隠れるように、靡き添って寝た妻は、はかなく散っていったと使の者がいうので、話を聞いて、何といったらよいか、どうしたらよいか分からずに、話だけを聞いていられないので、私の思いの千分の一でも慰められる気持もあろうかと、妻が始終出て見ていた軽の市に、私が立って耳を傾けると、畝傍の山に鳴く鳥の声も聞こえず、道を行く人も、ただの一人も妻に似ている人が通らないので、何ともしようがなく、妻の名を呼んで袖を振ったよ〉

玉梓の使とは、手に梓の杖を携えた訃報の使者のことだという。

次は神亀五年(七二八)に大伴旅人(六六五—七三一)が、大宰府在任中に亡くなった妻を偲んで作った

三首(万葉四三八―四四〇)のうちから一首、

都なる荒れたる家にひとり寝ば旅にまさりて苦しかるべし　(万葉四四〇)

〈都にある、妻もいない荒れた家に独り寝たならば、旅にもまして苦しいだろう〉

三首いずれも、肉体的な感覚を伴った独り寝の寂しさに、ひしひしと孤独感が沁み込んでくるような想いを感じさせるが、独り寝に妻を偲ぶというのは、この後も一つの定型として残っていく。旅人は文武双方にわたる官職を歴任した高位の貴族であり、漢学・和歌にも通じた文化人であった。

旅人はその後、還京するが、その途次で、往路には一緒だったのに、帰路には伴わない妻のことを偲ぶ一連の歌を作る。妻と見た鞆《とも》の浦や敏馬《みぬめ》の崎の風景に、改めて妻を偲んだ四四六―四五〇の歌、故郷に帰り着いて詠んだ四五一―四五三の歌など、すべて妻を懐かしむ歌である。そのうちから四五二を引いておこう。

妹として二人作りしわが山斎《しま》は木高《こだか》く繁くなりにけるかも　(万葉四五二)

〈妻と二人で作った我が家の庭の木が高く茂ったことだ〉

帰郷後まもなく天平三年(七三一)、旅人は没する。

旅人の子家持(七一六?―七八五)は政治的には不遇であったが、『万葉集』終期を代表する歌人として名を残している。家持にも、亡妻を偲ぶ歌は多いが、天平十一年(七三九)に亡くなった妻を悼んで作った一連の歌の中から、軒下の石畳の傍らの瞿麦《なでしこ》の花を見て詠んだ、

秋さらば見つつしのべと妹が植ゑしやどのなでしこ咲きにけるかも　(万葉四六四)

〈秋になったら花を見て賞美しなさいと妻が植えた庭のなでしこが、見れば咲いていることだ〉

と、別の長歌に伴う反歌、

時はしも何時《いつ》もあらむを心痛くい行く我妹《わぎも》かみどり子を置きて（万葉四六七）

〈死ぬべき時は、いつでもあるだろうに、私に辛い思いをさせて亡くなってしまった妻であることだ。しかも幼子を残して〉

を紹介する。

妻を送る歌に比べると、夫を送る歌は少ない。一〇首前後か。その中で東国から筑紫方面に防衛のために送られた防人《さきもり》の妻が、帰ってくるはずだった夫を偲んで詠んだ歌を挙げておく。

この月は　君来まさむと　大船の　思ひ頼みて　いつしかと　我《あ》が待ち居れば　黄葉《もみじば》の　過ぎて去《い》にきと　玉梓の　使ひの言へば　蛍なす　ほのかに聞きて　大地《おおつち》を　炎と踏みて　立ちて居て　行くへも知らず　朝霧の　思ひ迷ひて　丈《つえ》足らず　八尺《やさか》の嘆き　嘆けども　験《しるし》をなみと　いづくにか　君がまさむと　天雲の　行きのまにまに　射ゆししの　行きも死なむと　思へども　道の知らねば　ひとり居て　君に恋ふるに　音《ね》のみし泣かゆ（万葉三三四四）

〈今月はあなたが帰ってこられると頼みに思って、いつかいつかと待っていると、儚く死んでしまったと使いの者が来ていうので、ほのかにその言葉を聞いて、大地をまるで炎の上を踏むように跳び上がり踏んで、立ったり座ったり、どこへ行けばいいのか分からず途方に暮れ、思い迷って、八尺にも及ぶ長い溜息をついて、嘆いても何の甲斐もないので、いったいどこにあなたはおいでになるのだろうと、天雲の行く

後に従って、行って死のうと思うけれども、道が分からないので、独り居てあなたを恋い慕っていると、声が出て泣けてしまう〉

『万葉集』は以上にして、八代集に移るが、八代集に収められた死者を悼む歌の中で、もっとも多いのは連れ合いの死を悼む歌であり、それは当然のこととも思われる。

「古今集」には全体として、死者を悼む歌は少ないが、連れ合いの死についての歌も全くない。「後撰集」では巻二十の「慶賀　哀傷」の部のうち、一三八六―一四二五の四〇首が哀傷歌ということになるが、そのうち夫婦に関するものは一三首である。

まず最初は、妻である醍醐《だいご》天皇皇女勤子内親王が亡くなった後に、彼女の書いた手紙が残っていたので、その余白に書きつけて尚侍《ないしのかみ》（藤原忠平《ただひら》娘貴子か）に送ったという藤原師輔《もろすけ》（九〇八―九六〇）の、

種もなき花だに散らぬやどもあるをなどかかたみのこだになからん　（後撰一三九二）

師輔が〈書いた人もいない手紙（種も無い花）も残っているのに、どうして形見の子（筐の籠）を残していないのだろう〉と、嘆いたのに対し、尚侍は、

結置《むすびお》きし種ならねども見るからにいとど忍《しのぶ》の草を摘《つ》む哉《かな》　（後撰一三九三）

〈私に届けるために結び文にしてあった手紙ではないけれども、見ればすぐにあの人を偲んでしまいます〉と、手紙だけに触れて、直接、師輔の嘆きには返事をしていない。なお師輔は摂関家の祖となった人物である。

昨日まで千代《ちよ》と契りし君を我が死出《しで》の山地《やまじ》にたづぬべき哉　（後撰一四〇五）

〈昨日まで千代を共にしようと約束していたあなたを、私が死出の山路に訪ねて行かなければならなくなったことよ〉

もまた、師輔が妻を偲んで詠んだ歌である。

次に挙げたのは、七月頃に妻が亡くなって喪に服している間に、妹のところから萩の花を送ってきたが、

女郎花《おみなえし》枯れにし野辺《のべ》に住む人はまづ咲く花をまたくとも見ず　（後撰一四〇一）

〈女郎花が枯れてしまった野辺（妻の亡くなった家）に住む私は、秋が来て最初に咲くこの萩を見ても、心がはやるようなこともありません〉

という太政大臣藤原忠平（八八〇―九四九）の歌である。

他方、次のよみ人しらずの歌は、遺された女性の側が共に暮らしていた男性を送った歌である。

ふるさとに君はいづらと待ち問はばいづれの空の霞《かすみ》と言はまし　（後撰一四一五）

〈男の忌みが明けて実家に帰った日に、あの人はどこへ行ったのかと尋ねられたら、どこの空の霞になったと言えばいいのだろう〉

という、途方に暮れたような空しさを詠う。ここに出てくる「霞」は死者を焼く火葬の煙を示す。

次に「拾遺集」に移ろう。

巻八の雑上の部には、大江為基《ためもと》の「妻に遅れて侍《はべり》ける頃、月を見侍て」という、

ながむるに物思《ものおもう》事のなぐさむは月は憂き世の外よりや行く　（拾遺四三四）

〈眺めていると物思いが慰められるのは、月は憂き世の外を巡っていくからだろうか〉
の歌が収められている。月を憂き世とは無関係のものとして、その月を見ることで物思いが慰められるという為基にとって、この世の生々流転にかかわらず、超然と変わらぬ姿を留めている自然は、変わらないが故に、逆に死別によって切り裂かれた人の心を慰めてくれる存在だったのだ。

為基にはその他に、巻二十の哀傷の部にも、「思ふ妻《め》に後《おく》れて嘆く頃、詠み侍ける」という詞書の妻を悼む歌が二首入集している。その一つ、

年経《ふ》れどいかなる人か床古《とこふ》りてあひ思ふ人に別れざるらん　（拾遺一二九六）

〈いくら結婚して久しく、親密な夫婦であっても、愛し合っている人と死別しないなどということがあるだろうか〉

と、これは離別が避けられないことを自らに言い聞かせてでもいるようだ。

「中宮隠れ給ひての年の秋、御前の前栽《せんざい》に露《つゆ》の置きたるを、風の吹きなびかしけるを、御覧じて」という、村上天皇（九二六―九六七）が皇后安子を偲んで詠んだ、

秋風になびく草葉の露よりも消えにし人を何にたとへん　（拾遺一二八六）

〈秋風に吹かれてそよぐ草葉に置いた露よりも、はかなく消えてしまった人を、いったい何になぞらえたらいいのだろう〉

は、死だけは身分の高下を問わず平等に訪れるものであり、その悲哀もまた身分に関係ないものであると思わせる。

「後拾遺集」には、一条院・源兼長《かねなが》・大江匡房《まさふさ》・和泉式部《いずみしきぶ》・赤染衛門《あかぞめえもん》などの歌が、いずれも巻十の哀傷の部に収録されている。

最初に長保二年(一〇〇〇)十二月に皇后定子が亡くなって、葬送の夜、雪が降っていたので一条院(九八〇―一〇一一)が詠んだ歌、

野辺《のべ》までに心ひとつは通《かよ》へども我がみゆきとは知らずやあるらん　(後拾遺五四三)

〈葬送の野辺まで、私の心だけは往くのだけれども、亡き皇后は私が共にいて、その思いが雪となって降りかかるのだと、気がつかないだろうか〉

「みゆき(行幸)」に「深雪」を懸けている。天皇は葬送に同行できないので、「心ひとつは(心だけは)」

と詠ったわけである。雪の日の葬送という情景がまざまざと見えるような気がする。一条院の寵愛を受けた定子は才気に富んだ女性で、清少納言も定子に仕えている。

歌人としての才を謳われ、恋多き女性でもあった和泉式部(生没年不詳、平安中期)が、恋愛関係にあった敦道《あつみち》親王の死に遭遇して詠んだ歌は二首あるが、「尼にならむと思てよみ侍ける」という

捨てはてむと思《おも》さへこそかなしけれ君になれにし我身と思へば　(後拾遺五七四)

〈出家して世を捨ててしまおうと思うことまで悲しい、君に親しんだこの私の体だと思うと〉

は、自分の「身」を親王の形見と見るという感覚に、親王との濃密な時間を思わせる。

「金葉集」では、死者を送る歌は哀傷歌としてまとめられてはいないが、巻十の雑部下にほとんどが収録されている中で、連れ合いを悼む歌は、妻が亡くなって天王寺に赴く途次で詠んだという源顕《あき》

房《ふさ》の、次の一首のみである。

難波江《なにわえ》のあしの若根のしげければこころもゆかぬ舟出《ふなで》をぞする　（金葉六〇七）

〈難波江の蘆の若い根が繁っているので、思うに任せない舟出をするように、妻の死を悲しむ私の激しい泣き声で、気の進まぬ舟出をすることよ〉

「若根」に泣く「我が音」を懸けている。

「詞花集」も、哀傷の部はなく、巻十の雑下に死者を悼む歌はすべて収められている。そのうち連れ合いへのものは、藤原教良《のりよし》母・円融院《えんゆういん》・赤染衛門・よみ人しらずの四首ある。

赤染衛門（生没年不詳、平安中期）が夫の大江匡衡《まさひら》の亡くなった翌年の春に詠んだ、

去年《こぞ》の春ちりにし花もさきにけりあはれ別れのかからましかば　（詞花四〇二）

〈去年の春散った花もまた咲いた、ああ、死別というのがこのようであったならば〉

は、死別しても春になってまた咲く桜のように再び逢えるものならなあと、還らぬ別れへの癒やしがたい思いを詠っている。赤染衛門は上東門院《じょうとうもんいん》彰子（九八八―一〇七四）に仕え、歌人としても知られている。

「千載集」では巻九が哀傷歌の部で、そこに承香殿女御《じょうきょうでんのにょうご》（一条院女御）・藤原有信《ありのぶ》・藤原季能《すえよし》の三人の歌が見られる。

承香殿女御が一条院を送って詠んだ歌、

おほかたにさやけからぬか月かげは涙くもらぬ人に見せばや　（千載五六〇）

〈月は一般的に見てさやかでないのかどうか、悲しみの涙で目が曇らない人に見せたいものだ〉

も、藤原有信が親しかった女性を送った歌（千載五七六）も、共に月を見ての想いを詠っていた。

「新古今集」にも連れ合いを送る歌は多いが、巻八の哀傷歌の部に収められている、大納言藤原実《さね》家《いえ》が密かに愛していた女性が亡くなって後、女性の家へ行って見ると、もはや誰も住まないありさまで、昔を偲んでそこに泊まって詠んだ歌、

なれし秋のふけし夜床《よどこ》はそれながら心のそこの夢ぞかなしき　（新古今七九二）

〈秋の夜更け、あの人と睦まじく慣れ親しんだ床は、昔のままに変わりないが、私の心の底では、儚い夢のようにあの人の面影が浮かんでは消えるばかりで、それがたまらなく悲しい〉

は独り寝に寄せて想いを詠んでいる。

2　親を送る

親を送った時の状況について詳細に記してあるのは、『蜻蛉日記《かげろうにっき》』である。筆者、藤原道綱《みちつな》母（九三六？―九九五？）が、その母の死に際会して綴った文章には、平安前期の女性が肉親の死に対して、どのような想いを抱いたか、またどのように振る舞ったか、その一つの例が窺える。

後に太政大臣まで昇る夫の藤原兼家《かねいえ》の女性関係などに疲れていた道綱母にとって、母の存在が恐らく大きかったのだろう。その母は長い間、煩い続けた後に、この年（康保元＝九六四か）の秋の初め、深《ふか》草《くさ》の山寺で亡くなってしまった。道綱母は母との関係の深さゆえか、世間の人が思いもよらないほどわびしい想いに取り憑かれてしまう。

――亡くなった母が幾日か患っている間、あまり物などもいわず、ただこうしてはかなく日を送っていることを夜昼嘆き、しばらく苦しい息の下におられたのを思うと、やはり同じ嘆きをしている自分は、生きているのがつまらなく思い続けられた。……とやかく世話をしてくれる人も多く、お葬式のことも済んでしまった。寂しい山寺に皆が集まって、ぼんやりと時を過ごしているが、眠れないままに、一夜を明かすことも多かった。そんな朝、山のあたりを眺めると、霧が麓を隠している。京に帰っても誰の所へ身を寄せたらいいのだろうか。いっそこんな山寺で死んでしまった方がいいと思うが、ふと後に残る子供のことなぞを思い返し、さてまた生きて行くということも辛かった。……

京の実家へ急ぐ心もないが、勝手なこともできないので、今日は皆いよいよ出発という日になった。この山寺へ来た時は、私の膝に俯《うつぶ》していらっしゃった母を、なんとか苦しくないようにと、自分は汗みずくになっていたわったのだったが。今度は楽々とゆっくり車に乗れたにつけて、道中ふいに悲しさがこみ上げてきた。家について車を降り立ってみても物も覚えないほど悲しいのだ。いっしょに縁側近く出て手入れをさせた庭の草など、病気の初めからうち捨ててあったから、今は生い茂り様々に咲き乱れている。……

手触れねど花は盛りになりにけりとどめ置きける露にかかりて

〈手入れもしないのに花は盛りになってしまいました。母がこの世に残していった慈しみの露を受けて〉

……私だけは気の紛らしようもなく、夜は念仏の声を聞き始めると、そのままずっと泣き明かしてしまう。四十九日の法事は誰も欠けることなく家で行った。……何もすることがないものだから、寺へ行った時あっちこっち取り散らかした品物を整理していると、母が日常使っていた道具、書き残した文などが出てきて、息もつまりそうな気分であった。……所在ないまま、久しぶりに琴の塵を払ったりして、弾くとはなしにかき鳴らしていると、もう忌日も過ぎたのだが、たといわが身は力ない境遇であるにしても、母さえ生きていてくれたらなどと思いつづけられる。ふと向こうの部屋にいる叔母から、

今はとてひき出づる琴の音を聞けばうち返してもなほぞ悲しき

〈忌日も過ぎて、琴を弾いていらっしゃるのを聞くと、昔のことが思い出されていっそう悲しくなります〉と言ってきた。格別すぐれた歌でもないのに、心の弱っている私は一層身につまされて、

なき人は訪れもせで琴の緒を断ちし月日ぞ返り来にける

〈亡くなった人はもう訪れては来ません、琴の緒を断った月日は回ってきましたが〉と詠んだ。――この『蜻蛉日記』の記載は、細かいところにまでわたって記されていて、それぞれの場面が実にくっきりと目に浮かぶ。

しかし歌集には夫妻に比べれば親の死を悼む歌は少ない。『万葉集』には収められていないし、八代集の中にも、直接的に父母兄弟などの死に際して詠まれた歌は意外に少ない。

まず「古今集」では、親族を悼む歌は父・母・姉・妹とそれぞれ一首ずつで、あるいはそれぞれの対象について意図的に一首ずつ選んだのかとも考えられるが、どうだろうか。

そのうち父の死を詠んだのは、「父が喪《おもい》にて、よめる」という壬生忠岑《みぶのただみね》（生没年不詳、平安前—中期）の、

藤衣《ふじごろも》はつるるいとはわび人の涙の玉の緒《お》とぞなりける　（古今八四一）

〈喪服のほつれて抜ける糸は、嘆きに沈む私という「わび人」の涙を貫きつなぐ紐となって続いていることです〉

母の方は、同じような「母が喪にて、よめる」という凡河内躬恒《おおしこうちのみつね》（生没年不詳、平安前期）の、

神無月《かんなづき》時雨《しぐれ》に濡るるもみぢ葉はただわび人の袂《たもと》なりけり　（古今八四〇）

〈神無月の時雨に濡れている紅葉の葉は、嘆きに沈んでいる私という「わび人」の血の涙で染まった袖そのものです〉

の歌である。忠岑も躬恒も「古今集」の撰者の一人で、高名な歌人である。

なお忠岑の歌にある「藤衣」は、元来は藤や葛などの皮の繊維で織った粗末な衣服の称であったが、後に喪服を指すようになった。

これらの他に、躬恒と同様「古今集」の撰者であった紀友則《きのとものり》（生没年不詳、平安前期）が、惟喬《これたか》親王から友則の父有朋が在世中に詠んだ歌を所望された折、それを書いて贈った奥に、書きつけたという、

ことならば事の葉さへもきえななむ見れば涙のたぎまさりけり　（古今八五四）

〈同じことなら、この詠み残された歌までもが消えてほしいものです。なまじこれを見ると、涙の滝がますます滾《たぎ》り流れることです〉

という歌。さらには妻の親の喪のために山寺にあるときに、弔問を受けて詠んだという、よみ人しらずの、

あしひきの山辺に今はすみぞめの衣の袖の干《ひ》る時もなし　（古今八四四）

〈山寺に住んでいて、薄墨色の喪服の衣の袖が乾く時もありません〉

などの歌も、父母を悼む歌に加えれば、全体で四首ということになる。

「後撰集」では、大和に暮らしていた母が亡くなった後に、大和へ行くことになった伊勢（八七七？—九三八？）の詠んだ、

ひとりゆく事こそうけれふるさとのならびて見し人もなみ　（後撰一四〇三）

〈一人で行くことは気が進まない、昔住んだことのある奈良で、二人で並んで見物した母も今はいないので〉

と、母親の服忌で里にいる間に、醍醐天皇から文を送られた返歌として、近江更衣《おうみのこうい》（源周子）が詠んだ、

五月雨《さみだれ》に濡れにし袖にいとどしく露おきそふる秋のわびしさ　（後撰二七七）

〈五月雨の頃からずっと濡れている袖に、さらに御文を頂いた感涙の露を置き加える、秋の辛さです〉

の二首のみが親の死を詠んだ歌である。

ちなみに本書で度々引用する伊勢は藤原継蔭《つぐかげ》の娘で、宇多《うだ》天皇皇后温子に女房として仕える一方、宇多天皇に寵愛されて皇子を生んだり、藤原時平《ときひら》・仲平《なかひら》らとも愛し合うなど、華麗な生涯を送った女性で、歌人としても極めて評価が高い。また敦慶《あつよし》親王と伊勢との娘中務《なかつかさ》も、三十六歌仙の一人に加え

られるほどの歌才と美貌で知られた。

「拾遺集」には、すでに挙げた「古今集」の歌とほぼ同じ壬生忠岑の歌(拾遺一二九二)を除けば、

「親に後れて侍《はべり》ける頃、男の訪《と》ひ侍らざりければ」という伊勢の、

亡き人もあるがつらきを思《おもう》にも色分れぬは涙なりけり　(拾遺一三〇一)

〈亡き人を哀悼して流すのも、生きてはいても無情な人を思慕して流すのも、色の区別のないのは涙であったよ〉


と、藤原道信《みちのぶ》の父を悼む歌(拾遺一二九三)の二首がある。伊勢の歌は、親の死と訪ねてこない男の薄情との重なった哀しみを詠うもの。注釈によれば伊勢の作ではなく、敦慶親王の服喪に際しての中務の歌かとされる。

「後拾遺集」になると、親を送る歌はかなり数が増えるが、次章で触れる「京に侍ける親」とあるのみで父母のいずれか不明の大江嘉言《よしとき》の歌(後拾遺五七二)を除けば、なぜかすべて父親である。

熊野参詣の際に、父小一条院(敦明《あつあきら》親王)の通った難波に泊まって、昔を偲んで源信宗《のぶむね》が詠んだ、

いにしへになにはのことも変らねど涙のかかる旅はなかりき　(後拾遺五九五)

〈昔とは難波の様子は変わらないが、涙が溢れかかるこのような旅は、今までなかったことだ〉

と、源相方《すけかた》が父源重信が亡くなった後に播磨国に下り、高砂のあたりで舟人が、ここを高砂というと言ったので、昔を思い出して詠んだという、

高砂とたかくないひそむかし聞きし尾上《おのえ》のしらべまづぞ恋しき　(後拾遺一一〇六)

〈高砂と声高に言わないでほしい。昔聞いた尾上の松風にも通う、父の琵琶の調べが先ず（松）恋しくて、耳を澄ませて松風を聞きたいから〉

を挙げておこう。

その後、「金葉集」には親を偲ぶ歌はなく、「詞花集」には、父三条太政大臣藤原頼忠《よりただ》が没した後、月を見て詠んだという前大納言公任《きんとう》（九六六―一〇四一）の、

いにしへを恋ふるなみだにくらされておぼろにみゆる秋の夜の月　（詞花三九二）

〈死んだ人を恋しく思って流す涙に目が曇らされて朧《おぼろ》に見える秋の夜の月だ〉

と父一条摂政藤原伊尹《これただ》が亡くなった時の、

ゆふまぐれ木繁《こしげ》き庭をながめつつ木《こ》の葉とともにおつるなみだか　（詞花三九六）

〈夕暮になるごとに木の繁った庭を眺めては、木の葉が散り落ちるのと一緒に流れ落ちる涙だ〉

という藤原義孝《よしたか》の歌がある。

博識多才で知られた父経信《つねのぶ》をついで、歌人として名をなした源俊頼《としより》（一〇五五？―一一二九）に『散木《さんぼく》奇《き》謌《か》集《しゅう》』という自撰家集があるが、その第六（悲歎部）は、永長二年（一〇九七）に大宰権帥《だざいのごんのそち》だった父が大宰府で亡くなった際、父に伴って筑紫にいた俊頼が京へと帰る旅路を、歌日記のような形で綴った独特な内容を持つ。喪服を身に着ける時の、

墨染《すみぞめ》の衣を袖にかさぬれば目もともにきる物にぞ有《あり》ける　（散木七八一）

〈墨染の喪服を着るにつけて、目も共に涙の霧に霞むものだ〉

の歌に始まり、室《むろ》の津、高砂、江口、山崎、淀などを経て、京へたどり着く途次で、それぞれ歌を詠んでいる。

「千載集」からは、母の服喪の間に、義母が亡くなって、二重の喪に服すことになった藤原貞憲《さだのり》の、

限りありてふたつは着ねば藤衣なみだばかりをかさねつるかな　（千載五九二）

〈制限があって二つは着ないから、藤衣の喪服には涙だけを重ねて落とすことだよ〉

の歌を引いておく。「千載集」には、右の歌を除いて九首、親の死を悼む歌が収録されていた。全一〇首のうち、父親が五首、母親が五首となっている。

最後に「新古今集」には、父親を悼む歌が五首、母親を悼む歌が四首、計九首が載せられていた。

たまゆらの露も涙もとどまらずなき人こふる宿の秋風　（新古今七八八）

〈ほんのしばらくの間さえ、露の玉も涙の玉も少しも留まることなく、乱れこぼれる。亡き母を恋しく慕うこの宿に、秋風が吹きつけて露を散らし、涙は止めどなく溢れて〉

は、藤原定家《さだいえ》（一一六二―一二四一）が母が亡くなった年の秋、野分《のわき》が吹き荒れた日に、もとの住処に赴いて詠んだ歌である。定家は父の俊成《としなり》（一一一四―一二〇四）の後、歌の家として知られる御子左家《みこひだり》を継ぎ、九条家の庇護の下で歌人として盛名を馳せた。

父を悼む歌としては、入道摂政藤原兼家のために万灯会《まんどうえ》を行った際に詠んだ、兼家の娘、東三条院詮子の次の歌を挙げる。

水底にちぢの光はうつれども昔のかげはみえずぞ有ける　（新古今八〇九）

〈池の水底に数知れない灯明の光は映っているけれども、元気だった昔の父の姿は、もう見えることはない〉

それ以後、鎌倉期に入ってからは、次のような歌が詠まれている。

藤原為家《ためいえ》(一一九八―一二七五)が父定家の死後に詠んだ、

たらちねのおやのいさめの数々におもひあはせてねをのみぞなく　(中院詠草一二二)

〈父の生前の訓戒の数々、何とも思わずに聞き流した一つ一つを、今それぞれの場面に立って思い合わせて、(後悔と有り難さに)声に出して泣くばかりである〉

は、歌道の家の後継者としての為家が、父定家に寄せる想いを披瀝している。

時代は下るが、頓阿《とんあ》(俗名は二階堂貞宗、一二八九―一三七二)が母親の喪で籠もっていた頃、兼好《けんこう》(一二八三?―一三五二?)が詠歌を勧めたのに対して送った返歌、

思へただつねなき風にさそはれし歎きのもとは言葉《ことのは》もなし　(頓阿法師詠三四八)

〈無常の風に母を失った嘆きのために、歌を詠む気になれない悲しい心中を思いやってください〉

なども挙げておく。頓阿も兼好も共に、二条為世《ためよ》門の和歌四天王と称された仲である。

3　子に先立たれ

人の死に接した場合、どのような時が、もっとも悲しいかなどというのは、比べる意味もないことだが、私の場合、亡き人を偲ぶ中でも、その心中が思いやられて殊に共感するのは、子供、とりわけ

まだ成人していない子供を亡くした親の嘆きである。このような嘆きは、時代の違いを超えて、直截に我々に訴えてくる強い感情ではないかと思う。

子を送る歌で『万葉集』にあるのは、山上憶良《やまのうえのおくら》（六六〇―七三三？）の作だと推測される、長歌一首、短歌二首だけである。他の作品からも山上憶良の子煩悩な印象は伝わってくるので、多分、作者としておいてよいのだろう。古日という名前の男の子を、偲ぶ歌である。短歌は第三章で引用するので、ここには長歌のみ挙げておこう。

世の人の　貴び願ふ　七種《ななくさ》の　宝も我は　何せむに　我が中の　生まれ出でたる　白玉の　我
が子古日は　明星の　明くる朝《あした》は　しきたへの　床の辺去らず　立てれども　居れども　とも
に戯れ　夕星の　夕《ゆうべ》になれば　いざ寝よと　手を携はり　父母も　うへはなさがり　さきくさ
の　中にを寝むと　愛《うつく》しく　しが語らへば　いつしかも　人となり出でて　悪しけくも　善《よ》け
くも見むと　大船の　思ひ頼むに　思はぬに　横しま風の　にふふかに　覆《おお》ひ来ぬれば　せむ
すべの　たどきを知らに　白たへの　たすきを掛け　まそ鏡　手に取り持ちて　天つ神　仰ぎ
乞ひ禱《の》み　国つ神　伏してぬかつき　かからずも　かかりも　神のまにまにと　立ちあざり
我《あれ》乞ひ禱めど　しましくも　良けくはなしに　やくやくに　かたちつくほり　朝な朝な　言ふ
こと止み　たまきはる　命絶えぬれ　立ち躍り　足すり叫び　伏し仰ぎ　胸打ち嘆き　手に持
てる　我が子飛ばしつ　世の中の道　（万葉九〇四）

〈世間の人が、もてはやし、欲しがる七種の宝も、私は何で欲しかろうか。私たちの間に生まれ出た、白玉のような我が子古日は、明け放れた朝には、床の辺りにいつまでもいて、私たちが立っていても座っていても、共に遊び戯れ、夕方になれば「一緒に寝ようよ」と手をつないで、「父さんも母さんも離れないでね、真ん中に寝たいよ」と愛らしく言うものだから、いつか早く成人して、良くも悪しくも将来を見ようと、頼もしく思っていたのに、思いも懸けず横合いから突風が襲ってきたので、どうしたらよいか分からず、白襷を掛けて真澄鏡を手に取り持ち、天つ神を振り仰いで祈り、国つ神に伏して額づき、すべては神の御心のままだと、取り乱して、祈りに祈ったけれど、少しの間も良いことはないまま、次第次第に面変わりして、朝ごとに言葉も途絶えてきて、命は遂に尽きてしまったので、躍り上がり足摺りして泣き叫び、地に伏し天を仰ぎ、胸を叩いては嘆き、ああこうして掌の中の最愛の我が子を飛ばしてしまった。人の世の習いだ〉

『万葉集』には、子供に先立たれた嘆きを詠んだ歌が、八代集に比べて少ないように思うが、親を送る歌が収められていないことと、何らかの共通性があるのかもしれない。

奈良時代初期の歌人として有名な憶良には、この歌の他に「貧窮問答歌《ひんきゅうもんどうか》」など、現実生活や社会相に根ざした歌が多い。

子を喪った親の感情を伝えてくれる典型的な作品は、任国であった土佐を発って都へと上る紀貫之《きのつらゆき》（八七二？―九四五）一行の旅を綴った『土佐日記』である。この本の一筋の大きなテーマは、京で生まれて任国へ連れて下ったが、突然亡くなってしまい、連れ帰ることのできなくなった女の子への、親である貫之の寄せる想いであった。「古今集」の編纂にも携わり、歌人として名高かった貫之が女性に仮託した文芸作品であり、そのことによる虚構性はもちろん否定できないが、文中から伝わってくる悲嘆は紛れもなく真正のものだと私には思える。

本文から、そうした気持ちを描いている部分を、日を追って見てみよう。

——承平四年(九三四)の師走二十七日、一行は大津から浦戸を指して漕ぎ出すが、子を喪った親は、様々な出発の準備作業を見ても、何も言わず、ただ子供のいないことをのみ悲しみ恋しがっている様子であった。いあわせた人々も、悲しみに堪えず、ある人は、

みやこへと思ふをもののかなしきはかへらぬ人のあればなりけり

〈いざ都へと思うにつけても何か悲しいのは、一緒に帰ることのない人がいるからだ〉という歌を詠んだ。また親の方も、ある時は、

あるものと忘れつつなほなき人をいづらととふぞかなしかりける

〈今もいるものと、いなくなってしまったことをつい忘れて、あの子はどこと、尋ねてしまうのは悲しいことだ〉と嘆くような様子だった。

——二月四日、停泊していた泊の浜には、種々の美しい貝や石などが多かった。それにつけても亡き子ばかりを恋しく思い出しながら、船にいる人は、

寄する波うちも寄せなむわが恋ふる人忘れ貝下りて拾はむ

〈寄せる波よ、どうか寄せておくれ、恋しく思う人を忘れることのできるという忘れ貝を。そうすれば船を下りて拾うから〉と詠んだ。それに居合わせた人が耐えきれずに、船旅の気晴らしということで詠

んだ歌は、

忘れ貝拾ひしもせじ白玉を恋ふるをだにも形見と思はむ

〈忘れ貝など拾おうとは思わない。白玉のような子を恋しがることだけでも、あの子の形見だと思いましょう〉というものだった。娘のためには、親というものは、考え方も子供のようになってしまうのであろう。「玉というほどきれいな子でもなかったろうに」と、人は言うであろう。けれどもまた、「死んでしまった子は、器量がよかった」という言い方もある。……

——九日、都も近づいて、皆が喜びながら上っていったが、こうして、京に上る人々の中では誰も、京から任国に下った時に子供はいなかったが、行った先で子供を持った人たちが居合わせた。その人々は皆、船の止まるところで子供を抱いて降り乗りする。これを見て、亡くなった子の母親は、悲しさに堪えられなくて、

なかりしもありつつ帰る人の子をありしもなくて来るが悲しさ

〈行くときは子供のいなかった人々も、帰るときには子供を連れて帰るのに、いたのに亡くして帰る、その悲しさよ〉と言って泣いたのであった。亡き子の父もこの歌を聞いて、どんな思いであろうか。このような死んだ子を慕って嘆くことや歌を詠むということは、ただ好きだから作るというものでもなかろう。唐土にしても、わが国にしても、心中の思いに堪えかねた時にすることだとかいうことである。——

子供に先立たれた悲しみを詠った歌は「古今集」には残されていない。

「後撰集」には藤原(小野宮)実頼《さねより》(九〇〇—九七〇)の一首のみ。実頼は有職故実《ゆうそくこじつ》の小野宮《おののみや》流の祖としても知られるが、ここに挙げるのは、長男の敦敏《あつとし》が亡くなったのを知らない人が、東国から馬を贈ってきたので、詠んだという、

まだ知らぬ人も有ける東路《あずまじ》に我も行てぞ住むべかりける　(後撰一三八六)

〈息子が死んだのをまだ知らない人もある東国に、私も出かけていって住むべきようだ〉

この歌は『栄華物語《えいが》』『大鏡《おおかがみ》』その他にも取り上げられているが、『古本説話集』上四六には「小野宮殿事」として、馬を贈ってきたのは敦敏の乳母で後に陸奥守の妻になった人で、その人との間の遣り取りだと伝えている。

「拾遺集」では、まず「子にまかりおくれて侍ける頃、東山にこもりて」とある、中務の歌を挙げたい。

咲けば散る咲かねば恋し山桜思ひ絶えせぬ花の上哉《かな》　(拾遺三六)

〈花が咲けば咲いたで、いつ散るか気がかりだが、かといって咲かなければそれもまた恋しく思われる山桜よ、懸念が絶えることのない花の身の上だよ〉

と先立った娘を山桜になぞらえて詠んだ歌である。桜に寄せて亡き子を想う歌としては、藤原実頼にも、娘の述子を亡くした次の年の春、我が家の桜の花盛りを見ながら、

桜花のどけかりけり亡き人を恋ふる涙ぞまづは落ちける　(拾遺一二七四)

〈折から盛りの桜は、散る気配もなくのどかに咲いている。それに引き換え亡き娘を恋い慕う涙は、まず

　流れ落ちることだ〉

と、散る気配を見せず、閑かに咲いている桜に対比して、流れ落ちる自分の涙を詠った歌がある。述子が生きていれば、華やかな花見の会が開かれていただろうに、という想いも加わっているのだろうか。

また二人の子供を同日に喪った藤原伊尹の妻恵子女王の、

　あまといへどいかなるあまの身なればか世に似ぬ潮を垂れ渡るらん　（拾遺一二九八）

　〈尼といっても海人《あま》ではあるまいに、いったいどのような尼の身だといって、世に似た物もない潮(涙)を垂らし続けることだろう〉

の歌も収められている。二人の子供とは、天延二年(九七四)九月十六日、折から流行していた疱瘡のために共に亡くなった、挙賢と義孝の兄弟を指すが、義孝については第三章でも触れる。

これらの他にも「拾遺集」には粟田右大臣藤原道兼《みちかね》・平兼盛《かねもり》・伊勢などの、子あるいは孫の死を嘆く歌がある。

「後拾遺集」には中納言定頼《さだより》母の歌を初め、藤原実方《さねかた》・和泉式部と、全部で三首を収める。和泉式部が娘の小《こ》式部内侍《しきぶのないし》(?—一〇二五)を喪って後、その子供たちを見ながら詠んだ、

　とどめおきて誰をあはれと思ふらん子はまさるらん子はまさりけり　（後拾遺五六八）

　〈娘はこの世に遺した誰のことを哀れと思っているだろうか。きっと母である私のことよりも、子供のことを思う気持ちの方が勝っているだろう、私にも子である小式部との別れが何よりも辛かったのだから〉

という歌意だろう。なおこの歌は『古本説話集』上七にも「和泉式部歌事」として載せられている。小式部内侍も母同様、歌人として才を謳われた女性である。

「金葉集」には子を悼む歌は一首のみだが、これも和泉式部の小式部内侍を偲ぶ歌である。すなわち小式部内侍が亡くなった翌年、「上東門院より年ごろ賜はりける衣を亡きあとにもつかはしたりけるに、小式部と書き付けられて侍けるを見てよめる」とあって、

もろともに苔《こけ》の下にも朽ちもせで埋《うず》まれぬ名を見るぞ悲しき　(金葉六二〇)

〈小式部内侍とともに苔の下で朽ちることもなく、埋もれていない娘の名を見るのは悲しくてたまらない〉

という歌意である。

「詞花集」には四首あるが、

人しれずもの思ふこともありしかど子のことばかりかなしきはなし　(詞花三九七)

〈人知れず辛い思いをした折もあったけれど、子のことほど悲しいことはない〉

という待賢門院《たいけんもんいん》安芸の歌を挙げておこう。

「千載集」には、一条天皇の中宮であった上東門院が、子の後一条院が亡くなった年に詠んだ歌がある。

ひと声も君につげなんほととぎすこのさみだれは闇にまどふと　(千載五五五)

折からのほととぎすの声に、〈ほととぎすよ、一声でも告げてほしい、私が五月雨時、闇に惑っていると〉と、冥土と此世とを往還する鳥といわれるほととぎすに訴えている。五月雨は母の涙であり、闇は五

月闇と母の心の闇を示す。

「新古今集」では、今は亡き幼い子が、生前に植えておいた菖蒲を見て詠んだ高陽院《かやのいん》木綿四手《ゆうしで》の、

あやめ草たれしのべとかうゑおきて蓬《よもぎ》がもとの露ときえけん　(新古今七六九)

〈このあやめ草を見ていったい誰を偲べと思って、あの子は植えておいて、そのくせ自分は蓬の根もとの露となって、はかなく消えてしまったのだろうか〉

と、子の亡くなった翌年夏、子の暮らしていた家に行ったら、花橘《はなたちばな》の香りがしたという祝部成仲《なりなか》の、

あらざらんのちしのべとや袖の香を花橘にとどめおきけん　(新古今八四四)

〈死んでしまった後も自分を偲ぶようにと思って、あの子は自分の袖に焚きしめた香りを、花橘に残して置いたのだろうか〉

を引いておこう。共に菖蒲あるいは花橘の香りに、亡き子への想いを新たにさせられる。

鎌倉期に入っては、子の左近中将源通宗《みちむね》の墓所に詣って詠んだ、土御門《つちみかど》通親《みちちか》(一一四九—一二〇二)の、

おくれゐて見るぞかなしきはかなさをうき身の跡となに頼みけむ　(新古今八四〇)

〈我が子に先立たれて、その墓を見るくらい悲しいことはない。命の儚さの印であるこの墓を、どうして我が憂き身の死後の跡だと当て込んでいたのだろう〉

および、長女の大納言典侍《だいなごんのすけ》が亡くなった時に、藤原為家が詠んだ、

あはれなどおなじ烟《けぶり》に立《たち》そはでのこる思ひの身をこがす覧《らん》　(中院詠草一一三)

〈ああ、どうして娘を焼く同じ火葬の煙に立ち添わないで、取り残された悲嘆の想いに、老いたこの身を

焦がさなければならないのだろう〉

などがある。

4　兄弟を送る

『万葉集』に収められた兄弟との別れを詠った歌としては、まず大津皇子《おおつのみこ》を悼んだ同母姉の大来《おおくの》皇女《ひめみこ》の歌が挙げられる。天武天皇と大田皇女の間に生まれた大津皇子は、文武に長じていたといわれ、『懐風藻《かいふうそう》』にも名を残すが、天武天皇死後の政争の犠牲となって自死した悲劇の人である。皇子の没後に、大来皇女が伊勢の斎宮《さいぐう》を解任されて、都に上った時に作った歌二首（万葉一六三・一六四）と、大津皇子の屍を磐余《いわれ》から葛城《かつらぎ》の二上山《ふたかみやま》に移し葬った時に、大来皇女が哀傷して作った次の二首の歌がある。

うつそみの人なる我《われ》や明日よりは二上山を弟《いろせ》と我《あ》が見む　（万葉一六五）

〈この世の人である私は、明日からは二上山を弟として眺めることでしょうか〉

磯の上に生《お》ふるあしびを手折《たお》らめど見すべき君がありといはなくに　（万葉一六六）

〈岩のほとりに生えている馬酔木を手折りたいと思うが、見せてあげたいあなたがいるというのではないのに〉

一六六の歌には左注がついていて、移し葬った時の歌ではなく、伊勢神宮より都に還る途次での歌ではないかとされる。

『万葉集』ではその他に、田辺福麻呂《さきまろ》の「弟の死去せしを哀しみて作りし歌」(万葉一八〇四・一八〇五)や、天平十八年(七四六)の秋九月、越中守であった大伴家持が遥かに弟書持《ふみもち》の亡くなったことを聞いて作った、長歌(万葉三九五七)と短歌二首(万葉三九五八・三九五九)がある。

すでに述べたが「古今集」には父母の他に姉と妹を偲ぶ歌が、それぞれ一首ずつ収められていた。「姉の身まかりにける時によめる」というのが壬生忠岑の歌(古今八三六)で、「妹の身まかりにける時、よみける」は小野篁《おののたかむら》の歌(古今八二九)であるが、いずれも別の関連で第三章で触れる。

八代集の中で兄弟を悼んで詠まれた歌は、意外に少ない。そのことに特に意味があるわけではないだろうが、「古今集」以外では「後撰集」「後拾遺集」「新古今集」に、それぞれ一首で、全体で五首のみである。

「後撰集」では、兄(藤原時平)の喪に服している時に、一条邸に赴いて詠んだ、藤原忠平の歌、

春の夜の夢の中にも思《おもい》きや君なき宿をゆきて見むとは　(後撰一三八七)

〈春の夜の夢の中でも、そんなことは思いも懸けなかった、あなたがいないこの家に来て見ようとは〉

「後拾遺集」では、兄藤原伊尹が亡くなった後、伊尹の息子義孝の子のお七夜に、昔を思って詠んだという、藤原為光の歌、

千々《ちぢ》につけ思ひぞ出づる昔をばのどけかれとも君ぞいはまし　(後拾遺一一〇五)

〈あれこれにつけて昔のことを思い出すよ。もしも兄が健在なら、赤子の将来がのどかであれと祝言を言っただろうに〉

という歌があり、「新古今集」には、兄の藤原光頼が春亡くなって、桂の里で葬送のことなどを営んでの帰りに詠んだ、藤原惟方《これかた》の、

たちのぼる煙《けぶり》をだにも見るべきに霞にまがふ春のあけぼの　（新古今七六七）

が見える。歌意は〈立ち上る茶毘《だび》の煙だけでも見ようと思うのに、霞に紛れて見分けることができないような、春のあけぼのである〉というもの。

歌集以外では、『更級日記《さらしな》』の中に、作者菅原孝標女《たかすえ》（一〇〇八―？）が姉を喪った時のことを綴った文章が見える。

――その年の五月の初めに、姉が、子供を産んで亡くなってしまった。人の死は他人のことでさえ、幼い時からとても悲しいことと思い続けていたのに、まして姉の死は言いようもなく、しみじみと悲しく嘆かずにはいられない。母などは皆亡くなった姉の部屋にいるので、形見として残された幼い子供たちを私の左右に寝かせていると、荒れた板葺屋根の隙間から月の光が洩れてきて、子供の顔に当たっているのが、ことのほか不吉に感じられるので、袖で子供の顔を覆い、もう一人の子供をも引き寄せて、あれこれもの思いにふけるのは何とも切ないことである。

……

姉の乳母だった人は、……姉の墓に参って、泣きながら帰っていったが、それにつけて私は次のように詠んだ。

のぼりけむ野辺は煙もなかりけむいづこをはかとたづねてか見し

〈亡き人が煙となって空に昇ったという野辺にはもう煙もなかったでしょうに、どこを手がかりにお墓を尋ね当てたのでしょうか〉――

幼い子供を遺して親族が亡くなった場面は、その他にもいくつか見られるが、どれも周囲の人たちの辛い思いに共感させられる。亡くなった人への想いと、遺された子供たちの行く末への気遣いとが重なってくる。

兄弟の死を悲しむ歌として、八代集以外から挙げておくと、『伊勢集』に「はらからのなくなりたるを恋て」として、

面影をあひ見るかずになすときは心のみこそしづめられけれ　（伊勢集一五二）

〈実在するかのように眼前に浮かぶ面影を、生きている人の一人と数えれば、私の心だけは鎮まるけれど〉

という歌が収められている。

また『紫式部集』には、姉を亡くした紫式部（九七八？―？）と、妹を亡くした一人の女性とが、それぞれ亡き人の代わりに妹となり姉となりという形で、文をやりとりしていたが、式部は越前へ、この女性は筑紫へと離れ離れになるという時に、式部が、

北へ行《ゆ》く雁《かり》のつばさにことづてよ雲のうはがきかきたえずして　（紫式部集一五）

〈北へ飛んでいく雁の翼に言付けて下さい、今まで通り手紙の上書きを絶やさないで〉

と詠んだのに対し、相手からは、

行きめぐりたれも都にかへる山いつはたと聞くほどのはるけさ　（紫式部集一六）

〈国々を巡って時が来れば、誰しも都へ帰ってくるのだけれど、あなたの行くところには鹿蒜《かえる》山や五幡《いつはた》というところがあると伺うと、いったいいつまたお逢いできるかと心細いことです〉

という歌が返ってきたという話が載っている。

二　家族・親族以外の別れ

ここでは家族や親族以外の人々の死を悼む歌を検討する。

1　友人・知人を送る

八代集以降になると、友人・知人を送る歌が一定程度見られるが、『万葉集』では、その種の歌は少ない。実のところ詠者と対象となる人物の関係の分からない場合も多いので、悼む対象が親族以外の固有名詞で表されているものだけを整理してみた。

最初は天皇に奉仕した後宮の采女《うねめ》その他の若い女性たちの死を悼む歌で、いずれも柿本人麻呂の詠んだもの。吉備津《きびつ》采女が亡くなったときの長歌一首(万葉二一七)と短歌二首(万葉二一八・二一九)、土形娘子《ひじかたのおとめ》が泊瀬《はつせ》の山に火葬された時の歌(万葉四二八)、溺死した出雲娘子が吉野で火葬された時に作った歌二首(万葉四二九・四三〇)等である。

次は恐らく友人か同僚であったと思われる、官人を送った歌である。

この種の歌としては、第四章で紹介する、田口広麻呂《ひろまろ》の亡くなった時に刑部垂麻呂《おさかべのたりまろ》が作った歌（万葉四二七）をはじめ、天平元年（七二九）、摂津国の班田の史生《ししょう》丈部龍麻呂《はせつかべのたつまろ》が自殺した時に、判官大伴宿禰三中《みなか》が作った歌一首（万葉四四三）と反歌二首（万葉四四四・四四五）、天平三年の秋七月、大納言大伴旅人が亡くなった時に、旅人の従者であった余明軍《よのみょうぐん》が詠んだ歌五首（万葉四五四―四五八）、同じ時に聖武天皇の命令で見舞いに遣わされた内礼正《ないらいのかみ》県犬養宿禰《あがたのいぬかいのすくね》人上《ひとかみ》が詠んだ歌（万葉四五九）がある。

肥後国益城郡の人で、天平三年六月、相撲使《すまいのつかい》の従人となって、京都に向かう途次、病を得て安芸国高庭《たかにわ》の駅家《うまや》で亡くなった大伴君熊凝《おおとものきみくまごり》を悼んでは、大典《だいてん》麻田陽春《あさだのやす》が歌二首を作っている（万葉八八四・八八五）。時に熊凝は十八歳だった。一首だけ挙げておく。

　国遠き道の長手をおほほしく今日や過ぎなむ言問ひもなく　（万葉八八四）

〈故国を遠く離れた長い旅の途中なのに、心も暗く今日は死んで行くのだろうか。父母と言葉を交わすこともなく〉

この熊凝には、筑前国守山上憶良も六首の歌（万葉八八六―八九一）を贈っている。その中から最後の歌を挙げよう。

　一世《ひとよ》には二度《ふたたび》見えぬ父母を置きてや長く我《あ》が別れなむ　（万葉八九一）

〈この世では二度と見られない父母を残して、永久に私はお別れするのだろうか〉

その他では、雪連宅満《ゆきのむらじやかまろ》が壱岐島に着いてすぐに、悪疫にかかって亡くなったときに贈られた歌（万葉三六八八―三六九〇）が、まず挙げられる。また葛井連子《ふじいのむらじこ》老《おゆ》が作った三首（万葉三六九一―三六九三）は、贈られた対象が不明で、遠く任国で死んだ官人とも行路病者とも受け取れる。六人部《むとべ》連《のむらじ》鯖麻呂《さばまろ》も三首(万葉三六九四—三六九六)詠んでいるが、これは雪連宅満と同じような状況での知人の死を悼むものか。

最後に山上憶良が詠んだといわれる「筑前国志賀の白水郎《あま》の歌十首」(万葉三八六〇—三八六九)がある。これは大宰府によって対馬への送粮船の船頭に指名された宗形部津麻呂《むなかたべのつまろ》が、歳のために任務に堪えられないとして、滓屋《かすや》郡志賀村の白水郎荒雄に代役を頼んだところ、快諾した荒雄は美祢良久《みねらく》の崎から舟出したが、にわかな暴風雨のために遭難してしまったのを悼んだ歌であった。

右に挙げたような『万葉集』の歌は、例えば柿本人麻呂の采女などを悼む歌などもそうだが、お互いの関係が分からないせいもあってか、いずれも私的な関係で詠われたというより、職務的・義務的な詠歌のような印象を受ける。その中で、天平七年、大伴坂上郎女《さかのうえのいらつめ》が新羅出身の尼理願《りがん》の病死を悲嘆して作った長歌一首(万葉四六〇)と短歌(万葉四六一)などは、友人関係だったのではないかと思われる。

「古今集」の中から、関係のあり方を問わず、家族や親族以外の人を広く「知人」として捉えて、その死を悼んだ歌を探すと、詠者と対象となった人物の関係が不明のものも便宜的に含めれば、一四首見つかる。

共に「古今集」の撰者であった、友人の紀友則の死に際して、紀貫之が詠んだ、

明日しらぬ我が身と思へど暮れぬまの今日は人こそかなしかりけれ　(古今八三八)

〈明日の命は分からない我が身だが、とにかく日の暮れない間の今日は、亡くなった人のことが悲しく思

われることだ〉

という歌は、自分自身も明日のことは分からぬ無常の世だという前提で、友の死を悼んでいる。

同じく紀友則が亡くなったときの壬生忠岑の歌を挙げておく。

時しもあれ秋やは人の別るべきあるを見るだにこひしき物を　（古今八三九）

〈他に時もあるのに、秋に人が死に別れてよいものか。生きている人を見るのでも恋しいのに、まして死んでいかれたりしてはたまらない〉

やり場のない悲しみの吐露だろうか。

「後撰集」では、四首ほどが、この類の歌に属する。藤原兼輔《かねすけ》（八七七―九三三）が亡くなった後に、土佐の任国から帰京した紀貫之が、兼輔の粟田の家に参って詠んだ次の歌を挙げよう。

引き植ゑし二葉の松は有ながら君が千歳《ちとせ》のなきぞ悲しき　（後撰一四一一）

〈子《ね》の日に引いてきて植えた二葉の松は、このようにここにあるけれど、この松に象徴されるあなたの千歳の命が、もうなくなってしまったのは悲しいことです〉

「拾遺集」からは、中納言藤原敦忠《あつただ》が亡くなった後、比叡の西坂本にあった敦忠の山荘に、所縁の人びとが花見に出かけた折、藤原伊尹が詠んだ、

いにしへは散るをや人の惜《お》しみ《み》剣《けん》花こそ今は昔恋ふらし　（拾遺一二七九）

〈敦忠が在世の時は、花の散るのを人が惜しんだものだが、今は花の方が敦忠の生きていた昔を恋しく思っているようだ〉

桜の花が生あるもののように思われる。華やかで明るい桜の花は、それだけにかえって喪失感を募らせるものでもあるらしい。

「後拾遺集」に収める能因法師《のういん》(九八八—?)の歌は、霊山に籠もっている人に会おうと思って出かけたら、すでに亡くなって一三日目で、物忌《ものいみ》をしていると聞いて詠んだもの。

主《ぬし》なしとこたふる人はなけれども宿のけしきぞ言ふにまされる　(後拾遺五五三)

〈「主はおりません」と答える人はいないけれども、家の様子が言葉以上に雄弁に、主の不在を物語っている〉

という、空虚さをまざまざと伝える歌。同じく能因法師が、陸奥の信夫郡に知人を訪ねて、やはりすでに亡くなっていたという体験を詠んだ歌もある。

見むといひし人ははかなく消えにしをひとり露けき秋の花かな　(後拾遺五七〇)

の歌は、藤原道信と、一緒に紅葉を見ようと約束していたのに、道信が空しく亡くなってしまった秋に、藤原実方が詠んだもので、〈共に花を見ようと言った人ははかなく消えてしまったが、空しくただ露に濡れて咲いている秋の花、私もまたこの秋の花のように一人涙に暮れている〉という寂寞感の漂う歌である。

「金葉集」からは、親しい人に先立たれ、葬送のことが終わって帰りに詠んだ、平忠盛《ただもり》の、

いまぞしる思ひのはては世の中のうき雲にのみまじる物とは　(金葉六二一)

〈今分かった、人の思いの火は燃えて煙となって上がり、その果ては世を厭うて浮雲に混じるばかりなのだと〉

を引いておこう。注釈によれば、「思ひ」は、亡き人に対する「思ひ」の「ひ」に、火葬の火の意を添え、「うき雲」は「思ひ」の火が燃え、その煙が雲になるという通念に基づき、また「憂き雲」の意を懸けるという。

「詞花集」の、

悔《くや》しくも見そめけるかななべて世のあはれとばかり聞かましものを　(詞花四〇七)

〈悔やまれることは、会いはじめてしまったことです。一般的なこの世の悲しみとしてだけ聞けば、これほど悲しくはなかったのに〉

これは四条中宮の御前に参候を許されたばかりの新参の女性が、間もなく亡くなってしまったときの、中宮の嘆きである。見ず知らずの他人ではなくなってしまったために、悲しみも身に迫るようになってしまった。

「千載集」には比較的、知人を送る歌は多く、また僧籍にある人の作が多い。

童《わらわ》として花園左大臣源有仁《ありひと》(一一〇三―四七)に仕えていたときに、有仁から笙《しょう》を教えてもらい、楽器も下賜されていたという法印成清《じょうせい》が、年を経て有仁のために供養することになった時に詠んだ歌、

思ひきや今日うちならす鐘の音に伝へし笛の音《ね》をそへむとは　(千載五九七)

〈かつての日には思いもしなかった。供養の日の今日、伝授された笙の音を、打ち鳴らす鐘に添えて奏するだろうなどとは〉

「新古今集」にも、この種の歌は少なくないが、詞書に「うち続きはかなくなりにければ」とか

「世中はかなく、人々おほくなくなり侍けるころ」というような文言が見受けられるのは、流行病で没する人が多い時代であったせいである。

天然痘の流行った長徳四年(九九八)に、中将源宣方《のぶかた》が亡くなり、十月ごろに宣方の白河にある山荘に出かけたら、紅葉がひと葉残っているのを見て、藤原公任が詠んだ歌、

けふこずは見でややまし山里の紅葉も人もつねならぬ世に　(新古今八〇〇)

〈もし今日来なかったなら、この最後の一葉は見ずに終わってしまっただろうか。山里の紅葉も人の命も、共に明日をも知れぬこの無常の世で〉

「つねならぬ世」という言葉には実感が籠もっている。

亡くなった人の名を卒塔婆《そとば》に書いて、歌を詠んだという法橋行遍《ほっきょうぎょうへん》の歌もある。

見し人は世にもなぎさの藻塩草《もしおぐさ》かきおくたびに袖ぞしほるる　(新古今八四二)

〈親しく見知った人は、もう多くが世を去っていなくなり、その名を卒塔婆に書き付けるたびに、私の袖は涙に溢れ、渚で藻塩草をかき集める海人の袖ででもあるかのように、濡れてしおれる〉

2　名も知らぬ人を送る

『万葉集』で、この分類に含めたのは、まず外敵の防御のために筑紫方面に送られた防人、あるいは徭役《ようえき》のために地方から上った人々が、往反《おうへん》の道で倒れ、行路病死したのを弔う歌である。

『続日本紀』和銅五年(七一二)正月条の詔には、諸国から送られてきた役民が故郷に帰ることとな

っても、食糧が乏しくて、路次で餓えて死んでしまい、路傍に放置されている者が少なくないから、国司等は保護を加え施し物をするように、とあったが、このような悲惨な状況下で行路病者・死者は珍しくなかった。また、ひとたび疫病や飢饉が流行れば、数え切れない死者が出るのが普通で、記録に残っているだけでも、そうした流行は数えるにあまりある。

そのような状況については、『万葉集』より大分時代が下った鎌倉初期になるが、鴨長明《かものちょうめい》（一一五五？—一二一六）の『方丈記《ほうじょうき》』にある、次の有名な記述を思い浮かべれば理解できよう。

——養和のころとか、久しくなりて覚えず。二年があひだ、世中飢渇《けかつ》して、あさましきこと侍りき。或は春・夏ひでり、或は秋、大風・洪水など、よからぬ事どもうち続きて、五穀ことごとくならず。……乞食、路のほとりに多く、愁へ悲しむ声耳に満てり。……築地《ついじ》のつら、道のほとりに、飢ゑ死ぬるもののたぐひ、数も不知。取り捨つるわざも知らねば、くさき香世界にみち満ちて、変りゆくかたちありさま、目も当てられぬこと多かり。いはむや、河原などには、馬・車の行き交ふ道だになし。……京のうち、一条よりは南、九条より北、京極よりは西、朱雀よりは東の、路のほとりなる頭、すべて四万二千三百余りなんありける。いはむや、その前後に死ぬるものの多く、また河原・白河・西の京、もろもろの辺地などを加へていはば、際限もあるべからず。いかにいはむや、七道諸国をや。——

八代集以降の和歌の中に、そうした悲惨さを詠んだ歌を探しても、あまり見つからないが、『万葉集』には、率直に悲惨さを見つめた歌がいくつかある。これは恐らく『万葉集』の一つの特色である。

この理由は、一つには『万葉集』の時代の官人たちと、後の時代の貴族たちとでは、社会的あり方および地域的移動の仕方に相違があることによるのだろう。八代集以降、地方の風物を詠んだ歌が、『万葉集』に比べて少なくなることも、同じ理由によるものと考えられる。

だが、それ以上に詠む歌の対象が、天皇・皇族や親族などに留まらず、人麻呂以下の詠み手との関係がよく分からない、采女や行路病死の人々までに及んでいることを考えれば、これは一つの職務としての詠歌かもしれないという印象を受ける。あるいは慰霊されないままの無縁の死者の魂の存在は、共同体の安寧を脅かすという、民俗的にも一般に認められている思考が関わっているのではないかと思われる。歌が慰霊の手段として用いられたということである。『万葉集』には、通常は家族・親族によって葬られる親や子については、その死を偲ぶ歌がほとんどないことの反面かもしれない。

以下では、こうした種類の作品を挙げる。

まず讃岐の狭岑《さみね》島で岩の間の死人を視て、柿本人麻呂が作った歌、

玉藻よし　讃岐の国は　国からか　見れども飽かぬ　神からか　ここだ貴き　天地　日月と共に　足り行かむ　神の御面と　継ぎ来たる　中の湊ゆ　船浮けて　我が漕ぎ来れば　時つ風　雲居に吹くに　沖見れば　とゐ波立ち　辺見れば　白波さわく　いさなとり　海を恐み　行く船の　梶引き折りて　をちこちの　島は多けど　名ぐはし　狭岑の島の　荒磯面に　廬《いお》りて見れば　波の音の　しげき浜辺を　しきたへの　枕になして　荒床に　ころ臥す君が　家知らば　行きても告げむ　妻知らば　来も問はましを　玉桙の　道だに知らず　おほほしく　待ちか

恋ふらむ　愛しき妻らは　（万葉二二〇）

〈讃岐国は国柄のせいか、見ても飽きることがなく、神の御心によってかこんなにも貴い。天地と日月と共に、満ち足りて栄えるであろうその神のお顔として、神代から続いてきた讃岐国の那珂の湊から、船を浮かべて我々が漕いで来ると、時を定めて吹く強風が遠くから吹き付けるので、沖を見ると盛り上がるように波が立ち、岸辺を見ると白波がざわめいている。その海を恐れて、行く船は櫂も折れるほど漕いで、あちこちに島は多いが、その名も麗しい狭岑の島の、荒磯の上に仮庵を設けてみると、波の音の絶えない浜辺を枕として、荒々しい床に一人倒れ伏しているあなたの家が分かったら、行って告げ知らせようものを、妻が知ったら尋ねて来もしようものを、道さえ分からず、心塞がる暗い思いで待ち焦がれているだろう、その愛しい妻は〉

この歌には反歌二首（万葉二二一・二二二）が伴う。

次は和銅四年（七一一）、河辺宮人《かわべのみやひと》が姫島の松原で、入水して死んだ嬢子《おとめ》の屍を見て、悲嘆して作った歌二首（万葉二二八・二二九）があり、題詞から、この二首は四三四―四三七の四首と同じ状況で詠まれた歌だと判断されるが、両者の関係は不明である。

次いで聖徳太子が竹原《たかはら》の井に出遊した時に、龍田山の死人を見て悲しんで作った歌、

家ならば妹《いも》が手まかむ草まくら旅に臥《こ》やせるこの旅人《たびと》あはれ　（万葉四一五）

〈家にいたら妻の手を枕とするだろうに、旅路に横たわっているこの旅人よ、ああ、かわいそうな〉

この歌は柿本人麻呂が香久山《かぐやま》の屍を見て悲しみ悼んで作った、

草まくら旅の宿りに誰《た》が夫《つま》か国忘れたる家待たまくに　(万葉四二六)

〈旅の宿りに、誰の夫なのだろうか、故郷を忘れて横たわっている。家では帰りを待っているだろうに〉

と、ほとんど同じような情景である。

東国については田辺福麻呂が足柄の坂を過ぎたときに死者を見て作った歌(万葉一八〇〇)があり、水死した水手《かこ》を悼む歌としては、「羇旅《きりょ》の歌」と題する作者不明の次の歌がある。

名児《なご》の海を朝漕ぎ来れば海中《わたなか》に鹿子《かこ》ぞ鳴くなるあはれその水手《かこ》　(万葉一四一七)

〈名児の海を朝、漕いで来ると、海の中で鹿子の鳴く声が聞こえる、ああ、かわいそう、海に死んだ水手よ〉

「右九首」として一括されている三三三五から三三四三の九首は、恐らく「かしまの海」に遭難した死者を悼む歌で、三三三九から三三四三は「備後国神島の浜にして、調使首の屍を見て作りし歌」となっている。

最後に、右に挙げた以外の歌としては、二人の丈夫に恋されて、板挟みになって自ら命を絶った伝説的な真間手児奈《ままのてこな》と菟原処女《うないおとめ》に献げた歌がある。

真間手児奈については、山部赤人《やまべのあかひと》が長歌一首(万葉四三一)と短歌二首(万葉四三二・四三三)を、高橋《たかはしの》虫麻呂《むしまろ》が長歌一首(万葉一八〇七)と短歌一首(万葉一八〇八)を詠んでいる。また、千沼壮士《ちぬおとこ》と菟原壮士とが競い合って求婚したという菟原処女には、蘆屋《あしのや》の処女の墓に立ち寄ったときに、田辺福麻呂の詠んだ長歌(万葉一八〇一)と反歌二首(万葉一八〇二・一八〇三)、およびこの歌に、時代を隔てて追同した大伴家持の長歌(万葉四二一一)および短歌(万葉四二一二)がある。

八代集に入って、「拾遺集」にも「讃岐の狭岑の島にして、岩屋の中にて亡くなりたる人を見て」という柿本人麻呂の歌(拾遺一三二六)が収められているが、これはすでに挙げた人麻呂の長歌(万葉二二〇)の反歌(万葉二二二)とほぼ同じで、これを除けば、最初に指摘した通り、概括的に言って八代集以降はそうした歌は少ない。すでに触れたように疫病の流行った頃であれば、野山に死体が遺棄されることは珍しくもなく、『万葉集』の時代に限った現象ではなかったと考えられるが、八代集には、そうした情景を詠んだ歌があまり見つからないのである。

それでも「拾遺集」には、人麻呂の歌以外にも、二首ほど見つかる。

一つは「病して人多く亡くなりし年、亡き人を野ら藪などに置きて侍を見て」とある佐清《すけきよ》の歌、

皆人の命を露にたとふるは草むらごとに置けばなりけり　(拾遺一三二五)

〈皆の人の命を露に喩えるのは、草むらごとに遺体が置いてあるからであった〉

もう一つは、「世のはかなき事を言ひて詠み侍ける」とする源　順《みなもとのしたごう》(九一一―九八三)の、

草枕人は誰とか言ひ置きし終《つい》の住処《すみか》は野山とぞ見る　(拾遺一三二六)

〈草を枕にして横たわっている人、いったいこの人は自分は誰だと言い残しておいたのか。最後の身の置き所が、このように野山と見るのは哀れなことだ〉

である。これらの歌で目に浮かぶ状況は、ほとんど残酷といってもよいが、気のせいかどちらもあまり現実感がない。源順の歌は、現実の出来事を詠んだのではなく、『万葉集』などの影響による観念

的な歌だという解釈もあるが、それはともかく、こうして誰にも見送られずに命を終えた人々の姿は、飢饉や疫病に抵抗する術の少なかった時代にあっては、特別のものではなかったはずなのに、少なくとも和歌の世界にはあまり現れてこない。

その中で詳しい背景は分からないが、あまり例を見ない状況を詠んだと思われる、鎌倉幕府三代将軍源実朝(一一九二―一二一九)の、

いとほしや見るに涙もとどまらず親もなき子の母をたづぬる(金槐七一七)
〈可哀想になあ、見ると涙が止まらない、親のいない子が母親を探し求めている〉

を挙げておきたい。詞書には、道端に幼子が母を尋ねてひどく泣いていたので、あたりの人に聞くと、父も母も死んでしまったのだと答えたとある。江戸時代の俳人松尾芭蕉が『野ざらし紀行』で詠んだ句、「猿を聞人《きくひと》捨子に秋の風いかに」を思い起こさせる歌である。

一方、貴族社会内部に及んだ流行病の影響に関わる歌なら、先に紹介した藤原公任の歌の他にも、「世の中さわがしうなりて、人の片端より亡くなるころ」と詞書のある、和泉式部の、

知らじかし花の端《は》ごとにおく露のいづれともなきなかに消えなば(和泉式部続集一三六三)
〈花びらごとにおく露のように、どこの誰とも分からないままで私が死んでしまったら、あなたはお知りにならないでしょうよ〉

など、少なくない。

最後に、「後撰集」巻二十の「慶賀　哀傷」の部にある、一番《ひとつが》い飼われていた鶴の片方が死んでし

まい、残った方がいたく鳴くので、雨の降っているときに詠んだという伊勢の、

鳴く声にそひて涙はのぼらねど雲の上より雨と降るらん　(後撰一四二三)

〈涙は鳴く声に添って天に上るわけではないのに、どうして雨となって雲の上から降っているのだろうか〉

を挙げておこう。動物の死に関わる歌は、極めて珍しい。

第二章　遺された側の想い

「おふくろがかい？　おふくろはとっくに死んじまったよ」

「ああそれで声があんなにかすかだったんだね。ずっと遠くから聞こえてくるみたいだったよ。やっとわかった。それで、亡くなってからどのくらいになるんだい？」

「もう七日になるよ」

「かわいそうな人。ひとりでさびしかっただろうよ。あたしたちはね、一緒に死のうって約束しあった仲なのさ。あの世に行く旅路で何か困ったことに出くわしても、お互いに励ましあえるようにふたりして行こうね、って約束したんだ。大の仲良しだったのさ。あたしのこと言ってなかったのかい？」

J・ルルフォ『ペドロ・パラモ』

前章では、死者を送る立場の人々の死者に向けた想いを、分類して検討したが、本章では縁者を喪った状況の中で、遺された人々がどのような想いを抱いたか、あるいはどのように行動したのかについて見ていきたい。

一　慰め合う人々

家族などを喪って悲嘆に沈む人がいれば、他方に、その想いに共感して慰めようと言葉を寄せる知人もいる。それ故、歌の中には、直接誰かの死を悼むというのではなく、身内の人間を喪って悲しみに沈んでいる知人に贈った、慰めの歌は多い。

1　慰めの歌を贈る

『万葉集』では、亡くなった人の縁者などに、慰めの歌を贈るという例は、ほとんど見られない。これが何らかの理由に基づく社会慣習の違いなのかは判断できないが、石上堅魚《いそのかみのかつお》と大伴旅人との遣り取りと、第一章で言及した山上憶良が白水郎の荒雄を悼んだ歌に「妻子の傷みに悲感して志を述べてこの歌を作りき」とあるのが、それに近いかと思われる。前者のみを挙げておこう。

神亀五年(七二八)に大宰帥《だざいのそち》旅人の妻郎女《いらつめ》は病気のため任地筑紫で亡くなり、朝廷から弔問の勅使として堅魚が派遣された際、任終わった堅魚が基肄《きい》城に登って、大宰府の官人たちと逍遥した日に作った歌、

　ほととぎす来鳴きとよもす卯《う》の花の共にや来《こ》しと問はましものを　(万葉一四七二)

〈ほととぎすが来て鳴き声を響かせている。卯の花と一緒に来たのかと尋ねてみたいものだ〉

この歌のほととぎすは旅人、卯の花は郎女に擬せられている。
それに和して旅人は、

橘の花散る里のほととぎす片恋しつつ鳴く日しそ多き　（万葉一四七三）
〈橘の花の散る里のほととぎすは、片恋をしながら鳴く日が多い〉

を詠んだ。ただ堅魚の歌は、あくまでも逍遥の際に想いを述べた歌で、弔問歌というわけではなかった。

その他に、大伴家持が、婿の藤原二郎が母を亡くした哀しみを弔問した歌として、

世の中の常なきことは知るらむを心尽くすなますらをにして　（万葉四二一六）
〈人の世の無常であることはご存じでしょう。くよくよなさるな。立派な男なのだから〉

があるが、叱咤激励しているような感じで、後代の弔問の歌とは違和感がある。死者を偲ぶ想いに過度に惹かれることを諫める歌のようにも取れるが、大伴一族の再興という使命を担った家持の一面であろう。一族の由緒を尊び、受け継いでいこうという想いが、まざまざと窺われる「大伴の遠つ神祖《かむおや》の奥つ城《き》は著《しる》く標《しめ》立て人の知るべく」（万葉四〇九六）〈大伴氏の遠い先祖の御霊の鎮まる墓所は、はっきりと印を立てよ。人が知るように〉の歌に通じる、ますらおぶりの男性的な印象の歌である。

八代集の中では「拾遺集」や「後拾遺集」「新古今集」などに、慰めの歌が多いように感じられる。こうした歌も、仮に贈られた人間が返歌を送ってくれれば、贈答歌として対になる。「古今集」の場合は、弔問歌と返歌という形の贈答歌は見られないが、その他の八代集の中には珍しくない。

まず「古今集」には、藤原忠房がかつて親しくしていた人（恐らくは関係の深かった女性）が亡くなったときに、閑院命婦《かんいんのみょうぶ》が忠房の心中を思いやって弔問に贈ったという、

さきだたぬ悔いの八千《やち》たびかなしきはながるる水の帰りこぬ也　（古今八三七）

〈私こそ先にあの世に立つはずだったという悔いが、繰り返し何とも悲しいのは、流れる水のようにもはや帰ってこないということなのです〉

や、「喪に侍ける人を、弔問にまかりて、よめる」という壬生忠岑の、

墨染のきみが袂《たもと》は雲なれやたえず涙の雨とのみふる　（古今八四三）

〈薄墨色のあなたの喪服の袖は、あの悲しい雲なのでしょうか、私までも涙が途切れないでひたすら雨となって降ります〉

などがある。

「後撰集」の中では、藤原清正《きよただ》が藤原仲平（八七五―九四五）の忌みで籠もっているときに、藤原守文が贈ったのが、

世中のかなしき事を菊の上に置く白露ぞ涙なりける　（後撰一四〇九）

〈世の中の悲しいことを聞くにつけても、あの菊の上に置いている白露こそが我が涙であると思われるよ〉

の歌で、それに対する清正の返歌、

きくにだにつゆけかるらん人の世を目に見し袖を思《おも》いやらなん　（後撰一四一〇）

〈聞くだけでも涙で袖を濡らしたとおっしゃる、人の世の儚さを、直接目のあたりにした私の袖の濡れよ

うを想像してみて下さい〉

とを合わせて、右に挙げた贈答歌の形になる。

「拾遺集」には、前章で挙げた子に先立たれた小野宮実頼が詠んだ歌(拾遺一二七四)と並べて、述子を追悼する平兼盛、清原元輔《もとすけ》、大中臣能宣《よしのぶ》、源延光の歌が収録されている。

面影に色のみ残る桜花幾世《いくよ》の春を恋ひむとすらん　(平兼盛、拾遺一二七五)

〈亡き人の面影を偲ぶものとして、花の色ばかりが留まっている、桜の花よ。この花を見ながら、いったい幾代の春を恋い続けようとするのだろうか〉

花の色も宿も昔のそれながら変れる物は露にぞ有ける　(清原元輔、拾遺一二七六)

〈花の盛りの美しい色も豪勢な邸宅も、以前と変わることはないが、変わったことと言えば、亡き人を偲ぶ悲歎の涙の露が置き加わったことだ〉

桜花にほふ物から露けきは木《こ》のめも物を思《おもう》なるべし　(大中臣能宣、拾遺一二七七)

〈桜の花が美しく咲いているものの、露に濡れているのは、木の芽という目も物思いをするのだろう〉

君まさばまづぞ折らまし桜花風のたよりに聞くぞ悲しき　(源延光、拾遺一二七八)

〈亡き人が生きていたならば、何よりも先に参上して、折ってもてはやしていたのに、桜の花盛りを、風聞で知るほかないのは悲しいことだ〉

延光の歌に「この事(追悼歌会の事)を聞き侍て後に」という詞書があるので、この時に追悼の歌会が開かれていたのだろう。追悼の歌会は同時に父実頼を慰める歌会でもある。

中には不幸に沈む人たちの間で、同じような不幸に見舞われた人と、共にその不幸を分かち合おうとする姿が、時に見受けられる。藤原共政《ともまさ》朝臣妻が子の右馬助親重《ちかしげ》が亡くなった頃、大納言藤原朝光《あさみつ》の娘の女御も亡くなったと聞いて、筑紫から弔いの手紙を送った際に詠んだ、

我のみやこの世は憂きと思へども君も嘆くと聞《きく》ぞ悲しき　（拾遺一三〇五）

〈私だけが子を喪って、この世は辛く苦しいと思っていたけれど、あなたも同じように嘆くと聞くのは悲しいことだ〉

と、朝光の返歌である、

憂き世にはある身も憂しと嘆きつつ涙のみこそふる心地《ここち》すれ　（拾遺一三〇六）

〈子を亡くして、辛く悲しいこの世には、自分が生きているのも侘しく苦しいと嘆きながら、涙だけが雨と降り、世を経ているような気持がすることだ〉

は、同じような不幸に遭った人々が示す繫がりの姿である。

死別の哀しみも、せめて共に分け合うことのできる人間がいれば、いくらかは緩和されるのかもしれない。兄の橘則長《のりなが》が、越の国で亡くなった時、弟の季通《すえみち》は、則長が親密な関係であった相模《さがみ》のところに、

思ひ出《い》づや思ひ出づるに悲しきは別れながらの別れなりけり　（後拾遺五六〇）

〈あなたも兄のことを思い出しているでしょうか、思い出すにつけて悲しいのは、遠く別れたままの永別だったことです〉

の歌を贈った。「別れながらの別れ」とは、兄が越の国へと赴任して別れたまま、ついに永別してしまったという、二重の別れを指している。

春の頃、藤原為頼《ためより》・藤原長能《ながよし》ら歌詠み仲間が、具平《ともひら》親王（九六四―一〇〇九）の家で歌会を開いて、とても楽しかったので、この日のことは忘れないようにしよう、と互いに言い合ったのに、為頼は死んでしまった。その翌年の春、具平親王は長能に、

いかなれや花のにほひもかはらぬを過ぎにし春の恋しかる覧　（後拾遺八九一）

〈どういうわけで花の美しい色も変わらないのに、過ぎてしまった春が恋しいのだろうか〉

の歌を贈って、遺されたのは我々だけだという寂しさを分かち合った。

自分の妻が亡くなったころに、同様に妻を亡くした藤原為頼に小野宮実資《さねすけ》（九五七―一〇四六）が贈った歌、

よそなれどおなじ心ぞかよふべきたれも思ひのひとつならねば　（新古今七七三）

〈私はあなたの身内ではないけれど、妻を亡くした同じ境遇にあるので、同じ嘆きの心が通い合うに違いありません、人は誰しもそれぞれに悲しみの思いは一様ではないのですから〉

と、それに対する為頼の返歌、

ひとりにもあらぬ思《おもい》はなき人もたびの空にやかなしかるらん　（新古今七七四）

〈ただ一人ではなく、あなたと私がともに妻を亡くして嘆いている、この思いは、妻も同じで、死出の旅の空で悲しく思っていることでしょう〉

妻を亡くした同じ境涯にあって、嘆く心は通い合うに違いないという実資に、二人共が妻を亡くして嘆いている思いは、亡くなった妻も同じで、彼女も死出の旅の空で悲しく思っているだろう、と答えた為頼。ここには同じ境涯の二人に、さらに死者もまた加わった繋がりの輪が窺える。

2　弔問の頃合い

中には知人が不幸に遭ったことを知っても、すぐに連絡を取らずに、しばらくして弔意を告げるという配慮を示す人もいた。すぐに弔うことが果してよいのかどうか、確かに考えさせる問題である。「金葉集」にある、源顕仲《あきなか》が娘に先立たれて悲しんでいる折に、時が経ってから見舞いに贈ったという、大江匡房(一〇四一―一一一一)の、

その夢を問はば嘆きやまさるとて驚かさでも過ぎにけるかな　(金葉六一六)

〈娘を亡くしたという夢のような出来事について、もし尋ねたら、ますます嘆きが増していくだろうと、何も申し上げずにすごしたことです〉

という歌が、そうした例で、わざと時間の経つのを待つ心遣いが示されている。匡房は和漢の学に通じた、当代随一の文人であった。

ただ、そうした心遣いが、すぐに相手に伝わるとは限らない。

『大和物語』十三(泣く泣くしのぶ)では、次のような挿話が伝わっている。

――右馬允藤原千兼《ちかね》の妻としこが亡くなって、千兼はこの上なく悲しく思いながら日々を過ごし

ていた。宮中に仕える蔵人だった一条の君は、としこと大変仲のよい間柄だったのに、このようになったにもかかわらず、訪ねてくることもなかったので、千兼はおかしいと思っているうちに、この人の従者の女が来合わせたので、

思ひきやすぎにし人の悲しきに君さへつらくならむものとは

〈こんなことを思ったことがありましょうか、亡くなってしまった人のことが悲しく思われますのに、さらにあなたまでそのように無情になられようとは〉と伝えるように言うと、次のような返事があった。

なき人を君が聞かくにかけじとて泣く泣くしのぶほどな恨みそ

〈亡くなった人のことを、あなたにお聞かせしないようにしようと思って、泣く泣く我慢しているときですので、どうかお恨みにならないで下さい〉と。——

「新古今集」にある西行《さいぎょう》(一一一八—九〇)の、

哀《あわれ》とも心に思ふほどばかりいはれぬべくは問ひこそはせめ　(新古今八三八)

は、不幸に遭った人が、弔問してくれなかったと恨んだので、贈った歌で、〈お気の毒なことだと心で思っている程を、言葉に言い表すことができれば、弔問もしたでしょうが、私の哀しみは言葉で言い表せない程だったので、何も申しませんでした〉という歌意だが、このように配慮が通じない場合もあるのだろう。

北面の武士の身から出家して歌の巧者として知られていた西行だが、詠歌の才を評価されてか、この歌の他に、弔問に関わって誰かの代わりに詠んだ歌が二首ある。一つは母親が亡くなって山里に籠もっていた人を、日が経ってから思い出して弔問した人に対する、籠もっていた人の、

おもひ出づる情《なさけ》を人の同じくばそのをり問へなうれしからまし　（山家集七八九）

〈思い出してお見舞い下さった情けは有難いのですが、同じことなら亡くなった折に、すぐ訪ねて下されば、もっと嬉しかったでしょう〉

という歌であり、もう一つは、親を亡くした人を五十日過ぎるまで弔問せず、弔問してくれるはずの人が来ないのはなぜかと、その人が誰かに尋ねたと聞いて、弔問しなかった自分の存念を伝える、

なべてみな君が歎きをとふ数に思ひなされぬ言の葉もがな　（山家集八〇二）

〈君の嘆きをお見舞いする通り一遍の人々と、同列に思われないような言葉もあればよいのですが〉

と思って時間が経ってしまったという歌である。

それぞれの立場になって、さすがに上手く作るものだと思わされる。

二　遺された身の孤独

死に伴う別離は、親しい人が死んでも、自分の方が死んでも同じことである。最愛の人であれば、いよいよ危ないという時に、我が身に代えても助けてほしいという思いが浮かぶこともある。しかし仮に代わることができても、その場合は相手が現世に残って自分が幽冥の世界へと赴くわけで、別離の苦しみ・哀しみはどうしようもない。そういう心境を赤染衛門は、

代らむと祈るいのちはをしからでさても別れむことぞかなしき　（詞花三六二）

〈身代わりになりたいと祈る私の命が惜しいのではなく、たとえそうしても、結局は死別することになるのが悲しいのです〉

と詠んでいた。これは子の大江挙周《たかちか》が和泉国司の任が終わって上京するや重病になって、命も危ぶまれた時に、住吉の神の祟りだなどという人がいて、赤染衛門は住吉社にそれぞれ歌を書いた三本の幣を奉納した。その一つがこの歌であった。ある人の夢に白髪の老翁が社殿より出てきて、この幣を取ってまた入っていったと見えて、その後挙周は平癒したという奇瑞譚として、『袋草紙《ふくろぞうし》』や『今昔物語集』などに載せられている。

人は年老いると共に、周囲の親族や知友もまた、一人また一人と、この世を去るようになり、やがて自分もその列に加わるという思いを深くする。またそればかりでなく、旧知の人々が次第に鬼籍に入ることで、当然、残された我が身の孤独を嘆じるようにもなる。

1　連れ合いに先立たれ

妻や夫、あるいは愛し合っていた相手に先立たれれば、遺された身の寂しさはひとしおである。日常、行を共にした相手の死は、些細なことであろうと、折に触れて思い出させる契機が多いだけに、ひときわ寂寞感を募らせる。そのような状況で詠まれた歌は少なくない。

前章で挙げた妻や夫を送る歌と重なる点があるが、ここでは重複しない範囲で、そうした歌を通観してみよう。『万葉集』の場合は、すでに主要な作品は紹介したので、ここでは省略する。

八代集の古い方では、北家藤原氏の藤原冬嗣(七七五―八二六)が、妻に先立たれて恋い慕っている折から、夜更けに鴛鴦《おしどり》が鳴くのを聞いて詠んだ、

夕されば寝にゆく鴛鴦《おし》のひとりして妻恋ひすなる声のかなしさ　(後撰一四〇〇)

〈夕方になったので寝に行く鴛鴦が一人で妻を恋い慕って鳴いている声の、何とも悲しいことであるよ〉

の歌は、仲睦まじい典型とされる鴛鴦の鳴き声に、我身をなぞらえて詠んだもので、独り身の寂寥感がにじみ出ている。すでに述べたように、妻に先立たれた寂しさを独り寝に寄せて詠む歌は、『万葉集』以来、一つの型でもある。

藤原国章《くにあきら》の、

思きや秋の夜風の寒けきに妹《いも》なき床《とこ》に独り寝むとは　(拾遺一二八五)

〈思ってもみただろうか、秋風が寒々としているのに、妻のいない床に独り寝しようとは〉

の歌は、「妻の亡くなりて侍ける頃、秋風の夜寒に吹き侍ければ」とある。ただし「後拾遺集」には同じ歌が清原元輔のものとして収録されている(後拾遺八九〇)。

「後拾遺集」には、月を見て亡くなった妻と一緒に眺めたことを思い出して詠んだ、民部卿藤原長家の歌、

もろともにながめし人もわれもなき宿には月やひとりすむらん　(後拾遺八五五)

〈一緒に眺めた妻も私もいないあの家には、月がただ一人住んでいるのだろうか〉

がある。「澄んだ」月と「住む」を懸ける。

月にせよ花にせよ、自然の景物を共に楽しんだことも、遺された側にとってはかえって孤独感を深める思い出と変わってしまう。

花見てはいとどいへ路《じ》ぞいそがれぬ待つらんと思《おも》う人しなければ　(新古今七六五)

〈美しい桜の花を見ていると、ただでさえ家路を忘れてしまうものだが、この春はいっそう家路を急ぐ気になれない、私の帰りを待つ人はもういないのだから〉

という徳大寺実定《さねさだ》(一一三九—九一)の歌は、妻に先立たれた次の年の春、法金剛院の桜を眺めながら、家に帰っても待つ人もない境涯になったことを嘆く歌である。

このように連れ合いの死による孤独感を詠う歌は、これらの歌集に見る限り、遺された男性が妻の死を嘆くものが多く、女性の側が詠ったものは少ない。その中で『大和物語』には二首収められているので、次に挙げておこう。

一つは、九(秋の果て)の中に、桃園の兵部卿克明《よしあきら》親王(九〇三—九二七)が亡くなって、一周忌の仏事を九月末に行った時、藤原千兼の妻が、克明親王の北の方(藤原時平娘)に、

おほかたの秋のはてだに悲しきに今日はいかでか君くらすらむ

〈普通の年の秋の終わりでさえ悲しいものなのに、まして宮様の一周忌に当たる今日は、どのようにお過ごしでしょうか〉

と詠んで贈ったら、北の方が返しに、

あらばこそはじめもはてもおもほえめ今日にもあはで消えにしものを

〈夫が生きているのなら、秋の初めも終わりも分かるでしょうが、今日をも待たずに死んでしまったのですから、ただもうぼうっとしているだけです〉

と詠んだ歌。

そしてもう一つは、七十(やまもも)にある、藤原忠文(八七三—九四七)の息子の話である。この息子はかねて監命婦《げんのみょうぶ》という女性と密かに言い交わしていたが、父の忠文が征東大将軍となって陸奥国に下るのに伴って下っていった。監命婦には、陸奥から折があれば人に託して情の溢れる手紙を書いてよこしたが、やがて旅の途中で病死したと聞いて、命婦はたいそう悲しく思った。ところが篠塚の駅というところから、人に託して、しみじみとしたことを書いた息子の手紙が届いたので、とても悲しく思って、これはいつ出した手紙かを尋ねると、使が長い間経ってから持ってきたものだった。命婦は、

篠塚のうまやうまやと待ちわびし君はむなしくなりぞしにける

〈いまかいまかとお帰りを待ちわびていたあなたは、亡くなっておしまいになっていたのでした〉

と詠んで泣いた。

2　友に後れる

親しい人々が亡くなった後に残された孤絶感といっても、妻帯していない僧侶の場合は、妻や子といった縁者はいないから、もっとも親しい人といえば、共に修行し、あるいは同じ道を歩んだ僧侶の仲間だろう。それ故、僧侶が遺された身の孤絶感を歌に詠む契機は、同行あるいは同房の友人の死で

あった。

もろともにながめながめて秋の月ひとりにならむ事ぞかなしき　（千載六〇三）

〈一緒にずっと眺め続けてきた秋の月、もう今後は一人で見ることになるのが何とも悲しい〉

は、終生の友である同行の西住上人が秋ごろ病気になり、危篤に陥ったとき、折から月が明るく風情のある様子を眺めながら西行が詠んだ歌で、友と一緒に眺め続けてきた秋の月を、これからは一人で仰ぐことになろうとは悲しい限りだという、詠嘆が籠められている。

西行には、こうした想いを詠った歌が多い。所縁のある人が亡くなり、火葬のために鳥辺山《とりべやま》へ行って、帰って来たという、

かぎりなくかなしかりけり鳥辺山亡きを送りて返《かえ》るこころは　（山家心中集三六〇）

〈限りなく悲しいことよ、鳥辺山で亡き人を荼毘に付して送って帰る、私の心は〉

も同様である。この歌は出家以前に所縁のあった人、あるいは妻を送った歌ではないかともいわれる。親しかった友の死に、一人で知らない冥土への道をたどっているであろうと、その死後の道行きを案じる一方で、友に後れずに死にたいと思いながらまだ生きている自分への慨嘆と、これから自分もまた一人で知らぬ途をたどるのかという想いを籠めて、

おくれじと思へど死なぬわが身哉《かな》ひとりや知らぬ道をゆくらん　（千載五五三）

〈後れまいと思っても死なずにいる我が身であることだ、彼は一人冥土への見知らぬ道をたどっているのだろうか〉

と詠んだ道命《どうみょう》法師(九七四―一〇二〇)も同じ思いだったであろう。

法性寺関白藤原忠通《ただみち》(一〇九七―一一六四)の子で天台座主にもなった慈円《じえん》(一一五五―一二二五)は、歌人としても有名だが、仏道を共に修行した仲間たちが相次いで亡くなったので、思い出して詠んだとして、

ふるさとをこふる涙やひとりゆくともなき山の道芝《みちしば》の露　(新古今七九四)

〈故郷を恋しく思う涙なのかと思って見たら、友もなく一人行く山道のほとりに生えている雑草に、はかなく置いた露であった〉


という歌を詠んでいる。「ひとりゆく友なきやま」は死出の山のことだが、道命や慈円のような僧侶であっても、身近な人や我身のこととなれば、このように不安なのだと実感する。

これらの歌に見えるように、亡くなった人間の冥土の旅の孤独に想いを馳せることは、同時に、遺された自らがこれから歩む孤独な道行きの想像や、自分の死後に偲んでくれる人がいるだろうかという不安に、すぐにつながるように思える。

この思いはもちろん僧侶に限らない。和泉式部の、

命さへあらば見つべき身のはてをしのばん人のなきぞかなしき　(新古今一七二八)

〈命さえあれば亡き私を見届けることは誰にもできるが、思い出して懐かしんでくれる人は誰もいない、それが悲しく思われる〉

は、自分の亡き後、誰か偲んでくれる人がほしいという思いを伝える歌である。あるいは周防内侍《すおうのないし》

（生没年不詳、平安後期）が体調を崩して太秦《うずまさ》に籠もっている間に心細くなって詠んだ、

かくしつつゆふべの雲となりもせば哀《あわれ》かけてもたれかしのばん　（新古今一七四六）

〈こうして参籠しているうちに、もしも死んで夕べの雲になったとしたら、ああ、かりそめにも誰が私のことを思い出してくれるでしょうか〉

という歌も、やはり亡くなった後のはかなさを案じたものであろう。

時代はずっと下るが、そうした想いは、「懐旧の心を」として室町前期の禅僧正徹《しょうてつ》（一三八一―一四五九）が五十七歳の時に詠んだ歌にも見える。

なきあとを老《おい》てとふこそ哀《あわれ》なれやがてしのばむ人もあらじを　（永享九年正徹詠草八二）

〈今は亡き人の跡を年老いてから弔うのは悲しい、自分が亡くなれば、偲ぶ人もいなくなると思うと〉

と、同様な境涯にある自分の死後も重なって映ってくる。

ここに挙げたような歌を読むと、死んだ後も誰かに偲んでほしい、覚えていてほしいという願望は、かなり一般的なものではないかと感じる。そして生きている者が、死者のそのような思いを理解することは、死者との繋がりを重んじ、供養をすることへとつながるのだと思う。

3　遠方で接する死

離れて暮らしていた親族・知人の死は、また別の感懐を生む。地方などで亡くなった場合には、その報が伝わらず、後になって知ることも多かったに違いない。

遠方へ出かけたまま、ついに戻らず、異郷に果てた知友への想いを紫式部は、

いづかたの雲路と知らばたづねましつらはなれけん雁《かり》がゆくへを　（千載五六四）

〈どこの空にいるのか、もし知ることができたら訪ねて行きたいのですが、列から離れてはぐれてしまったと聞く雁の行方を〉

と詠んだ。親・兄弟は無事に還京したにもかかわらず、式部の友人だけは帰らなかったことを、渡ってくる雁の列からはぐれた一羽の姿になぞらえた歌。最期の時を見送ることができなかったのはいうまでもなく、しばらく音信も通わせていなかった後悔も加わって、悲愁の感が強まる。

故郷にあるいは生家に、これまで自分の帰りを待っていてくれる人がいたのに、すでにその人は亡くなってしまったという喪失感もまた、人の心を痛切に刺す感情である。そうした心境を詠む歌は多い。田舎にいる間に親が亡くなり、急ぎ上京する途中、山崎で詠んだ、

なにしにか今は急がむ都には待つべき人もなくなりにけり　（後拾遺五七二）

〈今となってはどうして急ごう、都では私を待ってくれるはずの人もいなくなったことだ〉

という大江嘉言の歌、あるいは地方に赴任中に、京に残していた女性が亡くなったと聞いて、急いで帰京する途次に詠まれた源実基《さねもと》の、

都へと思ふにつけてかなしきはたれかはいまは我を待つらん　（千載五六八）

〈都へ早く帰り着きたいと思うにつけて悲しいのは、誰も今は私を待つ人はいないということだ〉

などにも表されている。

一方で、他郷で身内が亡くなった場合、馳せ着ける肉親の者にとっては、心急がれるばかりであろう。周防守として赴任していた父親康《ちかやす》が、周防で亡くなったと聞いて、急いで下る時に、藤原親盛《ちかもり》が詠んだ歌、

待つらむと思はばいかにいそがまし跡を見にだにまどふ心を　（千載五九九）

〈父がまだ生きていて私を待っていると思ったなら、どんなに心が急いただろう。もう死が知らされていて、その跡を弔いに行くことでさえ困惑する状態なのに〉

などが挙げられる。

4　重なる不幸

時には天災や運命の巡り合わせなどによって、近しい人々が相次いで亡くなるという不幸に襲われることもある。長徳元年（九九五）に赤斑瘡《あかもがさ》が流行して、関白・左大臣・大納言・権大納言など相次いで亡くなったが、その際、知友の多くを失った藤原為頼は、

世中《よのなか》にあらましかばと思人《おもうひと》なきが多くも成《なり》にける哉　（拾遺一二九九）

〈生きていれば良かったのに、と思う人で、亡くなってしまった人が多くなってしまったなぁ〉

という詠嘆を詠んでいた。惜しまれる人に限って死んでしまうというのが実感だろうか。

現代とは異なって、夭逝する子供も多かった時代、中には伊勢のように、「春秋、子を亡くなして思なげく」という辛い思いをした人もいる。

春は花秋は紅葉と散りぬれば立ち隠るべきこのもともなし　（伊勢集四五八）
〈春は花、秋は紅葉《もみじ》となって散ってしまったので、立ち隠れるような木の下もないことだ〉

なお、この歌は「拾遺集」には、よみ人しらずの「春は花秋は紅葉と散りはてて立ち隠るべき木の下もなし」（拾遺一三二一）という歌として、「子二人侍ける人の一人は春まかり隠れ、今一人は秋亡くなりにけるを、人の弔ひて侍ければ」という詞書と共に載せられている。「このもと」は「木の下」と「子の許」を懸けて、我身を寄せる先がなくなったことを詠んでいる。

別に子供ばかりではない、追い打ちをかけるように次々と肉親の死に見舞われ、打ちのめされそうな人たちも珍しくなかったと思われ、そうした人々を慰めるために歌を贈る人々もいた。

「妻亡くなりて後に、子も亡くなりにける人をとひに遣はしたりければ」という、よみ人しらずの、

如何せん忍《しのぶ》の草も摘みわびぬ形見と見えしこだになければ　（拾遺一三一〇）
〈どうしようか、悲しみを耐え忍ぶという忍ぶ草も、籠《こ》(子)もなくて、摘みあぐねてしまった。とにかく亡き妻を偲ぶための形見として見ていた子さえも、亡くなってしまったのだから〉

本当に悲しい歌である。

あるいは、「親かくれ、頼みたる婿亡せなどして、ほどなくまた娘におくれたりし人のもとへ」という西行の、

このたびはさきざき見けん夢よりもさめずやものはかなしかるらん　（山家心中集三五一）
〈この度は、先々の夢のような不幸よりも、一層悲しい夢のようで、いっかな覚めることもなく悲しいこ

とでしょうね〉

さらには同じく西行が、父の徳大寺実能《さねよし》、母藤原顕隆《あきたか》娘を一年足らずのうちに相次いで喪った藤原公能《きんよし》に贈った歌、

重ねきる藤の衣をたよりにて心の色を染めよとぞ思《おもう》（山家心中集三四九）

〈父君の喪服に重ねて、このたびは母君様のための喪服、これを機縁に仏道にお心を深めて頂きたく存じます〉

などを挙げておこう。

三　厳しい現実

1　切れる絆

死者を送る勤めは慌ただしく、遺族にとってゆっくり悲しみに浸る時間もない程、あっという間に過ぎ去っていくが、その後には改めて深い喪失感と悲哀に襲われることになる。死の直後の現実の姿は、兼好の『徒然草』(第三十段)の一節に見事に描写されている。

――人のなき跡ばかり悲しきはなし。中陰の程(四十九日の間)、山里なむどに移ろひて、便あしく狭き所にあまたあひ居て、後のわざ(死者の追福の仏事)ども営みあへる、心あわただし。日数の早く過ぐるほどぞ、物に似ぬ。果て(最後)の日は、いと情なう、互ひに言ふこともなくて、われ

賢《がしこ》に物引きしたため(我がちにさっさと帰り支度をして)、ちりぢりに行あかれぬ。(亡くなった人の家族は)元の住みかに立帰りてぞ、さらに悲しきことは多かるべき。「しかじかの事は、あなかしこ、跡のため忌むなることぞ」など言ひあへるこそ、かばかりの(深い悲しみの)中に何かは(それがどうした)と、人の心は猶《なお》うたて覚ゆれ(情けなく思われる)。――

一人の人間の死は、それ自体が大きな悲しみのもとであるのは言うまでもないが、同時にその死がまた、死者の縁に連なっていた人々相互の別れとなることも多い。遺族にとっては、それがさらに別離のもたらす悲しみを深めるもとともなる。

父一条摂政伊尹が亡くなって、七七日《しちしち》の法要が済んだ後、人々が散り散りになっていく様を見ながら、藤原義孝が詠んだ歌、

今はとて飛び別るめる群鳥《むらとり》のふるすにひとりながむべきかな　(後拾遺五六七)

〈これまでと帰って行く人々の様子が、群鳥が飛び別れて行くように見える、その後の古巣に私は一人で物思いにふけることだろうなあ〉

群鳥が飛び去っていくように人々が散っていく一方、自分は元の家で一人、物思いにふけるという、葬送の行事の後に残る、ある種、寂寞とした空洞感を捉えている。

死によって残る人の間の絆もばらばらになるという感覚を伝える歌は、他にもいくつかある。

例えば「詞花集」には、病が重くなって、京都の僧房に植えておいた八重の紅梅を見たいといったら、折ってきて見せてくれたので、詠んだという大僧正行尊(一〇五五―一一三五)の歌、

この世にはまたもあふまじ梅の花ちりぢりならむことぞかなしき　（詞花三六三）
〈この世ではもう再び見ることはあるまい、そんな梅の花が散り果ててしまうのが悲しい〉

は、花が散ることと、行尊の弟子たちが師の死によって散り散りになることを、重ねて悲しんだ歌で、これを詠んでまもなく行尊は亡くなった。

また康保四年（九六七）に村上天皇が亡くなって、七月七日に法要が終わり、女房たちも散り散りに退出していくのを送って、清原元輔（九〇八―九九〇）が詠んだ歌は、

けふよりは天《あま》の河霧たちわかれいかなる空にあはむとすらん　（詞花三九九）
〈今日からは、織女が天の川の朝霧の立つと共に牽牛と別れるように、別れ別れになって、またどのようなところで逢えるというのでしょう〉

と、織女と牽牛の別れとは違って、もう逢うことはないだろうという嘆きを秘めた別離の悲しさを詠っており、それに対する、よみ人しらずの返歌は、

たなばたは後のけふをも頼むらんこころぼそきは我が身なりけり　（詞花四〇〇）
〈織女は来年の今日を当てにしているだろうが、心細いのは私の方です〉

と、先行きへの不安を偲ばせる。

「千載集」にある、小弁命婦《こべんのみょうぶ》の、

かなしさに添へてもものかなしきは別れのうちの別れなりけり　（千載五六一）
〈亡くなった悲しさに加えて物悲しいのは、亡くなった中宮様との別れの中での、宮様方との別れです〉

も離れ離れになってしまう悲しみを詠んでいる。この歌は長元九年(一〇三六)四月に後一条院、九月にその中宮威子が相次いで亡くなった時のもの。中宮の四十九日が終わって、章子・馨子ら幼い内親王たちが中宮の姉上東門院の邸に移った日は、内親王らと女房や中宮に仕える人々との別れ、また仕える人々同士の別れの日でもあり、なかなか去りがたいという思いは共通のものだったろう。

皇族や貴族などが亡くなれば、いつもこうした光景が繰り返されるに違いないが、そうと分かっていても、なかなか割り切れるものでもない。同じような歌は、他に『千載集』にある、母の待賢門院《たいけんもんいん》璋子《しょうし》(一一〇一—四五)が亡くなって一年の服喪が明けた日に、人々が散り散りに帰って行く様に触れた崇徳院《すとくいん》(一一一九—六四)の歌(千載五七八)と、その返歌である上西門院兵衛《じょうさいもんいんのひょうえ》による歌(千載五七九)などが挙げられる。

2　処世の姿

しかし右に挙げた清原元輔へのよみ人しらずの返歌が、自分の将来への不安を詠っていたように、この世の現実は、人の死を悲しむばかりではなく、他方で我が身のこれからをも考えなければならない。特に天皇の死は、権力の移動を意味するから、新しい世にどう処するか、機敏に思慮を巡らす人もいるのは当然だが、それは天皇に限らず、高位の貴族たちの死の場合も同様である。

例えば『蜻蛉日記』では、天禄三年(九七二)十一月一日に、作者藤原道綱母の夫兼家の兄である太政大臣伊尹が亡くなったことに触れ、「例の世中《よのなか》、いよいよさかえののしる」〈例によってあの人は、いいよいよ華々しい立場になっていく〉と、兼家の地位が重みを増す様子を記している。誰かの死の前後は、いろいろな思惑が露呈する場でもあった。

前節で、「拾遺集」に収められた藤原為頼の「昔見侍し人々多く亡くなりたることを嘆くを見侍て」と詞書のある歌（拾遺一二九九）を紹介したが、これに対する藤原公任の返歌、

常ならぬ世は憂き身こそ悲しけれその数にだに入らじと思へば　（拾遺一三〇〇）

〈無常の世の中では、憂愁の我が身こそ悲しいことだ。生きていてほしかった人たちの数にさえも入らないような、取るに足らない身と思われるので〉

は、儚い世の中を嘆くと共に、この折に浮上することもない不甲斐ない自分のことを悲しんだ歌である。上層部の公卿たちが赤斑瘡で亡くなったことは、それに伴う政界の変動ももたらし、藤原道長が実権者の地位を確立するのに有利に働いたが、公任はその動きに乗ることができなかったのを嘆いたと考えられている。

「詞花集」に載せる、後冷泉院《ごれいぜい》の時に蔵人だった藤原有信《ありのぶ》が、院が亡くなったときに詠んだ歌、

なみだのみたもとにかかる世の中に身さへ朽ちぬることぞかなしき　（詞花四〇四）

〈涙がひたすら袂に流れかかって朽ちてしまったのに、このような世の中で、我が身までが朽ちてしまうのが悲しい〉

は、先帝の側近として、代替わりした世の中で埋もれてしまうことを恐れた歌である。

中には人が亡くなったことで、それによって生じる欠員に思いが及ぶ人も少なくなかったのだろう。

備中守だった藤原棟利《むねとし》が亡くなったので、その代わりに任じてほしいと人々が望んでいるという話を聞いて、清原元輔が詠んだ、

たれかまた年へぬる身をふりすてて吉備《きび》の中山越えむとすらん　（後拾遺九七一）

〈いったい誰がまた年老いた私を振り捨てて、吉備の中山を越えよう（備中守に任官しよう）としているのだろう〉

という歌は、注釈によれば、年功序列からいって自分が備中守には適任だと自薦する歌だという。人が死ねば、その位置を替わって占めようと群がる人々がいるのも、厳しい現実である。

葬儀というのはまた一つの権力の誇示の場でもある。母を送った際に、権勢のある兄弟の方には弔問客が多く来たのに、埋もれている自分の所には訪れ人もなかったという状況で、源経隆が詠んだ、

しぐるれどかひなかりけり埋《うも》れ木は色づくかたぞ人もとひける　（後拾遺八九五）

〈いくら時雨が降り注いでも、紅葉しない埋木にはその甲斐がない。紅葉する木々の方を人は訪うのだ〉

つまり母に先立たれたことを嘆いても、弔問する人は羽振りのいい兄弟ばかりを弔問するから、うだつの上がらない私には、その甲斐もないという嘆きの歌である。葬儀の示す極めて現実的な側面を教えてくれる歌で、これもまた人世かという思いがする。

3　流れへの反発

もちろん他方では、亡くなった人をさっさと忘れたかのように振る舞う人々に、反発を感じる人た

ちもいる。

正暦二年(九九一)に円融法皇(九五九―九九一)が亡くなって一周忌の法要の頃、内裏にいた藤三位《とうさんみの》局《つぼね》に、胡桃色の紙に老法師のような筆跡で書いて差し入れられた歌には、

これをだにかたみと思ふを都には葉がへやしつる椎柴《しいしば》の袖　(後拾遺五八三)

〈せめてこの喪服だけでも、亡き院の形見と思うのに、もう都では椎で染めた喪服を、常の服装に着替えたことだろうか〉

とあった。なおこの話と同じような話が『枕草子』一三一段にも載っている。

寛弘八年(一〇一一)の一条天皇没後、中宮彰子は枇杷殿《びわどの》へ移った。翌年正月、京官《きょうかん》任命の除目《じもく》に騒がしい宮中をよそに、紫式部が彰子を思って詠んだ歌、

雲の上を雲のよそにて思ひやる月は変らず天《あめ》の下にて　(紫式部集補一)

〈雲の上を照らしていた日(一条天皇)は変わったが、月(中宮)は変わらず天の下で御代を照らし続けている〉

という歌も、時代の流れから外れた人への共感を感じる。

紫式部がこの歌を詠んだと同じ年、伊勢大輔《いせのたいふ》(生没年不詳、平安中期)も、

はやく見し山井の水のうすごほりうちとけさまにかはらざりけり　(後拾遺一一二〇)

と詠んでいる。同年の五節《ごせち》の頃に、殿上人たちが連れ立ってやってきたのに対し、〈五節の山藍摺《やまあいずり》の小忌衣《おみごろも》を着けた皆さんが、山の井の水に張った薄氷が溶けるように打ち解けている様は、先帝の昔の頃と変わり

ませんね〉と、五節で寛いで振る舞っている殿上人たちに、先帝のことを偲んでほしいという気持ちをこめて詠んだ歌だという。亡くなった人は日々に疎くなってしまうのは現実だが、それをそのまま受け入れることに抵抗感くらいは持ってほしいということか。

天の川おなじながれと聞きながらわたらむことのなほぞかなしき　（後拾遺八八八）

〈同じ皇統だとは伺っていますが、先帝に仕えた身で再び新帝に出仕するのは、やはり悲しく思われます〉

これは、治暦四年（一〇六八）後冷泉院が亡くなって、新たに即位した後三条天皇に、七月七日に出仕するよう命じられた周防内侍が、改めて参内するのを前に、気の進まない思いを詠った歌である。「天の川」は皇統を意味する。

4　悲喜交々

縁者を送って辛い思いをする反面で、新たな命の誕生や昇任などの慶事も経験して、まさに悲喜《ひき》交々《こもごも》という人々もいた。

かくしこそ春の始はうれしけれつらきは秋の終なりけり　（拾遺五四四）

〈このように今年の春の始めは、孫の昇進があって嬉しいことだ。それに引き換え悲しいのは去年の秋の終わりに、娘と死別したことだ〉

は藤原国章の歌。去年の秋に娘が亡くなって、つらい思いをしたが、明けて新年の春初めには、孫が兵衛佐に昇進して、人々が喜んでくれたという、人世の悲喜交々という実感が現れている。

一面では、貴族社会では官位の昇進がそれほど嬉しいことなのかという、率直な疑問も感じる。しかし例えば『落窪物語』に登場する女君の父の中納言が、重病の床にあってなお、今しばらく生きていたいと思うのは、「かく死ぬれば、我身の大納言になるまじき報《ほう》にてこそありけれと、これのみぞ飽かずおぼゆる」〈このように死んでしまえば、自分の身が大納言になれないという前世の報いであったのだと、これだけが不足に思われる〉と、ひたすら大納言になることを恋い焦がれているのを見ると、これは一般的な感覚で珍しくもなかったのだろう。

父の能宣が亡くなって四十九日のうちに、従五位下に序せられた大中臣輔親《すけちか》（九五四―一〇三八）が、大江匡衡の手紙への返しに詠んだ歌、

墨染にあけの衣をかさね着てなみだの色のふたへなるかな　（後拾遺八九二）

〈墨染の喪服に、五位が着用を許される赤衣を重ね着して、涙の色は悲しみと喜びの二重になっている〉

も同様である。

5　供養の負担

社会的に低い階層の人々が、どのように死者を送っていたかを、貴族中心の和歌の世界を通じて窺い知ることはできないが、死者に対して型通りの葬送・法要を行うこと自体、極めて限られた人々にのみ許された特権だったのは言うまでもない。

そうした中で、やっとの思いで供養を行う人もいた。「金葉集」には、

たまくしげ懸籠《かけご》にちりもすゑざりしふた親ながらなき身とを知れ　（金葉六一〇）

というよみ人しらずの歌が収められている。詞書によれば、律師実源が、ある女房に仏の供養をしたいと呼ばれたが、出かけてみれば暮らし向きも厳しい様子なので、急いで供養して退出した。その時、簾の中から女房自ら、衣一重と手箱を差し出したので、従僧に取らせて帰ってみると、銀の箱の内にこの歌が書いて収めてあったという。

歌の意は、〈この手箱の懸籠に塵も付けないように、子供の私を大切に愛育してくれた両親が、二人ともいない身だと知って下さい〉と、「籠」に「子」を懸けて、自分をこれほど愛してくれた両親はすでに亡いので、十分にお礼もできないと釈明した歌である。不如意な身ながら、最愛の両親にせめてもの供養をと望んだ、この女性の心根が伝わってくる。衣一重と手箱というのも、彼女にとって精一杯の供養料だったに違いない。なお、この話は『袋草紙』にも載せられている。

四　死後の供養

1　服喪と喪明け

亡くなって後、一定の期間、死者を悼むために行われていたのが服喪や年忌あるいは墓参りなどの慣習である。

人は社会の取り決めの中で生きるものとして、いつまでも哀しみに浸っているわけにはいかない。服喪はそうした社会生活の制度化された区切りとして存在した。服喪の制度は、天平宝字元年（七五七）の養老令の施行以後のことだから、収められている最後が七五九年の歌である『万葉集』には、服喪に触れた歌は収められていない。

初めて喪に触れた歌が出て来るのは「古今集」であるが、凡河内躬恒の歌と壬生忠岑の歌は、いずれもすでに第一章で挙げてあるので省略しよう。

「詞花集」からは「むすめにおくれて服き侍とてよめる」という神祇伯源顕仲の、

あさましや君にきすべき墨染のころもの袖をわがぬらすかな　（詞花四〇一）

〈ひどいものだ、当然あなたに先に着せるべき墨染色の喪服を、私が着て、その袖を涙で濡らすなんて〉

などの例がある。

歌人として高名な藤原俊成は、保延五年（一一三九）の頃、母の服喪で法輪寺にしばらく籠もっていた折に、夜、嵐となったので、

うき世にはいまは嵐の山風にこれやなれゆくはじめなるらむ　（長秋詠藻三六一）

〈憂き世には今はいたくないという思いを表して嵐の風が山から吹いてくるが、これがその悲しみになれてゆく初めであろう〉

と詠んでいる。

しかし服喪の制度があっても、人間の感情が制度によって解消されるわけではない。故人に親しか

った人々の中には、そうした転換が難しい人たちもいる。否応なしにやって来る喪の明けの日は、それはそれとして遺された者が涙を新たにする日でもあり、また様々な感慨が生まれる。喪明けに際して詠まれた歌をながめてみたい。

まず「拾遺集」では「服脱ぎ侍とて」という、よみ人しらずの、

藤衣はらへて捨つる涙河きしにもまさる水ぞ流るる　（拾遺一二九一）

〈喪明けとなって、河原に出て祓えをして喪服を脱ぎ捨てると、着たとき以上に涙が流れ出て、涙川は岸から溢れ出るほどの水が流れることだ〉

藤衣＝喪服を脱ぎ捨てる時の感慨を詠んだ歌である。あるいは喪服を脱いだからといって、涙が乾くわけではなく、哀しみはまだ続くのだと詠んだ藤原道信の歌、

限あれば今日脱ぎ捨てつ藤衣果なき物は涙なりけり　（拾遺一二九三）

〈喪の期間には限りがあるので、喪服を今日、脱ぎ捨ててしまったが、限りのないのは（父の死を悲しむ）涙であったよ〉

などがある。服喪や喪明けに関わる歌は、喪服の藤衣を織り込んだ歌が多いようだ。

父の服喪が明けての感想を平棟仲《むねなか》は、

思ひかねかたみに染めし墨染の衣にさへも別れぬるかな　（後拾遺五八九）

〈悲しい思いに耐えられず、さらに今日は父を偲ぶ形見として染めた墨染の衣にまで別れてしまったことだ〉

と詠んだが、どのような思いで喪服と別れたのだろう。

そうした中で『伊勢集』にある「服ぬぎてかへりし」という詞書の、

ふしまろびまどふ形見を見じとてや別れし衣捨てて来ぬらん　（伊勢集二二〇）

〈身もだえして悲しんだことを思い出させる喪服を見ないようにと、脱ぎ捨ててきたのかも知れない〉

は、何か喪明けの決意のようなものを感じさせるところがあって、喪明けだといっても悲しみの尽きることはないと歌う他の歌とは、違うニュアンスを感じさせる。

服喪の明けは、一つの区切りとして新たな生活へ向けての転換が行われる時であり、他方で年忌は哀しみを定期的に更新して死者を偲ぶ中で、癒やしきれなかった哀しみを、次第に昇華させていく仕組みとも言える。

２　年忌

年忌の習慣は、通例、三十三回忌をもって最終の年回とし、かつてはここに至って仏様は神の位に上るなどといって、位牌を仏壇から撤して墓に埋め、寺に納め、もしくは川に流したりして、忌日の祭をしなくなる例が全国的に見られた。

三十三という数字は仏教教説に根拠があるわけではないが、一般に三十三年という数が用いられるのは、おおよその世代交代の年数がそれくらいであり、祀る側の世代交代に対応して自然にできあがった慣習ではないだろうか。生前の死者に接した思い出があり、死者に対して親近感を持つのは、多くの場合、すぐ次の世代とその子、つまり孫までの世代であり、以下の世代とは親密感が違うと考えられるので、平均寿命も短い時代にあっては、死者が生者の記憶に留まる平均的な年限、それが三十三年くらいということだと思う。

それにしても何年も経ってなお、身近に死者を感じとる感覚には、いわゆる仏教的教説の説くような往生の世界とは遠い、日本人の実感を読みとることができる。たとえすばらしい極楽浄土に行くのだといわれても、身内の人々にとっては、二度と帰らぬ彼岸に死者を送ることは耐えがたい哀しみだったのだと私は考えている。

憂きもののさすがにをしきことしかなとほざかりなん君が別れに　(千載五六二)

〈嫌な年だと思うものの、それでもさすがに別れるのが惜しい今年ですよ。宮様との別れにいよいよ遠ざかってしまうだろうと思うにつけて〉

これは後一条院中宮威子が没した長元九年(一〇三六)の十二月つごもりに、威子の娘である章子内親王のもとに参った、乳母の前中宮宣旨《さきのちゅうぐうのせんじ》が詠んだ歌である。

ここに見えるように、死別するというのは悲しい出来事であるが、しかしまた亡くなってから歳月が経って、思い出が薄れていくというのも、それはそれで別の感慨を抱かせる。そういう未だ整理のつかない曖昧な感情は、年の暮れなどの折目に浮かび上がってくる。年忌というのも、こうした感情に社会的に対処する一つの手立てだと言えないこともない。

『大和物語』九十七(月の面影)に、藤原忠平が延長三年(九二五)四月四日に亡くなった妻の宇多天皇皇女頎子を偲んで、一周忌に詠んだ歌が載せられている。「おほきおとどの北の方うせたまひて、御はて（一周忌）の月になりて、御わざ（法事）のことなど急がせたまふころ、月のおもしろかりけるに、端（縁側）にいでゐたまひて、もののいとあはれにおぼされければ」とあって、

かくれにし月はめぐりていでくれど影にも人は見えずぞありける

〈妻が亡くなった去年の月と同じ月が巡ってきました。また、隠れてしまった月もその姿を現しましたけれど、その光によっても、妻の面影は見ることができませんでした〉

という歌意である。一周忌という巡りによっても、忠平の想いは薄れていないのだろう。

平時望《ときもち》の一周忌もそろそろ明けようという頃、「人のもとより「いかに思らむ」と言ひおこせ」たのに対して、

別れにし程を果てとも思ほえず恋しきことの限《かぎり》なければ　（後撰一三九一）

〈死別した時を最後の時だとは思えません。亡くなった人を恋しく思う気持ちは限りなく続くのですから〉

と詠んだ時望の妻も、忠平と同様、どうしても故人を思い切ることのできない一人であった。

「後拾遺集」にも、一周忌の法要などに際して詠まれた歌が収められている。夫の高階成順《なりのぶ》が亡くなって一年、伊勢大輔が一周忌の法要をしての感慨を詠んだ、

別れにしその日ばかりはめぐり来ていきも返らぬ人ぞかなしき　（後拾遺五八五）

〈死別したその日だけは再び巡ってきて、行ったまま帰らないあなたが悲しいことです〉

は、そうした歌である。亡くなってから、どうやっても再び亡き人と逢うことは叶わないまま、月日

は過ぎていく。

年ごとに昔は遠くなりゆけど憂かりし秋はまたも来にけり　（後拾遺五九七）

〈年ごとに共に過ごした日々は遠く離れて行くが、あなたを失って辛く悲しかった秋は、またも巡って来たことだ〉

という、源重之の歌には、そうした感慨が滲む。

寛元元年（一二四三）秋の頃、父定家の三年忌にあたって、西園寺実氏《さねうじ》（一一九四—一二六九）から、

今日といへば秋のさが成《なる》白露もさらにや人の袖ぬらす覧　（中院詠草一一九）

〈父君の第三年忌に当たる今日は、秋になれば置くのがならいの白露も、さらに悲しみの涙を加えて、一層あなたの袖を濡らしているでしょう〉

の歌を贈られ、藤原為家が詠んだ歌、

今日までもうきは身にそふさがなれば三年《みとせ》の露のかわくまぞなき　（中院詠草一二〇）

〈今日に至るまで、悲しみは我が身に添う性《さが》として過ごしてきたこの嵯峨《さが》の家ですから、三年の間、白露とともに涙に濡れた私の袖は、乾く間とてありませんでした〉

俊成を祖父、定家を父とする歌の家に生まれた為家にとって、定家はどのような父親だったのだろう。

源通親の『高倉院升遐記《たかくらいんしょうかき》』には治承五年（一一八一）の二月頃、「父の遠忌にあたりて、山里にまかり向ふとて」詠んだ歌、

古《いにしえ》のうかりし春の夢をまたとり集めても見つる今日かな

〈父に死別した昔の春の悲しい夢のような思いを、今年の今日はまた取り集めても経験するよ〉が載せられているが、通親の父、雅通は承安五年(一一七五)に没しているので、七回忌に当たると思われる。

歌や詞書の中に「はて」とあるように、恐らく一〇世紀ころまでは、一周忌の法事は行われていても、これが最後という感覚だったようだ。それがさらに三回忌・七回忌・十三回忌、はては三十三回忌と増えていったらしい。年忌に従って法要を営むという慣習が、いつ頃から、どのように日本社会に定着したかははっきりしないが、和歌によって見る限りは、平安末期ごろから、十三年忌などの遠《おん》忌《き》日に故人を偲ぶ歌が散見されるようになる。

藤原公実《きんざね》の遠忌日に、娘の花園左大臣室が詠んだ、

数《かぞ》ふればむかしがたりになりにけり別れは今の心《ここ》ちすれども　(千載五八五)

〈年月を数えてみると、もう昔語りになってしまったことだ、あの死別はまだ最近のような気がするのに〉

などは早いほうではないだろうか。ちなみに作者の父、三条大納言公実は嘉承二年(一一〇七)十一月十四日に亡くなっている。ただしこの歌の遠忌日がいつなのかは不明である。

あるいは母親のために粟田口の家に兄弟皆集まって仏供養をし、古い面影などを偲んだ際に、折から空が暗くなって雨が降ったので、帰ろうとして御堂の障子に書き付けたという、右大将藤原忠経《ただつね》の、

たれもみな涙の雨にせきかねぬ空もいかがはつれなかるべき　(新古今八四二)

〈私たち誰も、亡き母を恋しく思う涙が、雨のように流れるのをせき止めることはできなかった。空もど

うして知らぬふりをしていられるだろうか、きっと同情して降りだしたのに違いない〉

に詠まれているのも、年忌の集まりだと思われるが、確認はできない。

『竹むきが記』下にも、貞和三年(一三四七)が「故竹林院入道大臣(西園寺公衡《きんひら》)卅三年にあたり給ふ。御仏事のため、広義門院《こうぎもんいん》御沙汰として無量光院《むりょうこういん》にて仏経供養あり」とか、「その年(貞和四)の四月、後伏見院御十三年にあたらせ給ふ。御仏事のため、持明院殿にて、五種妙典行なはる」などの記事がある。

自分が生きている間は、故人の供養を忌日に行うことができるが、自分に何かあったらどうなるのだろうという懸念を詠った、建礼門院右京大夫《けんれいもんいんのうきょうのだいぶ》の、

別れにしとし月日にはあふこともこればかりやと思ふかなしさ　(建礼門院右京大夫集二六七)

〈亡くなった母の年忌や祥月命日に遇うことも、これが最後になるのではないかと思うとひどく悲しいことです〉

の歌は、右京大夫が母の忌日に、気分が優れなかったが、手を洗って念仏を申し、僧の読経を聴聞しながら詠んだ歌だとされる。

自分が死んだ後の母親の供養まで、気にかける必要はないのではないかと思うが、建礼門院に仕え、平資盛の恋人として変転する世を生きた、この女性がどのような想いだったかはなかなか想像するのも難しい。ただ、ここには誰も供養する人のいなくなる母親の寂しい思いを、そのまま自分自身に投影し、自分も亡くなった後、誰かに思い出してほしい、忘れ去られるのは耐えられないという思いが、

二重写しになっているような気がする。

3　墓参り

年忌と並んで亡き人を思い出す社会的な行事としては、墓参りがある。墓参りといえば、現在ではいわゆるお彼岸に行われることも多い。これはもともと仏語の「彼岸」、すなわち煩悩を克服して悟りの境界に至ることから発している。春秋それぞれ七日ずつの彼岸に行われるのが彼岸会《ひがんえ》であり、大同元年（八〇六）に崇道《すどう》天皇（早良《さわら》親王）の御霊《ごりょう》を慰撫するために行われたのが最初だとされる。しかしこれも民間に広まって、現在のような風習になった過程は不明である。

古代には彼岸に墓参りをするという習慣があったかどうかも明らかではない。藤原頼長《よりなが》（一一二〇―五六）の日記『台記《たいき》』久安六年（一一五〇）二月二十二日条に、「彼岸中日」という言葉が見られるが、これはこうした行事とは無関係と考えられる。

仏教史学の田中久夫の説によれば、埋葬地での祭祀が始まるのは一二世紀の後半だとされる。それ以前、一〇―一一世紀には、葬送は丁重でも、遺体は放棄され、墓参りもなかったという。

藤原俊成の、

わけきつる袖のしづくか鳥部野《とりべの》のなくなく返る道芝のつゆ　（長秋詠藻三六一）

〈草を分けて来た袖のしずくであろうか、鳥部野から泣きながら帰ってきた道の芝草に宿った露であろうか〉

という歌の詞書には、「保延元年(一一三五)の事なるべし、七月九日先人(父である故中納言俊忠)の忌日に鳥部野の墓所の堂に参りて懺法《せんぼう》にあひて夜ふけて帰るに、草の露しげかりければ」とあることから、恐らく田中説の時代推定より多少早く、墓参の習慣が始まっているのではないだろうか。

『高倉院升遐記』の源通親が、父の遠忌で「山里にまかり向ふ」という「山里」が墓所であるなら、これはほぼ田中説の時期である。

「千載集」の中には、墓に参って供養するという歌がいくつかある。まず初めに、父親である藤原通憲《みちのり》(信西《しんぜい》、?—一一五九)の墓に参って見ると見知らぬ墓が多いのに気づいたとして、左京大夫脩範《ながのり》(一一四三—八三)が詠んだ、

野辺見ればむかしの跡やたれならむその世も知らぬ苔の下哉　(千載五九五)

〈野辺を見ると、昔の事跡も誰なのだろうかと、その生きた世も知らない墓ばかりがたくさん目に映ることだ〉

の歌を挙げる。ここでは亡くなってすぐの頃には感じられない時間的な距離感が、いつの間にか周囲に増えた見ず知らずの人たちの墓によって示されている。なおこの歌の「野辺」は鳥辺野を指す。

覚蓮《かくれん》法師が、蓮華心院で亡くなった仁和寺法親王道性《どうしょう》(覚蓮の甥か)の月忌日に、墓所に参って、山に雲がかかって心細く思いながら詠んだ、

山の端《は》にたなびく雲やゆくへなくなりし煙の形見《かたみ》なるらむ　(千載六〇〇)

〈山の端にたなびいている雲は、行方なく立ち昇った荼毘の煙の名残だろうか〉

という歌、あるいは中納言顕長の墓所深草の里に参って詠んだ法眼長真《ちょうしん》の、

年をへてむかしをしのぶ心のみ憂きにつけても深草の里　（千載六〇一）

〈亡くなって何年か経ってみると、生前を偲ぶ気持ばかりが、辛く思うにつけても深まる、この深草の里であるよ〉

というのは、いずれも詞書から墓所に参ったことが分かるが、共に亡くなって程経てからの歌である。ちなみに道性は平家追討の令旨で有名な以仁王の子であった。

その後、「新古今集」にも、いくつか墓参りに触れた歌が見られる。

権中納言俊忠は法輪寺に参る途中で、嵯峨野にある父大納言忠家の墓に参って、

さらでだに露けき嵯峨の野べにきて昔のあとにしほれぬるかな　（新古今七八五）

〈ただでさえ露に濡れているのが常の習いである嵯峨の野辺にやってきて、今は亡き父の墓を見て、私の袖は濡れしおれてしまったことだ〉

の歌を詠んでいる。

藤原俊成もまた、妻が亡くなった後、秋の頃に墓所に近い堂に泊まって、

まれにくる夜はもかなしき松風をたえずや苔の下にきくらん　（新古今七九六）

〈まれに訪れる夜半でさえも悲しい松風を、絶えず苔の下で聞いているのだろうか〉

と、ただささえ悲しい夜に聞く松風の音を、苔の下で聞いている妻は、もっと寂しいだろうと思いやっている。

師であった覚快《かくかい》法親王(一一三四―八一)の周忌のはてに、墓所に参って慈円が詠んだ、

そこはかと思《おもい》つづけて来てみれば今年のけふも袖はぬれけり　(新古今八四一)

〈あれやこれやと、とりとめもなく思い続けながら、墓所に来て見ると、一周忌も終わる今年の今日も、去年の今日と同じように、袖は涙で濡れることだ〉

などは、周忌の墓参、あるいは忌日の仏供養などが、ある程度、習慣的に定着していた様を窺わせる。もっとも墓所と言っても、西行が陸奥国へ修行に赴いた際に、野中に目立つ塚があったので、何かと尋ねたら、「中将のお墓です」と答えたので、「中将とは誰のことか」と、さらに問うと、藤原実方のことだという。冬のことでもあり、霜枯れのススキがほのぼのと一面に見えたので、もの悲しく思って詠んだという、

くちもせぬその名ばかりをとどめをきて枯野の薄《すすき》かたみとぞみる　(新古今七九三)

〈不朽の名声だけを残して、実方は陸奥の枯れ野に朽ちてしまった。私は今、枯れ野の霜枯れの薄を形見として見るばかりだ〉

の歌にあるような、野中に忘れ去られたような佇まいは、かえって弔う人もない寂寞たる人生を露わに示している。なお、これとほぼ同じ話は『山家心中集《さんかしんちゅうしゅう》』にも収められていた。

西行はまた、待賢門院女房であった藤原朝子の亡くなったときには、

船岡の裾野の塚にかずそひてむかしのひとに君をなしつる　(山家心中集三六二)

〈船岡山の裾野の墓所の数が新たに加わり、今は故人のうちにあなたさまをいれてしまったことだ〉

という歌を詠んだ。「むかしのひと」は故人を意味する。

ちなみに墓と言えば付きものの卒塔婆も、源通親の『高倉院升遐記』には、高倉院の没後、

朝ごとに立ておく数の積りつつうかりし日こそ遠くなりゆけ

〈毎朝立て置く卒塔婆の数が積もっていくにつれて、院の亡くなった悲しみの日が、次第に遠ざかってい く〉

という感想を読んでいたが、この頃には墓に卒塔婆を立てる習慣も確立していたものと思われる。定家の『明月記《めいげつき》』元久元年(一二〇四)二月十五日条にも、この日、法性寺入道藤原忠通のために、墓所で一万本の卒塔婆を供養し、また日頃書写した経典を十種供養《じっしゅくよう》の上、墓所に埋納したことが記載されているから、すでに墓所で供養を行い、卒塔婆を立てることが、少なくとも上層貴族の間では珍しくなかったと考えられる。

すでに紹介した法橋行遍が「なくなりたる人の数を卒塔婆に書きて」詠んだという歌(新古今八四三)も、仏教的行事が定型化しつつあることを推測させる。

しかし服喪・年忌・墓参りなど、期間を定めて死者を供養する制度・慣習は、もともとは死者が三《さん》途《ず》の川を渡り、あるいは死出《しで》の山路を越えて、あの世へ行ってしまい、この世との関係を絶つことを前提としているように考えられるが、果してそれによって生者と死者との関係が最終的に切断されたのかどうかは疑わしい。

なぜならこうした行事は、あの世にいる死者を供養するという趣旨であっても、他方で当然、改め

て死者を思い出す機会ともなるからであり、そのような両義性・曖昧性が、伴っている。しかしそれは別に不思議なことではない。なぜなら死後の世界についての観念そのものが元来、決して整合的でも、統一的でもないからである。人間はそうした曖昧性の上で生きているものだということもできよう。

第四章で説くように、彼岸に行ってしまったはずの死者と生者との交流を示す事例が、いろいろの形で残っており、その根底にはあくまでも死者への想いを捨てきれない人々が、少なからずいたことも想像される。

【コラム】 記紀万葉の他界観1

政治神話と天上他界

『万葉集』の死者を悼む歌を「挽歌」と呼ぶ。漢語では、柩《ひつぎ》を挽《ひ》く者が歌う歌という意味だが、『万葉集』では死者を悼むなど死に関わる歌を広範に指して用いる。『万葉集』の挽歌といえば、持統―文武天皇ころの宮廷詩人として、最高の歌人という評価もある柿本人麻呂のそれに代表される、壮大な長歌が連想されることが多く、中でも皇族を送る挽歌はその本領がもっとも発揮されている。

『万葉集』の中で挽歌の詠まれる対象となった、天皇・皇子・王の名前を歌の順序に列挙すると、次のようになる(括弧内は歌番号)。

天智《てんじ》天皇(一四八―一五五)／天武《てんむ》天皇(一五九―一六二)／草壁《くさかべ》皇子(一六七―一九三)／川島《かわしま》皇子(一九四・一九五)／高市《たけち》皇子(一九九―二〇二)／草壁皇子あるいは高市皇子(三三二四―三三二六)／弓削《ゆげ》皇子(二〇四―二〇六)／志貴《しき》親王(二三〇―二三四)／河内《かわち》王(四一七―四一九)／石田《いわた》王(四二〇―四二三)／安積《あさか》皇子(四七五―四八〇)／三野《みの》王(三三二七―三三二八?)

なお、有間《ありま》皇子(一四一―一四六)／大津《おおつ》皇子(一六三―一六六)／長屋《ながや》王(四四一)／膳部《かしわで》王(四四二)の四人はいずれも処刑されたり自死したりした人物なので除外した。

《天武天皇》　天武天皇の挽歌は全部で四首収められている。まず朱鳥元年(六八六)九月九日、天皇が没したときに皇后、後の持統《じとう》天皇が作った、

やすみしし　我が大君の　夕されば　見したまふらし　明け来れば　問ひたまふらし　神岳《かみおか》の
山の黄葉《もみじ》を　今日もかも　問ひたまはまし　明日もかも　見したまはまし　その山を　振り
放《さ》け見つつ　夕されば　あやに哀しみ　明け来れば　うらさび暮らし　あらたへの　衣の袖は
乾《ふ》る時もなし　（万葉一五九）

この歌は「我が大君」という言葉を除けば、特に天皇を送る歌だという印象は受けない。

これ以外に、皇后が詠んだ次の二首は、どちらも歌意は不明確だが天体との関連が示されている点は共通する。

燃ゆる火も取りて包みて袋には入るといはずやも智男雲　（万葉一六〇）

北山にたなびく雲の青雲の星離《はな》れ行く月を離れて　（万葉一六一）

さらに死後八年経った持統天皇七年(六九三)の九月九日に、御斎会を行ったが、その夜、夢の中で詠んだ歌として、

明日香《あすか》の　清御《きよみ》原の宮に　天の下　知らしめしし　やすみしし　我が大君　高照らす　日の皇《み》
子《こ》　いかさまに　思ほしめせか　神風の　伊勢の国は　沖つ藻も　なみたる波に　塩気のみ
かをれる国に　うまこり　あやにともしき　高照らす　日の皇子　（万葉一六二）

がある。詠んだのは持統天皇だと推測されており、ここに初めて「高照らす日の皇子」という表現が

用いられている。

《草壁皇子》　天武と持統の間に生まれ、天武の後継者として皇太子となったが早世した草壁皇子には、亡くなって殯宮の際に柿本人麻呂が作った長歌ならびに短歌二首がある。

天地《あめつち》の　初めの時の　ひさかたの　天の河原に　八百万《やおよろず》　千万神《ちよろずかみ》の　神集《かむつど》ひ　集ひいまして　神はかり　はかりし時に　天照らす　日女《ひるめ》の命　天をば　知らしめすと　葦原《あしはら》の　瑞穂《みずほ》の国を　天地の　寄り合ひの極み　知らしめす　神の命《みこと》と　天雲の　八重かき分けて　神下し　いませまつりし　高照らす　日の皇子は　飛ぶ鳥の　清御原《きよみ》の宮に　神ながら　太敷《ふとし》きまして　天《すめ》皇《ろぎ》の　敷きます国と　天の原　石門《いわと》を開き　神上り　上りいましぬ　我が大君　皇子《みこ》の尊《みこと》の　天の下　知らしめしせば　春花の　貴からむと　望月の　たたはしけむと　天の下　四方《よも》の人の　大船の　思ひ頼みて　天つ水　仰ぎて待つに　いかさまに　思ほしめせか　つれもなき　真弓の岡に　宮柱　太敷きいまし　みあらかを　高知りまして　朝言《あさごと》に　御言《みこと》問はさず　日月の　まねくなりぬれ　そこ故に　皇子の宮人　行くへ知らずも　（万葉一六七）

反歌二首

ひさかたの天見るごとく仰ぎ見し皇子の御門《みかど》の荒れまく惜《お》しも　（万葉一六八）

あかねさす日は照らせれどぬばたまの夜渡る月の隠らく惜しも　（万葉一六九）

最初に天野《あまの》安河原《やすのかわら》における神集いの話から天孫降臨の神話を語り、草壁の父天武は、「天の原石門を開き神上り上がりいましぬ」と、天上世界へ帰還したとも取れる表現になっており、短歌にも、皇子の宮殿を「ひさかたの天見るごとく仰ぎ見し」という表現がある。

草壁皇子には、他にも皇子に仕えていた舎人たちが悲嘆して作った歌があるが、その中に次の二首が含まれている。

高光る我が日の皇子の万代《よろずよ》に国知らさまし島の宮はも　（万葉一七一）

高光る我が日の皇子のいましせば島の御門は荒れざらましを　（万葉一七三）

《高市皇子》天武の皇子で壬申の乱の軍事的指導者として功績を収め、その後の政治体制でも重きをなした。城上《きのえ》の殯宮の時に、同じく柿本人麻呂の作った長歌（一部省略）と短歌を挙げる。

……やすみしし　我が大君の　きこしめす　背面《そとも》の国の　真木立つ　不破山越えて　高麗剣《こまつるぎ》　和射見《わざみ》が原の　行宮《かりみや》に　天降《あも》りいまして　天の下　治めたまひ　食国《おすくに》を　定めたまふと　鶏が鳴く　東の国の　御軍士《みいくさ》を　召したまひて　ちはやぶる　人を和《やわ》せと　まつろはぬ　国を治めと　皇子《みこ》ながら　任《ま》けたまへば　大御身《おおみみ》に　大刀《たち》取り佩《は》かし　大御手に　弓取り持たし　御軍士を　あどもひたまひ　整ふる　鼓の音は　雷の　声と聞くまで　吹き鳴せる　小角《くだ》の音も　敵《あた》見たる　虎か吼ゆると　諸人の　おびゆるまでに　ささげたる　旗のなびきは　冬ごもり　春さり来れば　野ごとに　つきてある火の　風のむた　なびかふごとく　取り持てる　弓弭《ゆはず》の騒き　み雪降る　冬の林に　つむじかも　い巻き渡ると　思ふまで　聞きの恐《かしこ》く　引き放つ　矢のしげけく　大雪の　乱れて来たれ　まつろはず　立ち向かひしも　露霜の　消なば消ぬべく　行く鳥の　争ふはしに　渡会《わたらい》の　斎宮《いつきのみや》ゆ　神風に　い吹き惑はし　天雲を　日の目も見せ

ず　常闇《とこやみ》に　覆ひたまひて　定めてし　瑞穂の国を　神ながら　太敷きまして……嘆きも　いまだ過ぎぬに　思ひも　いまだ尽きねば　言《こと》さへく　百済《くだら》の原ゆ　神葬《かむはふ》り　葬りいませて　あさもよし　城上《きのえ》の宮を　常宮《とこみや》と　高くまつりて　神ながら　しづまりましぬ　しかれども　我が大君の　万代《よろずよ》と　思ほしめして　作らしし　香久山《かぐやま》の宮　万代に　過ぎむと思へや　天のごと　振り放け見つつ　玉だすき　かけて偲《しの》はむ　恐《かしこ》くあれども　（万葉一九九）

短歌二首

ひさかたの天知らしぬる君ゆゑに日月も知らず恋ひわたるかも　（万葉二〇〇）

埴安《はにやす》の池の堤の隠沼《こもりぬ》の行くへを知らに舎人《とねり》は惑《まど》ふ　（万葉二〇一）

右に出てくる「百済の原ゆ神葬り葬りいませて、あさもよし城上の宮を常宮と、高くまつりて、神ながらしづまりましぬ」〈百済の原を通って、神として葬り奉り、城上の宮を、永遠の宮殿として高々と作り営んで、御自ら神として鎮座なさった〉とか、「ひさかたの天知らしぬる君」〈天を治める君〉といった表現は、天上他界を想像させる点で草壁皇子の場合と共通するし、最大の功績である壬申の乱の活躍場面を織り込んだ、草壁皇子の挽歌に勝るとも劣らない堂々たる挽歌である。

なお高市皇子には、他に「檜隈女王《ひのくまのおおきみ》の泣沢《なきさわ》神社を怨みし歌なり」と左注のある、次の歌もある。

泣沢の神社《もり》に神酒《みわ》据ゑ祈れども我が大君は高日知らしぬ　（万葉二〇二）

草壁皇子と高市皇子を代表とする、何人かの皇統の挽歌において使われた特徴的な表現には、天と関連するものが多く見受けられるし、天皇を天上から支配する存在と表現するものもある。これらの表現と、その対象となった人物を整理すると次のようになる（数字は『万葉集』の歌番号）。

「高照らす日の皇子」（一六二・一六七、天武天皇）

「天の原石門を開き神上り上りいましぬ」（一六七、天武天皇）

「ひさかたの天見るごとく仰ぎ見し」（一六八、草壁皇子＝天武皇子）

「高光る我が日の皇子」（一七一・一七三、草壁皇子）

「ひさかたの天知らしぬる君」（二〇〇、高市皇子＝天武皇子）

「我が大君は高日知らしぬ」（二〇二、高市皇子）

「高光る日の皇子」（二〇四、弓削皇子＝天武皇子）

「大君は神にしいませば」（二〇五、弓削皇子）

「泊瀬の山に神さびに斎《いつ》きいます」（四二〇、石田王＝天武孫）

「高山のいはほの上にいませつるかも」（四二〇、石田王）

「高山のいはほの上に君が臥《こ》やせる」（四二一、石田王）

「ひさかたの　天知らしぬれ」（四七五、安積皇子＝聖武天皇皇子）

「わが大君天知らさむと」（四七六、安積皇子）

ここで特徴的なのは、初めに挙げた天皇・皇子・王のうち、これらの文言の使われた歌の対象となったのは、安積皇子を除けば、天武とその皇子の系統だけで、天智天皇・川島皇子（天智皇子）・志貴親王（天智皇子）・河内王（系譜不明）・三野王（栗隈王皇子）に関しては、この種の表現は用いられていない。また女性皇族の場合は、すべて対象外である。

こうした表現の初出は一六二で、そこから天武が亡くなって持統朝になってから、この種の表現が用いられるようになったと推測できる。また他方で、天皇を常人とは異なる偉大な存在として讃仰する歌は、後述するように八代集以降には存在しないとなれば、このような表現が用いられたのは限定された時期だけで、その背景には、特定の歴史的・時代的条件があったと考えられる。

これらの歌に示された天皇像の由来と、なぜこれらの人々に対して、こうした表現が用いられるかを考えるとき、壬申の乱以後に確立された「天皇」号の問題に思い至る。

日本における主権者の称号として「天皇」の語が用いられるようになったのは、推古朝の頃だといわれるが、日本史の石母田正は、その契機を、中国の世界帝国秩序の内部にありつつ、一方で被朝貢国として独自の秩序を形成しようとしていた、当時の日本の国際政治上の地位が、中国の皇帝とも違い、同時に諸国の王とも異なる呼称を必要とした点に求めている。そして対内的にも対外的にも日本国を代表し、統治権を総攬する主権者の地位を「天皇」の称号で統一し確立したのは、持統三年(六八九)に施行された浄御原令以後のことらしい。

確かに古代史上、最大の内乱であった壬申の乱を実力で制した天武こそ、その絶対的な権力の表現としての新しい呼称を必要としたことは、容易に理解しうる。しかも「天皇」の中国における語義について、日本史の津田左右吉の「天皇考」には、「天皇は一つの意義に於いては本来天帝のことであるが、それが後には北極星の名となり、他の意義に於いては太古の帝王とせられた空想的人物の名から一転して神仙となり、それと共に宗教的信仰の対象となって、やはり天帝の観念に結合せられている」とあって、天帝・北極星あるいは神仙などとの観念的な結び付きが指摘されている。

このような含意を持つ天皇号の持ち主やその皇子たちの死を送る挽歌の中に、天に関する言葉が用いられたり、あるいは高市皇子の場合のように、それが用いられる契機となった壬申の乱の事績が取り上げられたりするのは当然のことである。その意味では、一律に死者の霊魂は高いところに行くと考えられたと推測するのではなく、天皇・皇族、それも律令国家勃興期のそれについてのみ天上他界が想定されたと考えるべきではなかろうか。

日本の場合、死後の世界でない、どこかよその世界という意味での他界も含めて、歴史的に天上他界観が広く見られたとは言いがたい。羽衣伝説・七夕伝説・かぐや姫伝説などは、そうした他界観と関係すると思われるかもしれないが、いずれも中国思想との関係が色濃く、もともと星などの天体についての話が少ないのが日本の民間伝承の特徴でもあった。

そうした中で、『万葉集』の中に、それも限られた対象で限られた期間のみ、ここで挙げたような用語が現出するのは、天武―持統朝の歴史的性格に理由があると、私は考える。記紀は、いわゆる自然神話ではなく、国家の成立を背景として作られた政治神話の性質が強い。その編纂事業もまた、この時期の所産であるとすれば、天皇支配の正当性を裏付ける天孫降臨の神話が、如何に政治的なものであるかが理解され、それはまた『万葉集』の中の天皇に関する歌にも共通する性格であろう。

天皇・皇子らを悼んだ歌は、身近な一般的な死者ではなく特別な存在であるとして、本論では取り上げなかった。しかし実は、そのような観点から問題となるのは、『万葉集』の挽歌の一部だけであって、八代集以降は、勅撰集であっても、天皇など皇族の死を悼む歌が特に多いということはないし、またそのような人物を対象としても、他の一般の人々を送り、偲ぶ歌と異なるような特色は持たない。

例えば時代的に『万葉集』に続く「古今集」では、文屋康秀《ふんやのやすひで》が深草帝の国忌《こき》に詠んだ歌(古今八四六)にある「照る日のくれし」の文言や、伊勢が七条后(温子)の亡くなった後に詠んだ長歌(古今一〇〇六)は、『万葉集』挽歌の名残を感じさせるが、他方、諒闇の年に詠まれた小野篁《たかむら》の歌、

水の面《おも》にしづく花の色さやかにも君が御《み》かげのおもほゆる哉　(古今八四五)

などでは、表現の上で一般の人の死を対象にする歌と異なった特徴的なものは見出せない。

以後、どの歌集でも、天皇であれその他の皇族であれ、その死を悼む感覚の中に、特別な畏敬といった感覚は見られず、親しい人を送る歌として一般化しても構わないと思われる。それを示すために、宇多法皇の服喪の間に、鈍色《にびいろ》の喪服を作った余り布に書いて人に贈ったという京極御息所《みやすどころ》(藤原時平《ときひら》の娘褒子)の歌、

すみぞめの濃きも薄きも見る時は重ねて物ぞかなしかりける　(後撰一四〇四)

朱雀院の四十九日の法事の際に、権中納言敦忠《あつただ》が詠んだ、

君なくて立《たつ》朝霧は藤衣池さへきるぞ悲しかりける　(拾遺一二八八)

あるいは「二条院かくれさせ給うて御わざ(葬儀)の夜よみ侍ける」という法印澄憲の歌、

つねに見し君がみゆきをけふ問へば帰らぬ旅と聞くぞかなしき　(千載五八九)

などを引いておこう。

このように八代集以降の天皇たちの死を悼む歌は、柿本人麻呂の挽歌のような、天皇や皇子の偉大さを讃仰する歌とは明らかに異なる。こうした対比の上で、『万葉集』に収める天上他界を示唆する壮大な挽歌が、ごく限られた時代の歴史性を色濃く残した作品だったことが理解されるだろう。

第三章　死者の世界へ

『向こう』というのがどんな場所なのか、修司には解らなかった。だが、そう思っている朝子の気持ちを笑う気にはならなかった。人は、亡くなった大切な人のことを死ぬまで忘れることはない。その人のことを思い、その人に話しかける。そういう時、その人はきっと『向こう』にいるのだと思った。自分も歳を取って、大切な人間のほとんどがこの世からいなくなってしまったら、自分自身がこの世からいなくなることも、もしかしたら地面に引かれた線をひょいと跨いで向こう側に行くような何でもないことに感じられるのかもしれない。

太田　愛『天上の葦』

一　死に行く者の思い

送る立場の人々が人の死によって様々な想いを抱く一方、死にゆく人もまた、死そのものへの不安ばかりでなく、この世に思い残すことは少なくなかったはずだ。死後の世界への不安、あの世への旅路に対する恐れ、遺してゆく人々、とりわけ幼い子供の行く末、時には自分が忘れ去られることへの懸念など、思いは尽きない。

死を前にした人々が遺した歌は、どの歌もそれぞれの心のうちに抱く多様な思いを詠んでいて、それだけに重い。

1 『万葉集』の例

『万葉集』の場合、他の歌集には見られない特徴を持つのは、政争の犠牲となり、刑死あるいは自殺した人物が自ら詠んだとされる歌、具体的には有間皇子と大津皇子の歌の存在である。

有間皇子は孝徳《こうとく》天皇の皇子で、斉明四年(六五八)斉明《さいめい》天皇に謀反を企てたとして捕らえられ、紀伊の藤白坂《ふじしろのさか》で絞首されたが、事件は皇太子中大兄皇子(後の天智天皇)らによって仕組まれた可能性が高い。有間皇子には、疑いを受けて天皇の行幸先である湯崎温泉に連行される途次、岩代で松の小枝を結んで自ら幸いを祈って詠んだ二首の歌がある。

岩代《いわしろ》の浜松が枝を引き結びま幸《さき》くあらばまたかへりみむ　(万葉一四一)

〈岩代の浜松の枝を引き結んで、幸いに無事であったら、また帰って来て見ることであろう〉

家にあれば笥《け》に盛る飯《いい》を草まくら旅にしあれば椎《しい》の葉に盛る　(万葉一四二)

〈家にあれば器に盛るべき飯を、旅にあるので椎の葉に盛ることよ〉

皇子は一度、紀温湯に送られて尋問を受けた後、もどって藤白坂で処刑されたらしいが、あるいは藤白坂への途中で再び岩代を通ったかもしれない。真偽のはっきりしない事件だが、一四一の歌は、万が一命があったらという必死の思いが籠もった悲しい歌である。

また大津皇子については、すでに第一章で触れたが、謀反の嫌疑を懸けられ、磐余《いわれ》の自邸で自殺した際に、遺したとされるのが次の歌である。

ももづたふ磐余の池に鳴く鴨を今日のみ見てや雲隠りなむ　（万葉四一六）

〈磐余の池で鳴いている鴨を、今日限り見て、私は死んでいくのか〉

これもまた悲しい歌である。大津皇子が死ぬ前に、磐余の池の堤で涙を流しながら作った歌と題詞にはあるが、実際は皇子周辺の人物の作ではないかとされている。

『万葉集』の時代が過ぎれば、この二人の皇子が詠んだような歌は見られなくなる。むしろこのような、言ってみれば謀反人である皇子たちの歌が、『万葉集』に遺されたことの方が不思議であり、第一章で取り上げた采女や行路病死者の死を悼む歌と同様に、慰霊・鎮魂のための歌の可能性が考えられる。

死に臨んだ人物が詠んだ歌として『万葉集』に収められたものには、右の他に、柿本人麻呂の次の歌がある。

鴨山の岩根《いわね》しまける我をかも知らにと妹《いも》が待ちつつあるらむ　（万葉二二三）

〈この鴨山の岩根を枕にして死のうとしている自分を、そうとは知らずに妻がひたすら待ち焦がれていることであろうか〉

この歌の詞書には「石見国に在りて死に臨みし時に」とあるだけで、死期も含めて詳しい事情は明らかでないが、都を遠く離れた場所での客死には違いない。そのような状況は、家に待つ妻への思いの中に滲み出ている。

2 八代集以降

八代集に移って、最初の「古今集」には、死に行く者の遺した歌が六首収載されている。歌番号の八五七から八六二にまとまっているが、それぞれ遺した状況は異なり、それにつれて思いも様々なので、順を追ってすべて紹介しよう。

まず閑院五皇女《かんいんのごのみこ》(具体的に誰なのかは不明)が亡くなるときに、皇女のもとに住み着いていた式部卿親王に遺そうとしたものか、寝所の帳《とばり》の帷子《かたびら》の紐に結い付けてあった文に、生前通りの筆遣いで遺してあった歌、

かずかずに我を忘れぬものならば山の霞《かすみ》をあはれとは見よ　(古今八五七)

〈あれこれと私をお忘れでないということならば、私が火葬になる山にかかっている霞を憐れと思って見て下さい〉

と、死に臨んだ皇女が、遺る者は自分の存在を忘れないでほしいという願いを、そのよすがともなる山の霞に託して詠っている。

歌や具体的な史料は残っていないが、遺された式部卿親王の側にも、この歌を読んで抱いた、様々な感慨があるはずで、それがこの後も消えずに残っていけば、その限りで少なくとも式部卿親王にとっては、皇女は心の隅にでも生き続けていることになる。それこそが閑院五皇女の願いだったのだと

推測する。

なお右の歌に登場する「山の霞」は火葬の煙を意味し、白雲・霧などと共に「死」を暗示する表現である。

声をだに聞かで別るる魂《たま》よりもなき床に寝む君ぞかなしき　（古今八五八）

〈あなたの声を聞くこともなく別れてしまう私の魂よりも、私のいない床に独り寝するあなたのことこそ悲しい〉

この歌は、男がよその国へ行って不在の間に、急に病気になって衰弱した女性が、死ぬ前に詠んでおいた歌である。注釈によれば、本当に恋する魂は、必ず逢えるものだという発想が前提にあるとされるが、死に行く自分よりも遺される相手のことを案じる心根の優しさを感じる。最期の時に会うことができなかった無念さも、大きかったに違いない。

病気をして心細い気分になったので、この歌を詠んで、知り合いに届けたという、大江千里《ちさと》の、

もみぢ葉を風にまかせて見るよりもはかなき物は命なりけり　（古今八五九）

〈秋風に委ねて吹き散らさせた紅葉の葉が、行方も定まらないのを見ているよりも、空しい儚いものは人の命なのだ〉

は、風に舞う紅葉の葉に、人世の儚さを写して見ている。

「身まかりなんとて、よめる」という、文字通り辞世の歌である、

露をなどあだなる物と思《おもい》けむわが身も草におかぬ許《ばかり》を　（古今八六〇）

〈どうして露をもろい物だと思ったのだろう、我が身だって露のように草におかないだけで、もろい物なのに〉

という藤原惟幹《これもと》の歌、またこれは有名だが「病して弱くなりにける時、よめる」とある在原業平《ありわらのなりひら》の歌、

つひにゆく道とはかねて聞きしかど昨日今日とは思はざりしを　(古今八六一)

〈最後には行くことになる道だと聞いてはいたが、差し迫って昨日今日のことだとは思わなかったなあ〉

は、共に当然のこととして頭にはあっても、いよいよとなるまで実感のない「死」というものに、実際に臨んだときの感懐を詠ったもの。

そして最後は、知人を弔問するために甲斐国に赴いたが、道中で発病して、命も危ぶまれる状態になったため、この歌を京に持って帰って母に見せるようにと、人に託したという在原滋春《しげはる》の歌、

かりそめの行きかひ路《じ》とぞ思《おもい》こし今は限りの門出なりけり　(古今八六二)

〈ほんのしばらくの行き帰りの甲斐路だと思って来たが、今になってみると、もう嘆いても甲斐のない最後の門出なのだった〉

には、軽い気持で出かけてきたのが最後の門出となってしまったという、思わざる死に遭遇した人の、最後に母に寄せた思いが籠もる。「行き交《か》ひ路」と「甲斐路」は懸詞。

「後撰集」には、死に臨んだ人の歌とは言いにくいが、亡くなる年の三月末に死を予感して作ったような紀貫之の、

又も来む時ぞと思へどたのまれぬわが身にしあれば惜しき春哉　(後撰一四六)

〈再びお出でになるころだと思いますが、いつまで生きていられるか分からない我身ですので、くれてゆく春がことさらに惜しまれます。早くお出で頂きたいものです〉

が収められている。この歌は久しく訪ねてこない知人を怨んで送った手紙の奥に書きつけてあった。「拾遺集」には、石見で亡くなるときに柿本人麻呂が詠んだ『万葉集』の歌とほぼ同じ歌(拾遺一三二二)の他に、紀貫之・朱雀院《すざくいん》、そしてよみ人しらずの三首(拾遺一三二一—一三二四)、この種の歌が残る。中でも朱雀院が死を前に、まだ三歳の昌子内親王を見て詠んだ、

呉竹《くれたけ》の我が世は異《こと》に成ぬとも音《ね》は絶えせずも泣かるべき哉《かな》　(拾遺一三二三)

〈私が亡くなって、この世を去っても、あの世から幼い皇女のことを思い、声を絶やさずに泣かれてたまらないことだろう〉

は、亡くなってなお思い切れない幼子への思いを伝えている。

病に倒れて死が目前に迫っている人はもちろん、何となく自らの死を予感する人もいたようである。『更級日記』の一節に、侍従の大納言の姫君なる女性が遺した書き物の中に、そうした歌が含まれていたという話を載せている。それによれば、主人公が上京してすぐ、父が「これをお手本にしなさい」と言って、この姫君の筆跡を与えてくれたのだが、それには「さよふけてねざめざりせば」など古歌が書いてあり、また「とりべ山谷にけぶりのもえたたばはかなく見えしわれとしらなむ」〈鳥辺山の谷にもし火葬の煙が立ち上ったなら、それは弱々しげに見えた私が亡くなったのだと知ってください〉と、言いようもなく美しい風情に、見事な筆跡があった。それを見て、そのいささか不吉な歌に、姫君自

身の運命が暗示されていたようで、亡くなった今となってはいっそう涙をそそられた、というのである。なおこの歌は前頁で挙げた「拾遺集」のよみ人しらずの三首中の一三二四の歌と同じである。

「後拾遺集」によれば、一条天皇の皇后定子が亡くなった後、帳台の帷の合わせ目の紐に、天皇にも見せてほしいといわんばかりに文が結びつけられており、次のような三首の歌が書きつけられていた。

夜もすがら契りしことを忘れずば恋ひむ涙の色ぞゆかしき　（後拾遺五三六）

〈夜通し約束されたことをお忘れでないのなら、私のことを恋うて下さるその涙の色が知りたいことです〉

知る人もなき別れ路に今はとて心ぼそくもいそぎ立つかな　（後拾遺五三七）

〈誰も知る人のいない死出の旅路に、今はもうこれまでと心細い気持のまま、急ぎ旅立つことです〉

煙とも雲ともならぬ身なりとも草葉の露をそれと眺めよ　（後拾遺異本歌一二二一）

〈煙とも雲ともならない私の身であっても、草葉に置く露を私だと思って偲んでください〉

死んで後、どのような途をたどっていくのか、残った人々が自分のことを、これからも忘れずに想ってくれるのだろうか、死を間近に感じながらの悲痛な心のうちを詠んだ歌である。

「後拾遺集」には、この他に、懐妊して実家に戻っている間に、自分の死を予感して詠んだ、斎宮《さいぐうの》女御《にょうご》の、

枯れはつるあさぢがうへの霜よりも消《け》ぬべきほどをいまかとぞ待つ　（後拾遺九〇一）

〈すっかり枯れてしまった浅茅《あさじ》の上に置く霜よりも早く、私は命の消えてしまいそうな時を、今か今かと

待っております〉

や、ある男が筑紫へ下る時に、京から女性を連れてきたが、筑紫で別の女性と親しくなって、京の女性を忘れてしまい、京からの女性が頼りにする人もなく、京に帰る術もなしに過ごしているうちに、病気になって死にそうになった時に、男のもとに送ったという歌が載っている。よみ人しらずとされる、

問へかしないくよもあらじ露の身をしばしも言の葉《ことのは》にやかかると（後拾遺一〇〇六）

〈どうしているかと尋ねて下さい、いくらも生きられそうもない、露のように儚いこの身を。あなたの言葉に勇気づけられて、しばらくでも生きていられるかもしれないから〉

という歌である。後日談として、女性の相手の薄情な男の主人は藤原経衡《つねひら》で、この女性が亡くなったことを経衡が後に聞き付けて、男を京へ追い返したと伝えており、『今昔物語集』にも同様な話が見える。

『大和物語』百一（逢はぬにちぎる）には、病が予想外に悪化して、煩う暇もなく亡くなってしまった、右近少将藤原季縄《すえなわ》の話が収められている。

――季縄が重病にかかって、すこし良くなってから参内した。蔵人の源公忠に会って、「気分の悪さはまだ直っていないが、鬱陶しくいらいらするので参内しました、今日はこれで退出して、明後日ごろまた参ります。帝にはよいように奏上しておいて下さい」といって帰った。三日ばかりして季縄から手紙が届いたが、それには、

くやしくぞ後に逢はむと契りける今日を限りといはましものを

〈残念なことに、後日お会いしましょうとお約束しました。今日が最後のお別れですと申し上げればよかったのに〉とだけあった。公忠は涙をこぼしながら使いの者に様子を聞くと、たいそう弱っている様子なので、自ら五条にある季縄の家に出かけると、人々が大声を出して騒いでいて、門も閉め切ってある。すでに亡くなっていたのだ。案内を頼んでも埒が明かず、ひどく悲しくなって泣く泣く帰った。――

この話は「新古今集」八五四の詞書や『古本説話集』上一一にも載っているから、当時、よく知られていた話なのだろう。

「金葉集」の中では、

露の身の消えもはてなば夏草の母いかにしてあらんとすらん　（金葉六一九）

〈露のような儚《はかな》い我身が命絶えてしまったら、母はどのようにして生きていくことだろうか〉

を引いておこう。これはよみ人しらずの歌だが、母親が他出している間に、重い病で死にそうになった娘が書き遺して亡くなったという歌。母に先立つ娘の思いを詠んでいる。

「千載集」にある藤原道信の歌、

くちなしの園にやわが身入りにけむ思ふことをもいはでやみぬる　（千載五四九）

〈くちなしの花園に私は入ってしまったのだろうか、あなたへの思いも言わずに終わってしまったことだ〉

は、亡くなった後は物をいうこともできず、言い残したことも伝えられず、遺した人ともはや相見ることはないという悲しみともどかしさを湛えた歌。「くちなし」の花と、「口無し」は懸詞である。二十三歳で世を終わった道信が、いよいよ病が重くなった時に、山吹色の衣を妻の許に遣わした時の歌とも、亡くなった後に妻の夢に現れて詠んだ歌ともいわれる。なお道信を葬送した次の日、藤原頼孝《よりたか》が詠んだ、

　思ひかねきのふの空をながむればそれかと見ゆる雲だにもなし　（千載五五〇）

〈恋しさを抑えきれず、昨日見た空を眺めると、あの時立ち昇っていた荼毘《だび》の煙の名残かと見える雲さえもない〉

の歌も「千載集」に遺されている。惜別の念に耐えかねて、思わず空を眺めるが、今日は荼毘の煙の名残さえ見えない、あっという間の別れであった。

すでに記した一条天皇皇后定子の話がそうだったが、中には何かのきっかけで、亡くなった人の書き残した歌が、後から見つかることもある。例えば次の、

　胸にみつ思ひをだにも晴るかさで煙とならむ事ぞかなしき　（千載五七五）

の歌がそれだが、堀河天皇の女御であった贈皇后以子が亡くなった後、硯箱などを取り片付けていて見つかったというこの歌の〈胸に溢れる思いさえも晴らさないで、荼毘の煙になってしまうことは何とも悲しい〉という歌意からは、以子が最期まで色々な不満を抱いたまま亡くなったことが鮮明に伝わる。注釈によれば、中宮になれなかったこと、子である鳥羽天皇の処遇など、白河院に対する不満が積もっていたらしい。

「新古今集」からは、一条院が病が重くなって出家した日に、中宮であった上東門院彰子に贈った歌を引用しよう。

秋風の露のやどりに君をおきて塵《ちり》をいでぬることぞかなしき　（新古今七七九）

〈秋風に吹かれて消えてしまいそうな露のように儚い仮の世に、あなたを置いて、自分だけが俗世を離れてしまうのは悲しい〉

と、遺される者への愛情に満ちている。

室町時代の歌人頓阿にも、潮湯で湯治をしようと難波にやってきて、重い病気になってしまった時に詠んだ歌がある。

思はずよ難波のあまの藻塩火によはの煙をそへんものとは　（頓阿法師詠三四六）

〈思ってもみなかった、難波の海人が焼く藻塩の煙に、自分の火葬の煙を添えることになろうとは〉

死に行く人の思いとして、あまり類がないのは、『雑談集《ぞうたんしゅう》』の伝える一人の坂東の女性の話である。この人は、日頃、人が臨終に際して大きく目を見開き、恐ろしげな顔で息絶えるのを見て、人の死ぬときの目は恐ろしくて見るに堪えないので、自分が死ぬときは顔を人に見せないようにと、心中深く、密かに願《がん》を立てていた。そして実際にこの人が病気をして、度々息が止まって意識もなくなって後に、袖を顔に覆い覆いした、というのである。女性ならではの願いなのかもしれない。

3　死者の詠んだ歌

和歌の中には死者が詠んだ歌というのがいくつか伝えられており、ここでまとめて取り上げたい。『万葉集』に載せる、天武天皇の御斎会《ごさいえ》の夜に皇后が「夢の裏に習ひ賜ひし御歌」（万葉一六二）なども、あるいはそれに含めてもよいと思うが、死者が詠んだとされる歌は、古い方では「後拾遺集」の中に数首ある。中でも天延二年（九七四）疱瘡の大流行によって亡くなった藤原伊尹の息男、少将義孝の歌は三首あって、それぞれ別々の人の夢の中での出来事であった。ただしこの話は『大鏡』や『今昔物語集』にも見え、それぞれ細部は異なる。

その初めは義孝が亡くなったその夜に、母の夢に見えた時に詠んだ歌である。

しかばかり契りしものを渡り川帰るほどには忘るべしやは　（後拾遺五九八）

〈あれほど固い約束をしたのに、三途の川を引き返すそれほどの間に、もう忘れてしまってよいのでしょうか〉

これは『大鏡』によれば、義孝は日頃から熱心な仏教信者だったが、命も危ぶまれるようになって、自分には法華経を読誦したいという宿願があるので、必ず生き返ってくるから、死んでも北枕にするなど普通に死者を扱うような作法はやらないようにと、母親に頼んで亡くなった。しかし母親が取り紛れている間に、誰かがやったのだろうが、普通の作法で処置されてしまい、生き返ることもなかったので、悔しく思って詠んだのだという。

そして次は、

時雨《しぐれ》とは千種《ちぐさ》の花ぞ散りまがふなに故郷《ふるさと》の袖ぬらすらん　（後拾遺五九九）

〈時雨とは(極楽浄土では)様々な花が散り乱れることを言うのです。どうして元の世では、私のことを悲しんで袖を濡らすのでしょう〉

という歌。これは義孝が亡くなってしばらくしての十月、賀縁《がえん》法師の夢に出てきて、心地よさそうに笙《しょう》を吹くと見えたが、ただ口を鳴らしているだけだった。賀縁が母親がこれほど恋い偲んでいるのに、心地よさそうなのは如何でしょうと言うと、立とうとしたので引き留めたところ、このように詠んだという。

最後は、

着て馴れし衣の袖もかわかぬに別れし秋になりにけるかな　(後拾遺六〇〇)

〈着て馴染んだ衣の袖もまだ乾かないのに、再び別れた秋になったことだなあ〉

という歌で、これは亡くなった翌年の秋、妹の夢に現れて詠んだものとされる。三人も異なる人々が夢を見て、しかもこのような歌を得たというのは、通常では理解できない不思議な話だが、こういう話は昔話と同じで、あったこととして、そのまま昔の人の思いを受けとめておけばいいものではないかと思う。

「後拾遺集」には似たような話が、もう一つあって、そこでは思いをかけた女をおいて亡くなった男性が、自分の娘の夢に登場して、かの女に渡してほしいといって詠んだ、

逢ふことを夕暮ごとに出で立てど夢路《ゆめじ》ならではかひなかりけり　(後拾遺六〇一)

〈逢うことを願って人々は皆、夕暮ごとに出かけるが、死者である私は夜の夢の中でなければかいがない

ことだなあ〉

という歌が収められている。この歌にはさらに、娘が女に送る際に詠んだ、

泣く泣くも君には告げつ亡き人の又かへりごといかが言はまし　(後拾遺六〇二)

〈泣きながらも父の言葉をあなたに告げました。再び帰ってきてほしいと父への返事を、どうやって伝えたらいいのでしょう〉

という歌と、それに対して泣きながら女が返した、

先に立つ涙を道のしるべにて我こそ行きて言はまほしけれ　(後拾遺六〇三)

〈何よりも先立つ涙をあの世への道しるべとして、他ならぬ私が行って返事を伝えたいものです〉

の歌が載せられている。

さらに八代集の中に同様の歌を探すと、「金葉集」に一首、「新古今集」に二首、それぞれ収められている。

「金葉集」の例は、律師長済《ちょうさい》が亡くなった後、母親が葬送を執り行った夜に、長済が母親の夢に現れて詠んだという、

垂乳女《たらちめ》の嘆きをつみて我《われ》がかく思ひのしたになるぞ悲しき　(金葉六一五)

〈母が子の死を嘆いて、木を積んで火葬するが、私がそのつらい思いの火の下になることの悲しいことよ〉

という歌で「嘆き」は「投げ木(薪)」、「思ひ」は「火」との懸詞。「新古今集」の方は、藤原定通《さだみち》が亡くなった後、数年を経た月の明るい夜、人の夢に登場して、殿上にいるといって詠んだ、

ふるさとを別れし秋をかぞふれば八年《やとせ》になりぬありあけの月　（新古今七九八）

〈有明の月のようにはかなく、私がこの世に別れて、幾度秋が巡って来たかを数えてみると、もう八年にもなった〉

の歌と、後に触れる後一条院中宮の歌である。定通が亡くなったのは永久三年（一一一五）八月二十四日で、寝ている間に急死したらしい。

藤原清輔による歌学書『袋草紙』には「亡者の歌」と題して、死者が夢に出て詠んだという歌がまとめて収載されている。その中から、橘為仲《ためなか》が養孫の保昌《やすまさ》の夢に出て詠んだ、

おもひきや常世《とこよ》のくにの鳥立《とだ》ちにもひとりみやこをしのぶべしとは

〈思いもしただろうか、まさか死んで常世の国へ飛び立ってゆくのにも、一人で都のことを偲んだりしようとは〉

と、右大将藤原通房《みちふさ》が死後、父の頼通《よりみち》の夢に現れて、

灯《ともしび》の光はあまたみえしかどくらきやみにもまどふこころかな

〈はるかに灯明の光はたくさん見えたのですが、私はまだ悟れずに暗い闇路にさ迷っています〉

を引いておこう。

詞書などで死者が詠んだとされていても、実際には死後に誰か縁者の夢に死者が登場して、夢の中で歌を詠んだということで、夢を見た人が死者の代わりに、死者の立場になって歌を詠んだとしか解釈できない。だが、にもかかわらず「死者が詠んだ歌」として伝えられていたということは、死者が

夢を通じてではあっても、生者との間の意思疎通を行うことができるという、一般的な考え方が存在したことを示している。そして同時に、このような形で意思疎通が行えるということはまた、死者のいる世界が生者の身近なのではないかと想像させる。

和歌を詠む話ではないが、説話の中には死者が漢詩を作る話もある。

――冷泉内大臣藤原良通《よしみち》が文治四年(一一八八)二月二十日に二十二歳で亡くなって後、三七日の夜、二位中将だった弟の後京極殿良経《よしつね》の夢に良通が出てきて、六韻の詩を書いて唱和するように言った。良経は夢が覚めて後、そのうち詩を一句だけ覚えていた。それは「春月羽林悲自秋(春月、羽林自ら秋を悲しむ)」とあった。良通が平生の様子に変わらないので、涙を拭って六韻の詩を作った中に、「再会夢中談往事。遺文詞上識春愁(再会して夢中に往事を談じ、遺文詞上に春愁を識る)」とあった。――

これは『古今著聞集』「哀傷第二十一」の四六三、「後京極良経、夢に冷泉内大臣と逢ひ、六韻の詩を和する事」という話である。

二　死への諦念

死を前にした思いの数々を読むと、当然のことながら、死を身に迫ったものとして受けとめるというのが、いかに重いことか改めて実感する。自分が死に向き合ったり、あるいはまた親しい人が亡くなったりしたときに、その現実を受け入れさせるのは、どのような思いだったのだろう。

1　夢と現

必ずしも覚悟されていなかった人の死は、その知らせを受けた者にとって、現実感があまりにも薄く、そのために夢が喩えに引かれることも多い。筑紫より上る途中、亡くなった人を思い出して詠んだという大弐藤原高遠《たかとお》の歌、

恋しさに寝《ぬ》る夜なけれど世の中のはかなき時は夢とこそ見れ　(後拾遺五七七)

〈恋しさのあまり寝る夜とてないが、人の世の儚さを知るときは、さながら夢を見るようであることだ〉

は、そういう感覚を物語っている。

夢のように信じられない急な死によって、もっとも衝撃を受けているのは家族だから、弔問する方も、時間をおくなどの気遣いを見せている場合がある。例えば、久我《こが》内大臣(源雅通)が春に亡くなった年の秋、雅通の子の土御門内大臣源通親に、殷富門院大輔《いんぷもんいんのたいふ》が贈った歌、

秋ふかき寝覚《ねざ》めにいかが思ひいづるはかなく見えし春の夜の夢　(新古今七九〇)

〈物悲しい秋が深まったこの頃の寝覚に、どのように思い出していらっしゃるでしょうか、春の夜の夢かとばかりに、お父様がはかなく亡くなられたことを〉

も、こうした配慮があったのだろう。

摂政太政大臣九条良経(一一六九—一二〇六)の妻だった権中納言道家母が亡くなった年の秋、良経に

藤原俊成が贈った歌などでは、はっきりと、

かぎりなき思《おもい》のほどの夢のうちはおどろかさじと歎きこしかな　（新古今八二八）

〈あなたが限りない夢のような悲しみに暮れているうちは、かえって弔問を差し控えようと思い、この間、一人密かにお嘆き申し上げていました〉

と、心づかいのほどが示されており、それに対して良経は、

見し夢にやがてまぎれぬわが身こそとはるるけふもまづ悲しけれ　（新古今八二九）

〈儚い夢のようだった妻の死、その夢を見ながら、夢のうちにそのままぎれて消えてしまうことのできなかった私、そんな我が身が、あなたに御弔問頂いた今日も、まず悲しく思われてなりません〉

と返している。

しかし夢が「現」と区別された、空しいもの、非現実的なものと考えられ、それゆえ急な死が現実性のない夢のようなものだと捉えられた反面、現もまた夢と区別のつかない現実性のない存在だという感覚もある。場合によっては、夢の方が重い現実感を持つこともあろう。

「古今集」の中では、藤原敏行《としゆき》の死に際して、紀友則が詠んだ、

寝ても見ゆ寝でも見てけり大方《おおかた》はうつせみの世ぞ夢にはありける　（古今八三三）

〈夢は寝ても見えるし、寝ないでも見えるものだ。おおかた現世というものが夢であったのだ〉

あるいは親しい友の死に遭遇した紀貫之の、

夢とこそいふべかりけれ世中《よのなか》にうつつある物と思ける哉　（古今八三四）

〈この世は本当に夢だと言うべきであった。夢でない現というものがあるのだと思っていたものだ〉

や、同じ状況で壬生忠岑が詠んだ、

寝るがうちに見るをのみやは夢といはむはかなき世をも現《うつつ》とは見ず　（古今八三五）

〈寝ているうちに見るのばかりを夢と言おうか、儚いこの世をも現とは見ない〉

などが、こうした考え方を示している。「古今集」の中で、この三首の歌が続けて配列されているのは、同じような思想のものを並べたとも見える。

「千載集」には右京大夫藤原季能が「忍びて物申ける女（密かに関係していた女性）」の亡くなったときに詠んだ、

みとせまでなれしは夢の心地してけふぞうつつの別れなりけり　（千載五九三）

〈三年もの間、慣れ親しんだのが、まるで夢のような思いがして、今日こそが現実の別れであるのだ〉

の歌がある。この場合は、夢にも思わなかった死が、突然、現実となったことで、それまでの楽しい日々が一気に夢の中の出来事のように変わってしまったと、逆の形で衝撃の大きさが表現されている。

式子内親王（一一五二—一二〇一）の二首の歌は、夢と現との境の闇の深さを思わせる。

束の間の闇の現《うつつ》もまだ知らぬ夢より夢にまよひぬるかな　（式子内親王集七八）

〈闇は暗くて頼りないが、しかしそれでも現実であれば、たとえほんの瞬間たりとも儚い夢よりはましである。だが私はその瞬間の闇の中の現さえ、まだ知らないで、儚い夢から夢へと迷うている、まことに頼

りない境地であることよ〉

始《はじめ》なき夢を夢とも知らずして此終《このおわり》にや覚《さめ》はてぬべき　（式子内親王集九九）

〈始めも終わりもないのが夢である。その始めのない夢を夢とも知らないで夢を見ているが、さてこの夢が終わったら夢も覚め果ててしまうのだろうか。それに人の世の迷いも覚めてしまうのだろうか〉

こうした中で建礼門院右京大夫は、最愛の人、平資盛《すけもり》の死の衝撃を、

なべて世のはかなきことをかなしとはかかる夢みぬ人やいひけん　（建礼門院右京大夫集二一二）

〈世間一般に、死ぬことを悲しいというのは、このような夢としか思われない耐え難い目に遭ったことのない人が言った言葉なのだろうか〉

と詠んでいる。悲報に接してから、衾《ふすま》を引き被って終日臥し、泣き暮らしていたが、忘れようと思っても面影は目の前に揺曳《ようえい》し、資盛の言葉は、皆、現に今聞いているような心地がした。この計り知れぬ悲しみは比類のないもので夢でしかないと、繰り返し思われてしかたがなかったのだ。こうなると夢は現以上の現なのかもしれない。

資盛は平重盛の息男で、壇ノ浦における一門の滅亡に臨んで、海に投じて自ら命を絶っている。通常の老いや病による死ではなく、戦いに敗れての自殺、しかも予ねてから死の覚悟や供養のことまで便りに記してきていた恋人の死は、また特別な受け止め方を必要とするものなのだろう。

ずっと後年の人となるが、戦国期きっての文化人ともいうべき三条西実隆《さねたか》（一四五五―一五三七）が、「夢の中は夢も現も夢なればさめなば夢も現とを知れ」という覚鑁《かくばん》上人（一〇九五―一一四三）の言葉を

思い出しながら詠んだ歌、

いつさめん現も知らず七十《ななそじ》の今日だに同じ夢の世中　（再昌草九四）

〈迷いの現から、いつ覚めるとも知らずに、七十歳の今日でさえも、同じ夢の世の中に居つづけていることだ〉

所詮、現もまた夢である。

このような思想は、次に述べるようなこの世の無常観ともつながるものだったと思われるが、現実を夢と考えるというのは、受け入れがたい死を納得する上では役に立つのかもしれない。

2　無常の世

この世は所詮、空である、あるいは無常であるという仏教的な思想は、すでに『万葉集』の頃から日本人の間にも浸透しつつあった。例えば大伴旅人が、奈良の都から続いてもたらされた訃報に対して、送った返書の、

世の中は空しきものと知る時しいよよますます悲しかりけり　（万葉七九三）

〈世間は空であると真に分かったとき、いよいよますます悲しい思いがする〉

という歌とか、変わることのない高山や海と、短く儚い人生を対比させ、人の世の無常を詠った、

高山と　海とこそば　山ながら　かくも現《うつ》しく　海ながら　しか真《まこと》ならめ　人は花物そ　うつせみ世人《よひと》　（万葉三三三二）

〈高山と海こそは、山の本然としてかくも厳然としており、海の本然としてそのように真なのであろう。しかし人は花のように儚いものであるよ、生身の世の人は〉

とかが、そうした例として挙げられる。

人間は死ぬ運命から逃れられないということが、恐らくこの世の無常を感じさせる最大の契機だろう。しかしそうした感覚がもたらす態度は一様ではない。死によって、この世の生の意味を減じたり、この世を厭ったりする場合と、死は避けられないにしても、生きている間は楽しく生きたいという態度、あるいは死が避けられないからといって親しい人の死を諦めることはできないという想いなど、いくつかの態度の違いが生じてくる。

同じ旅人に酒を褒め称えた一三首の歌がある。そこには、

この世にし楽しくあらば来む世には虫に鳥にも我はなりなむ　（万葉三四八）

〈この世で楽しくしていられたら、来世には虫にでも鳥にでも私はなってしまおう〉

生まるれば遂《つい》にも死ぬるものにあればこの世なる間《ま》は楽しくをあらな　（万葉三四九）

〈生まれたら、最後には必ず死ぬと決まっているのだから、この世にいる間は楽しくありたいな〉

と、現世を肯定し、楽しもうという思想が窺われるが、先の歌とどちらが本当だと思うかと、旅人に問いただしても意味はない。どちらも真実といってよいのだ。

すでに挙げた「古今集」の八三三―八三五の歌は、人の死に遭って、この現実の世も夢なのだという詠嘆の気持ちを詠んでいる点で共通する。このような思想には『白氏《はくし》文集《もんじゅう》』などの影響が指摘され

ており、死者を悼む歌にも一つの時代の好尚が反映されているように思う。

すでに第一章で引いたが、「古今集」で右の三首に続く、いずれも紀友則が亡くなったときに詠んだという紀貫之と壬生忠岑の歌(古今八三八と八三九)も同じような傾向の歌である。

この世が無常だという思いを詠った歌には、いくつかの定型があるようだ。

例えば、この世はどうせ「終《つい》の住処《すみか》」ではない、あるいは同じことの逆の表現だが、どこもが「終の住処」である、という観じ方がある。

そのような考えは寂昭《じゃくしょう》法師が唐土へ渡ろうとしたのを、諫めた人に詠んだ、

留まらむ留まらじともおもほえずいづくもつひの住《すみ》かならねば　(詞花一八一)

〈この国に留まろうとも、留まるまいとも思われません。この世のどこも終の住処だというわけではないので〉

と、源親元《ちかもと》が秋の野を過ぎたときに、花が風になびくのを見て詠んだ、

花薄《はなすすき》まねかばここにとまりなむいづれの野辺もつひのすみかぞ　(詞花三五四)

〈花薄が招くのであれば、ここに留まろう、どこの野辺でも終の住処だ〉

に見える。

なお寂昭は長保五年(一〇〇三)に入宋して、長元七年(一〇三四)彼の地で没した。

あるいは水泡《みなわ》のように儚いものを、人生に引きつけて見ることで人世の儚さを観じる態度もそうだ。

柿本人麻呂の、

巻向《まきむく》の山辺響きて行く水の水泡のごとに世をば我が見る　（拾遺一三二〇）

〈巻向の山辺を響かせて勢いよく流れていく川の水の、水の泡のようなものと、この世を私は思って見る〉

や、沙彌《しゃみ》満誓《まんぜい》の、

世中を何にたとへむ朝ぼらけ漕ぎ行く舟の跡の白浪《しらなみ》　（拾遺一三二七）

〈この世の中をいったい何に喩えようか、夜明け方に漕ぎ出していった、船の跡に立った白波とでも言おうか〉

などが、そういう思いを詠んだものとして挙げられる。

先立つにせよ後れるにせよ、死による別離は避けられないという現実を、まざまざと伝えてくれるのは、病になって母親に先立つことを嘆いていたが、病が治った後に、今度は母が亡くなったので詠んだという静縁《じょうえん》法師の、

先立たむ事を憂《う》しとぞ思ひしにおくれても又かなしかりけり　（千載五九八）

〈母に先立つことを憂いと思ったのに、親の死に後れるのもまた悲しいことだ〉

という歌である。

後れ先立つ差はあれども、いずれ皆が死んでいくのだという思いを詠んだ歌は、挙げれば切りがないので、数首のみ。

山寺に籠っているときに、人を葬るのが見えたので詠んだという、和泉式部の、

立ちのぼる煙につけて思ふかないつまた我を人のかく見ん　（後拾遺五三九）

〈立ち上る火葬の煙を見るにつけても思うことだ、いつまた私のことを人がこのように見ることだろう〉

あるいは「詞花集」にある法橋清昭《しょうしょう》の、

みな人のむかしがたりになりゆくをいつまでよそに聞かむとすらむ（詞花三五九）

〈人が皆、昔語りの中の人となってゆくのに、いつまでそれを他人事として聞くのだろう、すぐに自分も昔語りとなるだろうに〉

という歌、そして僧正遍昭《へんじょう》（八一六―八九〇）の、

末の露もとのしづくや世の中のおくれ先立つためしなるらん（新古今七五七）

〈葉末の露と、根もとにかかる雫とは、早いおそいの差はあっても、いずれ落ちて消えるものであって、人も後れ先立つ区別はあるが、やがて皆死んでしまう、そのよい例なのであろうか〉

の歌は、それぞれにこういう思いを表している。

しかし、にもかかわらず伊勢が詠っているように、

程もなく誰もおくれぬ世なれどもとまるはゆくをかなしとぞ見る（後撰一四一九）

〈時間の差もなく、誰が後に残るということもないこの世だが、生き残っている者は、去っていく者のことを、しみじみと悲しく想うことだ〉

時間的に大した差もなく、いずれは皆死んでいくこの世ではあっても、なお遺された人は去って行った人のことを、悲しく想うものである。親しい者の死とは、そういう意味を持つに違いない。それが人間なのだ。

権力に執着した人間は、死を諦観する立場からすれば、無用にじたばたするだけの哀れな存在と見えるのだろうか。配流され、そこで果てた後に、怨霊として名を馳せた崇徳上皇は、それを諫め、魂を鎮めようとする歌の対象でもあった。

生前に交誼のあった西行が白峰《しらみね》の墓所に詣って詠んだ、

よしやきみむかしの玉の床《ゆか》とてもかからんのちはなににかはせむ　（山家心中集三六六）

〈たとえ、わが君、玉敷く床の宮殿に坐したとて、無常ひとたび訪れて、こういうお姿になられて後は、どうしようもないものとお悟りくだされませ〉

そしてかなり時代が下るが、正徹が同じように崇徳院の鎮魂のために詠んだ「懐旧」と題する、

これはみな夢ぞ昔の玉の床いま見る苔の下のすみかも　（永享九年正徹詠草四九）

を引いておきたい。〈昔の美麗な玉廊の住居も、今見る苔の下の住居も、思えばこれらはすべて儚い夢である〉という歌意には、所詮、人の命や栄耀栄華は時の間のものであるという無常観が窺われる。

三　死後の道程

死が避けられないものだと了解したとして、それでは死後、人はどのような道行きをたどって、あの世へ行くと考えられていたのだろうか。

1　死者の行く道

平安時代の中ごろあたりから、『地蔵十王経《じぞうじゅうおうきょう》』や源信《げんしん》の『往生要集《おうじょうようしゅう》』(九八五年成立)の所説による影響も含め、次第に一般的な死後の世界についての観念が形成されるようになったのではないかと推測される。もちろん社会一般に広まった観念というのは、特定の教義や教説だけで成り立っているわけではないので、体系的でもなく、また雑多な要素を含んでいて、決して一義的に明快なものではないが、両書の影響は無視できない。

『地蔵十王経』は日本で撰述された偽経だとされているが、そこには亡者が閻魔王の支配する地獄に落ちる過程、閻魔王による裁き、地蔵による救済など、事細かに描写されている。『往生要集』もまた開巻してすぐに、厭離穢土《おんりえど》の相として、「一には地獄、二には餓鬼《がき》、三には畜生《ちくしょう》、四には阿修羅《あしゅら》、五には人、六には天、七には惣結なり」が列挙され、ついで「地獄にもまた分かちて八となす……」とあって、地獄の描写が微に入り細を穿って繰り広げられる。

『地蔵十王経』や『往生要集』では、罪人の裁きや罪人の受ける責め苦の描写だけでなく、そもそも裁きに至る道程もまた、恐怖に満ちたものであった。仏教的な他界観では、死者の霊魂がたどっていく世界がいわゆる「冥土」であるが、罪人にはならないにしても、冥土の旅をくぐり抜けて、うまく裁きの場まで行き着けるのかどうか、またどうやったら無事に行けるのかというのは、何より大きな懸念の種であったに違いない。できることなら自分はこのままこの世に留まっていたいし、死者が近しい人なら、留めておきたいというのが、誰にとっても本音であったはずだ。

ただしそうした死後の道行きへの懸念は、『往生要集』などの影響による仏教的他界観が、まだ広まっていない、ずっと以前の『万葉集』などでも、様々な歌の中で表明されている。明確な他界観が確立していないまでも、漠然とした死後への懸念は、恐らくどのような社会でも存在するに違いない。例えば既に紹介したが、大伴家持が天平一一年(七三九)に亡くなった妻を偲んで作った一連の歌の中にある、

　出でて行く道知らませばあらかじめ妹を留めむ関《せき》も置かましを　(万葉四六八)
〈家を離れてあの世へと行く道が分かっていたならば、前もって妻をとどめる関所を置きたかったものを〉

あるいは、

　家離《いえざか》りいます我妹《わぎも》を留めかね山隠しつれ心どもなし　(万葉四七一)
〈家を離れていく妻を留めかねて、山深く隠してしまったので、今や気力もなくなった〉

などの歌に、そうした感覚が窺われる。「山隠す」というのは死なれてしまうことを意味するが、どちらも何とかして妻を引き留められたらという、辛く悔しい思いが伝わってくる。ただ『万葉集』の段階では、どの程度、仏教的な死後の世界が意識されていたか疑問なので、家持が思い浮かべていた死後の世界も、その具体的な内容は分からない。

浄土思想が常識化した後は、死ねば極楽浄土へ行くと一口にいうが、では実際に死んだ後、どのような道筋を通って極楽へ行くと考えられていたのであろうか。説話の中で有徳の僧などが往生を遂げる場面では、紫の雲が迎えに来たりするが、一般の人には期待できない。むしろ「極楽」とか「浄

土」とかとは裏腹の、遠い暗い道を独りでたどっていくというのが一般的なイメージだったのではなかろうか。

吉備津の采女が死んだときに柿本人麻呂の詠んだ歌があるが、そこには「罷《まか》り道《じ》の川瀬の道を見ればさぶしも」(万葉二一八)とある。罷り道というのは葬送の道を指すと考えられ、こういう葬送の道の延長上に、死後の死者の旅路は想像されたのかもしれない。心淋しいような荒涼とした道である。あるいは志貴皇子《しきのみこ》が亡くなった後、三笠山の裾野を通る道について笠金村《かさのかなむら》が詠んだ、

三笠山野辺行く道はこきだくもしげく荒れたるか久《ひさ》にあらなくに　(万葉二三二)

〈三笠山の野辺を行く道は、これほどにも草繁く荒れたものか、久しく時も経たないのに〉

の歌に見られる、草が茂って荒れた道など、いずれも死者の道程に関するイメージを喚起するものだったと思う。

そうした旅については、死者が道を知らずに迷ってしまうことへの恐れとか、旅路の食料の心配など、生きている人間の旅から発想した色々な心配事が浮かぶ。

第一章で述べた大伴君熊凝の死を悼んで、山上憶良が詠んだ歌六首の中に次のような二首の歌がある。

たらちしの母が目見ずておほほしくいづち向きてか我《あ》が別るらむ　(万葉八八七)

〈母に会うこともできず、気持ちも晴れずに、自分はどっちへ向いて別れて行ってしまうのであろうか〉

常《つね》知らぬ道の長手をくれくれといかにか行かむ糧《かりて》はなしに　(万葉八八八)

〈勝手知らない長い道のりを、暗い気持ちでどのようにして行けばいいのだろうか。食べ物もないのに〉道が分からない、食べ物をどうするのだろうと、まさしくこの世の旅の延長である。

とりわけ死者が子供であった場合は、親の心配もひとしおである。これも、すでに第一章で挙げた、早く亡くなった古日という子を想う長歌に付された二首の短歌では、生きている子が出かけるのを見送ると同じように、

若ければ道行き知らじ賂《まい》はせむ下への使ひ負《お》ひて通らせ　（万葉九〇五）

〈幼いので、どう行ってよいかも分からないだろう。贈り物をしますから、冥土の御使よ、この子を背負って通って下さい〉

布施《ふせ》置きて我《あれ》は乞ひ禱《の》むあざむかず直《ただ》に率行《いゆ》きて天路《あまじ》知らしめ　（万葉九〇六）

〈布施を供えて私は乞い祈ります。間違った方向に連れて行かないで、真っ直ぐに導いて天上への道を教えてやって下さい〉

というような、いかにも切ない親の願いが詠われている。

さらに八代集以降の時代に入っても、

先立てば藤の衣をたちかさね死出の山路はつゆけかるらん　（安法法師集二六）

〈親たちは喪服の袖を濡らしているが、親を残して一人旅立ったあの子の死出の旅路も、さぞかし涙の露に濡れていよう〉

というような歌もある。

もちろん死後の旅が覚束ないのは子供だけではない。後一条院中宮の藤原威子は、亡くなった後、人の夢に現れて

古里に行く人もがなつげやらんしらぬ山路にひとりまどふと　（新古今八一四）

〈故郷である現世に行く人があるといいのに、そうしたら、その人に託して告げよう、知らない死出の山路で一人道に迷っていると〉

と詠んだことになっている。

死後の道行きは暗い、恐ろしい、こうした一般的な観念があったが故に、こういう歌も生まれるのだろう。この世にいる人々にとって、死後の世界というのは、未知の出来事に満ちていて、何処へどう進んでいったら良いかさえも明確でない、危うい世界として捉えられていたと私には考えられる。それだけに親しい人が亡くなれば、無事にあの世への道をたどっているだろうかと心配になる。

「あひ知れりける女みまかりにける時、月を見てよめる」という藤原有信の、

もろともに有明の月を見し物をいかなる闇に君まどふらん　（千載五七六）

〈二人で共に夜を過ごして有明の月を見たものだったのに、今、君は冥土への一人旅で、どんな闇に迷っているのだろうか〉

は、そのような心境であろう。

あるいは仲間と頼む友人が亡くなれば、一緒に旅路をたどることができなくなったという嘆きも生まれる。所詮、あの世への旅は一人ならではたどれないことは、もちろん充分承知であるが。第二章

で引用した道命法師の歌(千載五五三)や慈円の歌(新古今七九四)など、いずれもこうした嘆きを詠っていた。

2　三途の川

死者の旅の道程に想定され、具体的なイメージを伴って、さらに旅の恐怖を掻き立てるような存在だったのが、三途の川と死出の山である。

この両者は、和歌の中にもしばしば登場する。まず三途の川だが、例えば『篁物語』の主人公で、平安初期の漢学者・歌人としてもよく知られた小野篁(八〇二―八五二)が妹の亡くなった時に詠んだ、

泣く涙雨と降ら南《なん》わたり河水まさりなば帰りくるがに　(古今八二九)

〈私の泣く涙が雨のように降って、わたり河の水が増えれば、妹も渡れなくなって帰ってくるだろうに〉

という歌があるし、壬生忠岑も姉の死に際して、

瀬《せ》を塞けば淵となりても淀みけり別れを止《と》むるしがらみぞなき　(古今八三六)

〈激しく流れる瀬々も、堰き止めれば深く水を湛える淵となり、やがては浅い淀みとなるものだが、この永遠の別れを止める堰はないのだ〉

と詠んでいる。

篁の歌は死別という永遠の別れを、人力によっては留めることができないもどかしさを、わたり河の増水に託すという形で表現し、別れの切なさを訴えた歌であり、忠岑の歌も、姉との別れを止める

しがらみのないことを嘆いた歌で、共にその裏には、死者を何とかこの世に留めておきたいという気持ちが潜んでいるが、いずれの歌からも、この世からあの世へ通じる道の途中には川があるという、一般的な観念が窺える。

わたり河はまた「三瀬川《みつせ》」とも呼ばれるが、恐らく、『地蔵十王経』に「葬頭河《そうずか》」とあるのがそれだと考えられ、普通「三途の川」として知られる、冥土の途中にある川である。この川の渡しには、急流を渡る、深い淵を渡る、橋を渡るという三つの種類があって、生前の所業によってどこを通るかが決められる。川の畔には脱衣婆《だつえば》と懸衣翁《けんえおう》がいて、亡者の衣服を剝いで衣領樹《えりょうじゅ》に掛けることになっていた。

「地獄の形《かた》描きたるを見て」とある菅原道雅娘《みちまさのむすめ》の、

みつせ河渡《わたるみ》水竿《さお》もなかりけり何に衣を脱ぎてかくらん　（拾遺五四三）

〈三瀬川には、渡る舟の棹もなかった、棹もないのに、いったい何に衣服を脱いで掛けるのだろう〉

の歌は、何らかの図絵を見ての感想だろうが、そうした一般的な観念を示している。

死んだ後、死者は何処かへ向かって旅をしなければならず、その途中に川があるという考え方は、こうした仏教による他界観の影響だと考えられる。しかしわたり川と時に同義で用いられる、涙が流れて川のようになるという「涙川」は、仏教的教説を受け取った日本人の側の想像力の産物のようである。日本人にとって、別離は涙が止まらないくらい悲しいし、死者の行方は心許ないものだったのだ。

前年に妻を亡くした紀時文《ときふみ》が、一周忌の法要を行った際に詠んで、親友の清原元輔に贈った、

年を経て馴れたる人も別れにし去年《こぞ》は今年の今日にぞありける　(後拾遺五八六)

〈長年月なれ親しんだ妻とも永遠の別れをした、去年のあの日は、ちょうど今年の今日だったのだなあ〉

に対して、元輔は、

別れけむ心をくみて涙川《なみだがわ》思ひやるかな去年の今日をも　(後拾遺五八七)

〈あなたが妻と死別したという悲しみの心を汲んで、涙と共に思いやっていることです、去年の今日のことを〉

と詠んでいる。

また恋愛と死とは一見対極と見えて、実は深いところでつながっているものであるから、「涙川」や「三瀬川」という言葉は時に恋の歌にも用いられる。西行の『山家集』にはそうした例がいくつかあるが、中から一首だけ挙げておこう。

涙川さかまく水脈《みお》の底ふかみみなぎり敢《あ》へぬわが心かな　(山家集六九二)

〈逆巻いて流れる水脈の底が深いので、思いを満たすことのできないわが心であることよ〉

3　死出の山

他方の「死出の山」という表現は、川ではなく山道をたどる、もしくは山を越えるという考え方であって、川を渡るという発想と同一ではない。死出の山はあるいは地蔵経に説かれている、閻魔王の

国の国境にある「死天山」から来たものとも考えられている。死天山の意味は、ここで重ねて死ぬからだといい、位置から言えば死出の山を越えてから、三途の川を渡ることになるが、それほど一般的な観念が順序立てて整理されていた形跡はない。恐らくお互いに別個のものと意識されていたのではないだろうか。

『万葉集』では死者の赴く場所、死者の休らう場所としての「山」という観念は、一般的に見られ、それは恐らく仏教的な冥土以前の思想に根差すものではないかと考えられる。このような「山」の観念に見られる死と山との結び付きから、「死出の山」も派生したものかもしれない。ただ『万葉集』の場合は、あくまでも死者の赴く場所、安らう場所であったのに対し、こちらは目的地としての山でなく、旅の途中に越えていく山路という捉え方である。

死出の山が歌に現れるのは「古今集」の段階からで、直接、死と関連した歌ではないが、病気をしていた時分に、親しかった人が見舞いにも来ないで、病気がよくなってから訪ねてきたので詠んだという、「古今集」恋五に収める兵衛(藤原高経娘、九〇〇年前後)の歌に、

死出の山ふもとを見てぞ帰りにしつらき人よりまづ越えじとて　(古今七八九)

〈死出の山の麓を見て帰ってきてしまいました。つれないあなたより先には越えまいと思って〉

とあるのが、死出の山という観念を示す早い例のようだ。

「後撰集」の頃には、かなり定着していたらしく、いくつかの歌に、死者が越えていかなければならない道程として触れられている。

例えば藤原朝忠《あさただ》が橘公頼《きんより》の娘と密かに夫婦となっていた折に、この女性が病気になって、死にそうだと言ってきたので詠んだ、

もろともにいざと言はずは死出の山越《こ》ゆとも越さむ物ならなくに　（後撰九六二）

〈「一緒に、さあ行こう」と言わなければ、あなた一人では死出の山は越そうにも越せるものではないのに、あなた一人で死ぬなんてことはありません〉

という歌や、よみ人しらずの、

死出の山たどるたどるも越えななでうき世中《よのなか》になに帰りけん　（後撰一一六六）

〈死出の山をたどたどしくたどりながらも、越えてしまうことはなく、どうしてこの嫌な世の中に帰ってきたのだろうか〉

などの歌がある。

「病おもくなり侍けるころ、雪のふるを見てよめる」という良暹《りょうせん》法師の、

おぼつかなまだみぬ道をしでの山雪ふみわけて越えむとすらん　（詞花三六一）

〈不安だ、まだ見たことのない道なのに、死出の山は雪を踏み分けて越えることになるのだろうか〉

などには、折からの雪景色からの連想で、死出の山にも雪が降っていたらどうしようと死後の道行きへの不安を一層掻き立てられた様子も窺える。

『今昔物語集』第二十七巻第二十五話なども、こうした死出の山路の観念の定着を示唆する話である。

――大和国の人の娘で、美人で気立ても良い女が、河内国の美男で宮仕えをし、笛をよくする男に消息を使わして、一緒になるが、三年ほどして夫はふとした病で亡くなる。女は嘆き悲しんで恋い惑っていたが、三年目の秋、女が泣きながら寝入ると、夜半ばかりに、笛を吹く音が遠くに聞こえる。夫の笛に似ていると思ううちに、近くまでやって来て、女のいた蔀《しとみ》のもとに寄って、「これを開けよ」という声は夫の声である。起きて蔀の狭間《はざま》から覗くと夫がハッキリとそこに立っている。「しでの山こえぬる人のわびしきはこひしき人にあはぬなりけり」といって立っている様は恐ろしく、装束の紐を解いて、身から煙りが立っている様に、女は恐ろしくてものも言えないでいると、「理《ことわりなり》也や。極《いみじ》く恋給ふが哀れにあれば、破《わり》無き暇《いとま》を申して参り来たるに、此《か》く恐《お》ぢ給へば、罷《まか》り返《かえり》なむ。日に三度燃る苦をなむ受たる」といって、掻き消すようにいなくなった。――

西行の、

越えぬれば又もこの世に帰りこぬ死出の山こそ悲しかりけれ　（山家集七六三）

〈一度越えれば、再びこの世に帰ってこない死出の山の旅は悲しいことだ〉

に詠われているように、死出の山を越えれば絶対的な別離となる。それだけに死者の跡を訪ねて行きたいという思いも強いだろうが、兼好の歌、

しるべしてあととふかひもなき物は誰も涙にまよふなりけり　（兼好法師集六九）

〈法要をし、道しるべを頼んで死者の跡をつけて訪ねようとしても、その甲斐がないのは、誰もが涙で道

に迷うからである〉

にあるように、所詮、人の跡をたどれるような道ではない。

もっとも死出の山路についての観念には、曖昧なところも多いから、抱いている観念は、人によってかなり違った可能性もある。例えば『とはずがたり』の中で、後深草《ごふかくさ》上皇(一二四三―一三〇四)の死後、作者二条が双林寺《そうりんじ》の峰で一人読経する念仏聖の声を、恐ろしげに聞きながら、

いかにして死出の山路を尋《たず》ね見むもし亡き魂《たま》の影やとまると

〈何とかして法皇の旅立たれた死出の山路を尋ねてみたいものだ、もしかして亡き魂がどこかにとどまっておられるかと思われるので〉

と考える場面がある。あるいは二条にとって、まだ絶対的な別離に至っていない死出の山路は、迷った魂に巡り会うことの可能な場所と想像されていたのかもしれない。

【コラム】記紀万葉の他界観2

黄泉国と山

死者あるいは死後の世界についての、日本人の思想が文献の上に初めて見えるのは記紀である。『古事記』によれば、協力して国造りを終え、次々に神々を生み出した伊邪那岐命《いざなぎのみこと》・伊邪那美命《いざなみのみこと》であったが、最後に火之迦具土神《ひのかぐつち》を生んだときに、伊邪那美命は女陰を焼かれて、遂には黄泉国《よみのくに》に退くこととなり、出雲国と伯耆国の堺の比婆《ひば》の山に葬られた。

しかしその後、伊邪那美命が恋しくなった伊邪那岐命は、黄泉国に向かい、出迎えた伊邪那美命に、お前と私とで作った国はまだ作り終えていないから、「還るべし」と呼びかける。これに対し伊邪那美命は、早く来なかったのが悔しい、すでに黄泉戸喫《よもつへぐい》(黄泉国の食物を食べること)をしてしまった。しかし帰りたいと思うから、しばらく黄泉神とかけ合ってみよう。私を見てはいけない。そう言って殿の内に入ってしまう。

伊邪那岐命は待ちかねて、火をともして殿の内に入ってみると、伊邪那美命の体には蛆がたかって、声もむせび塞がったような状態で、頭から足まで八柱の雷神が化生していた。

これを見た伊邪那岐命が恐れをなして逃げ帰ろうとすると、伊邪那美命は「私に恥辱を与えたな」といって、豫母都志許女《よもつしこめ》に追わせたが、伊邪那岐命は黒鬘・櫛などを投げ捨てて逃げ延びる。そこで伊邪那美命は今度は八柱の雷神に、大勢の黄泉国の軍士たちを添えて追わせる。しかし伊邪那岐命は佩剣を後ろ手で振りながら逃げ、黄泉比良坂《よもつひらさか》の麓に到って、そこにあった桃の実三つを取って待ち撃つと、皆逃げ帰ってしまった。

そして最後に伊邪那美命本人が追ってきて、千人引きの大岩をもって道を塞ぎ、葦原中国の民を一日に千人縊り殺してやるというと、伊邪那岐命はそれでは自分は一日に千五百人を生もうと宣言する。

この話の要点は、①伊邪那美は、生きているときのままの肉体で黄泉国に去ったこと、すなわち肉体を離れた魂だけが死後の世界に赴くという観念は、まだ存在していなかったと推測される、②この時点まで、生者の住む領域と死者の住む領域との交通は可能であり、伊邪那伎のような生者が赴くことも可能だったと思われる、③黄泉国には、そこを管掌する黄泉神がいるらしい、④この時を境に死者の国と生者の国とが断絶し、「死」がそれとして完成した、などである。

『延喜式』巻八に収める鎮火祭《ほしずめ》の祝詞《のりと》にも、この話とほぼ同様の話が載せられているが、そこでは伊邪那美命が死んだ後、「夜七夜・昼七日」の間、自分を見るなと伊邪那岐命に言っておいたのに、七日が過ぎないうちに伊邪那岐命が怪しんで覗いたために、伊邪那美命は自分に恥を与えたと言って、伊邪那岐命は「上つ国」を、自分は「下つ国」を治めると宣言して、石隠《いわがく》れたことになっている。ここでは生者の世界と死者の世界が、上つ国と下つ国という垂直的な上下の対比で捉えられている点が、『古事記』とは異なるように思われる。

『古事記』で伊邪那美の向かった黄泉あるいは黄泉国は、一般的には死者の国だと理解されている。

『古事記』以外に、『風土記』出雲国出雲郡宇賀郷の条にも、「礒より西の方に窟戸あり。高さと広さと各六尺ばかりなり。窟の内に穴あり。人、入ることを得ず。深き浅きを知らざるなり。夢に此の礒の窟の辺に至れば必ず死ぬ。故、俗人、古より今に至るまで、黄泉の坂・黄泉の穴と号く」という記載があり、これも死者の世界を意味すると解釈されている。しかしその後、黄泉が広く一般的に死者の世界として意識されていたかというと、いささか怪しい。死ぬことの比喩的な表現として「黄泉」とか「黄泉国」「黄泉路」という言葉が使用されることはよくあるが、具体的なイメージを持った死の世界として確立していたとは言いがたいのである。

例えば『万葉集』の中で「黄泉」の語が登場する歌は、田辺福麻呂が弟の死を悼んで詠んだ歌(万葉一八〇四)と高橋虫麻呂がうなゐ乙女を偲んで詠んだ長歌(万葉一八〇九)の二首だけである。しかし福麻呂の長歌に伴う短歌、

あしひきの荒山中《あらやまなか》に送り置きて帰らふ見れば心苦しも　(万葉一八〇六)

〈荒涼とした山の中に送って置いて、人々の帰るのを見ると心が苦しい〉

を見ると、黄泉というのは単に死者の赴く世界として観念的に想定されていただけで、実際には山に葬るという場合と変わらないのではないかと思われる。さらに「黄泉」の語は、『万葉集』の後の歌集にもほとんど存在しないことからも、黄泉国の観念は記紀段階の一時的なもので、その後は比喩的に用いられるだけで、具体的な他界観からは消滅したことを意味するのかもしれない。

しかし黄泉が具体性を欠くとなると、それでは『万葉集』で実際に、死者の赴く場所として想定されていたのは、どこだったかが問題になる。宗教民俗学者の堀一郎は、「万葉集にあらわれた葬制と、

他界観、霊魂観について」の論文で、『万葉集』の挽歌の中から、「死者の行方を詠じたもの、死者葬場についてよんだもの、死者について連想している自然現象や物などについて」注目し、当時の一般の観念として、「死者霊魂が山丘にのぼり、そこにかくれ、もしくは天上の世界に雲隠れると表現した例が圧倒的に多い」と結論付けていた。しかし天上他界については、すでに説明したとおり、天皇制成立期の一時期に限定された現象ではないかと考えられるので、それは除いて、天上他界以外の死者の行先として、堀一郎が挙げている「山」について検討しよう。

たとえば十市皇女《とおちのひめみこ》の亡くなったときに高市皇子《たけちのみこ》が詠んだ歌(万葉一五八)に見える、「山清水汲みに行かめど」〈山清水を汲みに行きたいけど〉迷ってしまって山中奥深く入り込んでしまったという表現が、死を意味しているように、死者の赴く場所として一般的に山中が想定されていたことは確からしい。

柿本人麻呂が、妻の亡くなったときに慟哭して詠んだという長歌(万葉二〇七)でも、「妹は黄葉《もみじば》の過ぎて去《い》にき」と山と関連する黄葉が出てくるし、この歌に伴う短歌(万葉二〇八)は、

秋山の黄葉《もみじ》をしげみ惑ひぬる妹を求めむ山道《やまじ》知らずも

〈秋山の黄葉が茂くて、迷い込んでしまった妻を探しに行くのに、その山道が分からない〉

と、妻が山に入ったことを示している。

同じく柿本人麻呂の妻を悼む長歌(万葉二一〇)にも、「大鳥の羽易《はがい》の山に我が恋ふる妹はいます」とあって、恐らく葬所を示す山名も詠まれている。またこの歌の反歌、

衾道《ふすまじ》を引手の山に妹を置きて山道を行けば生けりともなし　(万葉二一二)

〈衾道を引手の山に、妻を置いて山路を帰って行くと、自分は生きている感じがしない〉

を見ても、山に死者の行き場を考えていることは、否定できない。

同様に死者が山に入ったことを暗示するような表現は、他にもいくつか挙げられることから、『万葉集』の時代には、死者は死後に山に行くものと考えられていたことは明らかだと思う。ただ、その場合、霊魂の行く先としての山なのか、葬る場所としての山なのか、さらに両方を意味したのかなど、詳しいことは明らかでない。

第四章　なお残る死者への想い

会えない理由のうち、人間の力ではどうしようもないのが死です。死の不思議のひとつは、それがいつでも残された側の問題になるということです。会いたいけれど、もう会えない。いくら思っても、会うことができない。生をうけただれもが、かならず経験する出来事であり、どうにか乗りこえなければならない事柄です。これを一度も経験しないですむ人などいるでしょうか。……

けれど、こんなふうにもいえるのではないでしょうか。人間には、死をも超える想像力がそなわっているのだ、と。物理的にはなにもできなくても、心の奥でしずかに相手を思い描くことならできます。二度と目の前にあらわれることがないとわかっている相手のことも、いくらでも、思い描けます。胸のなかで慈しみ大切にすることならできます。

蜂飼　耳「遠くの人を思うこと」

死別という事実を、これは夢なのだと思ったり、所詮、人間は死を免れない空しいものなのだと言い聞かせたりしても、なおそれだけで簡単に納得できるものではない。また死者の行く先を極楽浄土や天国といった理想世界に想定しても、それを本心から信じている人間でなければ、やはり死を納得させるだけの力は持ち得ない。そのことはこれまで挙げた事例からも理解できるであろう。他方で死者の記憶は、折に触れて蘇り、死者への想いもその度に新たになるものなのだ。

一　蘇る思い出

身近な人が亡くなってすぐの時期は、故人のことで頭が一杯というような日々が続くが、亡くなってから時間が経てば、思い出すことも次第に減ってくる。日常生活にまた戻れば、それなりの忙しさに紛れることもあるだろう。

しかし、そうした日常で、ふとしたはずみに亡くなった人のことが、頭をよぎる。そういう瞬間は誰にでもあるに違いない。何がそのきっかけになるのだろうか。それはもちろん人によって異なり、種々様々ではあるが、歌によく登場するものは、いくつかの共通性でくくることができる。

そうした共通する要素は、遺された子供であったり、故人が使っていた鏡とか故人の筆跡、あるいは住んでいた家や、共に眺めた桜の花や明月であったりする。歌の場合は、それぞれ一つの定型的な場面での詠歌の作法である側面も、間違いなくある。しかし、そもそもそれが定型的に用いられるのは、多くの人にとって共通する経験があるからだろう。

和歌を読んでいて、改めて感じたが、人を「偲ぶ」「思い出す」という行為は、単に頭のなかで考える、思い出すということではない。故人の筆跡や使っていた品を目で見る、故人の好きだった琴の音を聞く、故人の服に薫きこめていた香のかおりを嗅ぐ、故人の着ていた服の触感を思い出すなど、五感のどれか、あるいは複数のそれを動員して、「感じる」ことも含めた全感覚的な行為なのだ。『万葉集』の中にも、亡くなった人を時間が経ってから偲ぶ歌はいくつかある。

第三章で取り上げた有間皇子を、数十年の時を経て偲ぶ歌が、まず思い浮かぶ。皇子が死を前にして自ら詠んだ二首の歌に寄せて有間皇子を偲ぶ歌は多く、次に挙げる四首はすべてそういう歌である。

まず長忌寸意吉麻呂《ながのいみきおきまろ》が皇子が枝を結んだ松を見て、悲しみ咽《むせ》んだ歌二首は、

岩代《いわしろ》の崖《がけ》の松が枝《え》結びけむ人はかへりてまた見けむかも　（万葉一四三）

〈岩代の崖の松の枝を結んだであろう方は、立ち帰ってまた見たであろうか〉

岩代の野中に立てる結び松心も解《と》けず古《いにしえ》思ほゆ　（万葉一四四）

〈岩代の野中に立っている結び松、その結び目のように私の心も解けず、古のことが思われる〉

山上憶良が意吉麻呂の歌を承けて追和した歌は、

翼なすあり通ひつつ見らめども人こそ知らね松は知るらむ　（万葉一四五）

〈鳥のように空を行き来しながら、見ていらっしゃるだろうが、人には分からないだけで、松は知っているだろう〉

の歌で、さらに大宝元年（七〇一）に文武天皇が紀伊国に行幸したときに、柿本人麻呂が結び松を見て詠んだ、

のち見むと君が結べる岩代の小松がうれをまた見けむかも　（万葉一四六）

万葉集にみる偲ぶきっかけ
（数字は万葉集の歌番号）

花，木（植物）
松 141，143，144，146／あしび 166／秋萩 231，233／むろの木 446，447，448／梅の木 453／なでしこ 464／花 469／楝の花 798／妻松 1795／葛 4509

動物
鳥の音 483／ほととぎす 1472，1473／馬 3327，3328／雁 3345

自然現象
さざれ波 206／月 211，214／雲 428，1406，1407，3325／霧 429／秋風 465／水沫 1269

自然地形，自然物
道 479／山 482，3332／磯 1796，1797／浦廻の砂 1799

具体的な地名
二上山（墓）165／明日香川 198／敏馬の崎 449，450／佐保山の霞 473，474／巻向山 1268／黒牛潟 1798／志賀の山 3862／高円宮 4507／高円の野辺 4510

家，宮殿
家 168，173，179，180，186，187，189，440，451，452，795／離宮 4506

身の回りの品
木枕 216／黄楊小櫛 4212

〈後に見ようと言って、君が結んだままになっている岩代の松、小松だったこの松の梢を、再びご覧になっただろうか〉

の歌がある。このように数十年を経て、なお偲ばれるほど、有間皇子の死は悲劇的だったし、また経緯が不透明だったのだろうが、皇子の歌に詠まれた松が、皇子を偲ばせる象徴となっている。

次に大伴旅人が、天平二年（七三〇）に帰郷する途中、任地で亡くなった妻を偲んで詠んだ一連の歌の中から、ここではさらに鞆《とも》の浦のむろの木を見て詠んだ歌を引いておく。

我妹子《わぎもこ》が見し鞆の浦のむろの木は常世《とこよ》にあれど見し人ぞなき　(万葉四四六)

〈我が妻が見た鞆の浦のむろの木は、常に変わらずにあるが、それを見た妻はもはやこの世にいない〉

この歌の場合、むろの木が妻を改めて偲ぶきっかけとなったと言えるだろうが、『万葉集』の中で、どのようなきっかけで故人を思い出すか、簡単に分類してみたら、前頁の表のような結果となった。以下では、八代集を中心に、何かの機会に亡き人を偲んで詠まれた歌によって、思い出す「きっかけ」「よすが」といったものを見ていくが、それらとの対比で言うと、『万葉集』の場合には、建物を除けば人工物は少ないように感じられる。右の分類では木枕《こまくら》と黄楊小櫛《つげおぐし》だけである。

1　幼い子

これはしばらく経ってというより、むしろ死の直後ということが多いかもしれないが、送る人々の涙をひときわ誘うのは、亡き人の幼い縁者が、何事も理解できないままに示す、何気ない仕草の一つ一つである。例えば一条院が亡くなった後、恐らく御所に咲いていたなでしこの花を、遺されたことも知らない幼い後一条院が手に取ったのを見て、母親の上東門院が詠んだ、

見るままに露ぞこぼるるおくれにし心も知らぬ撫子《なでしこ》の花　(後拾遺五六九)

〈見るにつけて涙の露がこぼれることだ。後に残されたことも知らずに、撫子の花を手にしたこの愛しい子よ〉

という歌などもそうである。こういう子供の姿に、つい涙を誘われるのは、いつの時代にもそのまま

通じる情景であろう。「撫子」は「撫でし子」の懸詞である。

伝説的な遊女檜垣《ひがき》に仮託されたとされる、一〇世紀末の歌集「檜垣嫗集」には、次のような歌が載っている。

みどりごの髪かきなでて見るごとに松のははなほ恋しかるらむ　（檜垣嫗集四）

詞書によれば、互いに親しくしていた女友達が、幼子を何人も産み残して亡くなってから二、三年経って、その夫が近い縁者だったので、子供を連れてやってきて、しみじみと悲しい話をして泣いたので、こう詠み掛けたという。〈幼子の髪を撫でてみるたびに、その母親のことがやはり恋しくてならないでしょうね〉が歌意で、松の「葉は」と「母」が懸詞。

2　形見の品

亡くなった人を思い出すきっかけとして、よく取り上げられているのは、故人が残した形見の品である。亡くなった直後の、身を切られるような辛さ、悲しさが、やがて次第に鎮まって来た頃、ふと何か故人に関係のある事物に接したことで、また抑えられていたものが浮かび上がってくるのである。もちろん遺された品であれば、すべて形見ということになるわけだが、歌によく登場するのは、どのような品が多いのか見てみよう。

「古今集」の歌には、亡くなった人が書き残したものを、死後に見出して、死者の思いを知るとともに、改めて故人のことを偲ぶという歌がいくつかある。故人の筆跡が残されている場合は、死者を偲ぶ想いが一層深まるように思う。第三章で紹介した閑院五皇女が亡くなった際に、帳《とばり》の帷子《かたびら》の紐に結い付けてあった文など、結い付けた意図を含めて形見の典型かもしれない。

亡き人の手蹟《しゅせき》に面影を偲ぶ歌は多い。「新古今集」には、形見に託して死者への想いを詠んだ歌、中でも筆跡に関するものが多い。

源師房《もろふさ》の娘が夫である藤原通房《みちふさ》が二十歳で亡くなった後に、夫が手慰みに習字をしていた扇を見つけて、詠んだ、

手すさびのはかなき跡と見しかども長《なが》かたみになりにけるかな　（新古今八〇五）

〈手慰みのとりとめもない筆の跡と思って見ていましたが、そのようなものが永遠の忘れ形見となってしまいました〉

あるいは親しくしていた女性が亡くなって、彼女の書き残していた手紙などを、追善供養の写経紙にしようと取り出して見たという、藤原公通《きんみち》の歌、

かきとむることの葉のみぞ水茎《みずくき》のながれてとまる形見なりける　（新古今八二六）

〈あの人の書きとめておいた言葉だけが、今では、いつまでも残るあの人の筆の跡の忘れ形見となった。書いた人は水のように行方も知れず消えてしまったのに〉

さらに共に上東門院彰子に仕えた上東門院小少将《こしょうしょう》が亡くなった後に、親しくやりとりしていた手紙が、何かの中にあったのを見つけ、加賀少納言に送ったという紫式部の、

たれか世にながらへて見んかきとめし跡はきえせぬ形見なれども　（新古今八一七）

〈今は亡きあの方が書き留めた筆の跡は、いつまでも消えることのない忘れ形見ではあるけれど、いったい誰がこの世に生きながらえて、それを見続けることができるでしょう〉

などがある。

故人の記し残した書き物などを見れば、もっといろいろ教わっておけば良かったという後悔の念も兆《きざ》す。父の大炊御門右大臣公能が亡くなった後、遺された私記を見て、後徳大寺実定が詠んだ、

をしへおくその言の葉を見るたびに又問ふかたのなきぞかなしき　(千載五九〇)

〈さとし導く父の言葉を見るたびに、二度と尋ねる方法のないのが悲しい〉

も、そうした後悔を表している。

「拾遺集」には、描き遺された絵によって偲んでいる例がある。次の歌である。

なき人の形見と思《おもう》にあやしきはゑ見ても袖の濡《ぬ》るるなりけり　(拾遺五四二)

〈亡くなった親王の形見と思うと、不審なことは、絵を見ても(笑《え》みても)涙で袖が濡れる(泣く)ということだ〉

これは伊勢の御息所《みやすどころ》が生んだ宇多天皇の皇子が夭折した後、この子の描き遺した絵が村上天皇の皇后安子に伝えられていて、それを借覧した麗景殿《れいけいでん》の女御荘子女王が、絵を返却する際に、添えてきた歌だという。

あるいは故人を描いた画像に、思い出を掻き立てられることもある。菩提樹院《ぼだいじゅいん》に後一条院の御影《みえい》を掛けてあるのを見て、常に見慣れ親しんだ顔を思いだして、出羽弁《でわのべん》が詠んだ歌、

いかにして写しとめけむ雲居《くもい》にてあかず別れし月の光を　（後拾遺五九三）

〈どのようにして御影として写しとどめることができたのだろう。空にあって惜しくも隠れてしまった月の光のように、宮中で名残惜しくもお隠れになった帝の姿を〉

絵と通じるものがあるが、鏡なども思い出を誘う。例えば父藤原為光が亡くなった後、父親がいつも見ていた鏡が他の品に紛れていたのを見つけて、藤原道信が詠んだ、

年をへて君が見なれします鏡むかしのかげはとまらざりけり　（千載五六五）

〈鏡は残っていても、そこに映っていた昔の父の姿は留まらないことだ〉

がある。鏡の場合は、特に面影を連想させる面があるのだろう。父の源俊頼の死後、常に俊頼が顔を映していた鏡を、供養のために仏像に鋳直す時に、娘の新少将が詠んだ、

うつりけん昔のかげやのこるとて見るに思ひのます鏡かな　（新古今八一五）

〈昔、お父様がお顔を映していたます鏡、亡くなったお父様の面影が残っているかと思って覗くけれど、面影が残るはずもなく、見るにつけて悲しい思いが増すばかりのます鏡だなあ〉

は、藤原道信の歌とも通ずる。

亡くなった後、遺された人には落ちている故人の髪にさえ、亡き人への想いが募る。次の歌は、中納言定頼母が二条前太政大臣藤原教通《のりみち》（九九六―一〇七五）の妻であった娘が亡くなった後に、たまたま落ちていた髪を見つけて、詠んだ歌である。

あだにかく落つと思ひしむばたまの髪こそ長き形見なりけれ　（後拾遺五六三）

〈何ということもなくこのように落ちていると思った髪の毛が、実はいつまでも永い娘の形見であったことです〉

故人が身に着けていた衣の場合、着癖やあるいは残り香など、単なる持ち物とは異なった、肉体的な感覚をも思い起こさせるような気がする。建礼門院右京大夫が母の亡くなった四十九日に、母の着ていた衣や袈裟などを、母の喪屋《もや》に籠もって読経してくれた僧や、戒師《かいし》であった阿証坊らに贈ったが、その時に衣の皺までも母が着ていた時に変わらず、その面影が一層ちらちらする悲しさに、

きなれける衣の袖のをりめまでただその人をみる心ちして　（建礼門院右京大夫集二〇〇）

〈着慣れていた衣の袖の折目までが、当時と変わりがなく、亡き人を目のあたりに見るような心地がして悲しい〉

と詠んでいるのは、まさにそうした感覚である。

『とはずがたり』巻三の中にも、作者二条の愛人有明（性助法親王）が亡くなって、生きていたときのままの移り香は、手枕とする自分の袖に名残多く残っている、という記述があるが、こちらはかなり官能的な印象を伴っている。

平重盛（一一三八―七九）が亡くなってしばらくして、建礼門院右京大夫が重盛の夫人（藤原成親の妹）に贈った歌の一つ、

とまるらむ古き枕に塵はゐてはらはぬ床をおもひこそやれ　（建礼門院右京大夫集一〇三）

〈御夫君の亡き後も、枕はそのままに置かれているでしょうが、塵ばかり積もって打ち払いもしないまま

　　になっている床の様子を思いやっております〉

に対して、重盛夫人は、

　みがきこしたまのよどこに塵つみて古き枕をみるぞかなしき　（建礼門院右京大夫集一〇五）

　〈磨き立ててきた立派な夜床にも、夫亡き今は塵が積もり、古い枕を見るのは悲しいことです〉

「たまのよどこ」は立派な夜の寝床、あるいは霊の夜床か。

　これらの形見は、いずれも物なり筆跡なり、どちらにしても具体的な事物だが、次の二首にあるように、亡き人の面影なども、それをまざまざと思い浮かべられる人にとっては、言って見れば大事な形見だったのである。

　雅楽頭《うたのかみ》であった豊原統秋《とよはらのすみあき》（一四五〇―一五二四）が亡くなって二七日《ふたなぬか》に三条西実隆が詠んだ歌、

　目のまへに消えぬ面影ものいはばたえず昔のことやかはさん　（再昌草一九六）

　〈まだ目の前から消え去らない彼の面影が、もしも物を言うとしたら、絶え間なしに昔のことを語り交わそうものを〉

や「懐旧」と題した兼好の、

　なき人の面影さへにたえねとやうたて月日のとほざかるらん　（兼好法師集一九八）

　〈今は亡き人の面影までも絶えてしまえというのか、このように思いのほかに月日が経って、あの人のことを思い出すこともなくなって行くのだろう〉

のように、面影が浮かぶ限りは、死者との関係が絶えることはない。

同様に目に見えないが、故人と交わした言葉なども、あるいは一種の形見といえる。待賢門院女房であった院二位局《いんにいのつぼね》の亡くなった後に、親交のあった西行が詠んだ歌、

後《のち》の世をとへとちぎりし言の葉や忘らるまじき形見なるべき　（山家心中集三六三）

〈後世の安楽を弔ってほしいと約束を交わしたお言葉が、今は忘れられぬ形見となることでしょう〉

はその例だし、「なき人をとぶらひて」と詞書にある、兼好の、

おくれゐてあととふ法《のり》のつとめこそいまははかなきなごりなりけれ　（兼好法師集二二八）

〈後に取り残されて、故人を弔う追善供養の務めこそが、今は死者のまことに儚い名残というものだなあ〉

の歌にあるように、残された人々が行う追善供養の営みこそが、儚い死者の名残だという考えもあろう。追善供養は生者が死者を忘れず、死者との絆を保っていることの表れなのだから。

3　主なき家

人間の思い出には、特定の場所と結びついているものも多い。故人の旧宅や故人の愛した庭、あるいは故人との遠出や旅など、共に過ごしたような出来事に結びついた場所があったとすれば、そうした場所に行き逢わせたり、何かのついでに訪ねたりした折に想いが蘇る。

中でも故人が住んでいた家というのは、生活の場として、主とは切っても切れない関係にあっただけに、生前の故人の姿を彷彿とさせる最たるものである。その家が生前の状態をよく保っていても、或いは逆にすでに荒れ果てていても、それぞれに故人を偲ばせる。そうした想いを詠んだ歌は多

い。

河原左大臣として知られる源融《みなもとのとおる》の邸は、邸内に陸奥の塩釜の情景を模して庭を造っていたことで有名だっただけに、一層、主亡き後の荒廃ぶりが、人々の感懐を誘ったらしい。寛平七年（八九五）八月に融が亡くなった後、その邸宅のそばを通った近院右大臣源能有《よしあり》（八四五―八九七）は、紅葉の色がまだ深まっていないのを見て、次のように詠んでいる。

うちつけに寂しくもあるかもみじ葉もぬしなき宿は色なかりけり　（古今八四八）

〈突然にまあ何と寂しいことか、紅葉の葉も主人のいない家では、彩りのないものだ〉

紀貫之の「河原左大臣の、身まかりてのち、かの家にまかりてありけるに、塩釜と言ふ所の様を作れりけるを見て、よめる」という歌も、融の邸宅に触れているが、こちらは藻塩を取るための火も消えた塩釜のさまを詠んでいる。

きみまさで煙たえにし塩釜のうらさびしくも見えわたる哉　（古今八五二）

〈あなたがいないで煙も絶えてしまった塩釜ですが、その浦は寂しいというように、まさに心寂しく見渡されることです〉

主なき家は、もちろん融の邸に限らない、かつて藤原利基《としもと》が右近中将として住んでいた曹司《ぞうし》が、その後は誰も住まずに荒れ果てていたのを、秋の夜更けに通りがかりに眺めて、かつての前栽《せんざい》なども手入れされずに荒れている姿に、利基に仕えていたことのある御春有助《みはるのありすけ》が、昔を偲んで詠んだのは、

君がうゑし一群《ひとむら》すすき虫のねのしげき野辺ともなりにけるかな　（古今八五三）

〈あなたが植えた一群の薄は、侘しい虫の声の絶えない荒れ野になってしまったことです〉

の歌である。このように故人が愛していた庭や故人が植えて大事にしていた樹木などがあれば、想いは一層深まる。

「後撰集」にも、この種の歌はいくつかあるが、故人の旧宅を訪ねて、在りし日を偲ぶという歌が多い。

伊勢が亡くなった人の家に参って詠んだ、

なき人の影だに見えぬ遣水《やりみず》の底は涙に流してぞ来し　（後撰一四〇二）

〈亡くなった人の影も映っていない遣り水の底は、私が涙で流して帰って来ましたよ〉

という、邸宅の遣水に影を映した故人のことを思わせる歌、あるいは藤原敦忠（九〇六―九四三）が亡くなった次の年、藤原清正が敦忠の小野にあった山荘を見ようと出かけた折の歌、

君がいにし方やいづれぞ白雲の主なき宿と見るがかなしさ　（後撰一四一六）

〈あなたが逝ってしまった方向はどちらか知らないのです。ただ白雲がかかるこの山荘が主のいない宿だと見るのが悲しいことです〉

など、いずれもそうした歌である。

「後拾遺集」には、どちらかと言うと主が亡くなって荒れてしまった家を詠む歌が多い。

主《ぬし》なしとこたふる人はなけれども宿のけしきぞ言ふにまされる　（後拾遺五五三）

〈「主はいません」と答える人はいないけれど、この家の様子は言葉以上の悲しみを湛えていることだ〉

という能因法師の歌は、霊山寺に籠もっている人に会おうとして出かけたら、亡くなってすでに十三日にあたり、物忌をしていると聞いて詠んだ歌。能因法師はまた、はるばると陸奥まで下って、信夫の郡に昔会った人を訪ねたが、すでにその人は亡くなったということで詠んだ、

あさぢ原荒れたる宿はむかし見し人をしのぶのわたりなりけり　（後拾遺八九三）

〈浅茅が原のように荒れ果てた家は、昔見た人の面影を偲ぶ信夫のあたりだったよ〉

の歌もある。この歌は単に会えなかった落胆だけでなく、死を告げられた悲痛が、浅茅が原のように荒れ果てた家に重なる。

あるいは、赤染衛門が大江匡衡に先立たれた後に石山に参った時、路次で新しい家のひどく荒れたのがあったので、理由を尋ねさせたところ、親が亡くなって二年の間に、このようになったというので、自分は主が亡くなって家が荒れ果てていくのを嘆いていたが、同じような家は他にもあったという思いで、

ひとりこそ荒れゆくことはなげきつれ主なき宿はまたもありけり　（後拾遺五九四）

〈私一人、家の荒れ果ててゆくことを嘆いていましたが、主のいない家がもう一つあったことです〉

と詠んでいる。

『古今著聞集』「哀傷第二十一」の四五七は、藤原敦光《あつみつ》（一〇六三—一一四四）が大江匡房の旧宅を過ぎる際に、

往時渺茫共誰語　閑底唯有不言花（往時《おうじ》渺茫《びょうぼう》として誰と共にか語らん　閑底《かんてい》唯不言《ふげん》の花有り）

という詩を作り、後に藤原良経が詩の十体を選ばせるときに、この詩を幽玄の部に入れたという挿話を伝える。漢学の素養で知られる敦光による、これも当代一流の学者だった匡房への手向けとして、いかにもふさわしく思われたのだろう。

「新古今集」では、「白河院御時、中宮おはしまさでのち、その御方は草のみ茂りて侍りけるに、七月七日、わらはべの露とり侍けるを見て」という周防内侍の、

浅茅原《あさじはら》はかなくきえし草のうへの露をかたみと思かけきや　（新古今七七七）

〈今では荒れ果てた浅茅が原となってしまった中宮御所の庭、ここの主であった中宮様は、はかなく亡くなってしまいましたが、この浅茅が原にはかなく消える草の上の露を、まさかあの方の形見と見るとは思いも懸けないことでした〉

の歌、あるいは、僧正明尊《みょうそん》が世を去った後、久しく経って訪ねたら、房なども岩倉に移築されてしまい、草が生い茂って様変わりになっているのを見て、律師慶暹《きょうせん》が詠んだ、

なき人の跡をだにとて来てみればあらぬ里にもなりにけるかな　（新古今八一九）

〈亡くなったあの方の住まいの跡だけでも見て、あの方を偲ぼうと思ってきてみると、房の影も形もなく荒れ果てて、昔の面影もない里となってしまったことだ〉

の歌を挙げておこう。ただ荒れ果てたのみならず、中には取り壊して跡形もなくなるようなこともあるのである。

故人の家というわけではないが、保元の乱で流され、配流地で没した崇徳上皇を、松山にあった御

所の跡を訪ねて、跡形もない様を西行が詠んだ歌、

まつ山のなみにながれてこしふねのやがてむなしくなりにけるかな　（山家心中集三六五）

〈松山の津に流れ着いた空舟は、そのまま朽ちて空しくなってしまったことだ〉

は、崇徳を「空しき舟」にたとえており、ただの懐かしさばかりでなく、権力者の栄枯盛衰の空しさへの感慨も含まれているようだ。

4　花に触れて

四季折々に変わりゆく花や草木、鳥の声、虫の音、月や雲などの空の様子、こうした自然の移りゆきもまた、故人を偲ばせるきっかけになる。自然の景物を故人を偲ぶよすがとした歌は、すでに『万葉集』の段階からあるが、「古今集」以降も、変わることなく詠まれ続けた。

自然に触れて故人を想う場合、咲く花や鳥の声、あるいは月・雲などに、何らかの象徴的な意味を感じたり、それにまつわる故人との思い出を呼び醒まされたりする以外に、山や川のように変化せず確固とした自然の姿を鏡にして、移り変わる人世の儚さや脆さを観じたり、桜の花のように毎年同じように巡ってくる自然に復活と再生の相を見て、それにひきかえ二度と再び見《まみ》えることのない、故人との別れの辛さを感じたりすることもある。

御春有助の歌のように、故人がひとしお大事にして植えておいた、菖蒲とか桜とかの花が咲くことは、遺された者にとって改めて亡き人を思い起こさせる、大事なよすがであったろう。

「古今集」でいえば、植えた桜の木が、ようやく花を咲かせようという時に、植えた本人が亡くなってしまったのを、紀茂行《もちゆき》が花を見ながら詠んだ、

花よりも人こそあだになりにけれいづれを先に恋ひんとか見し　（古今八五〇）

〈儚いものとされる桜の花よりも、人の方が儚いものになってしまいました。花と人とのどちらを先に恋い慕うことになろうかなどとは、思ってもみませんでした〉

や、紀貫之の「主、身まかりにける人の家の梅の花を見て、よめる」という、

色も香も昔の濃さににほへども植ゑけむ人の影ぞこひしき　（古今八五一）

〈この梅の花は、色も香りも昔通りの濃さで咲き誇っているけれど、それを植えた人の面影こそ恋しいことだ〉

の歌などは、共に故人の植えた庭木に咲いた花に触れて故人を偲んだ歌である。

亡くなったふくたりという子が、遣水に植えておいた菖蒲が、亡くなった後の年に、生え出てきたのを見て、藤原道兼（九六一―九九五）が詠んだ、

しのべとやあやめも知らぬ心にも永からぬ世のうきに植ゑけん　（拾遺一二八一）

〈自分の亡き後の形見の品として、見て偲べとでもいうのか、物事の道理も分からないような幼心であっても、短い命を恨めしく思って、この菖蒲を泥土の中に植えて残したのだろうか〉

は子を偲ぶ歌で、子の思いを想像している道兼の心中に、ひときわ切なさを感じる。

「後拾遺集」には、皇太后宮藤原妍子《けんし》が亡くなった翌年、その宮の梅の花が、趣のあるさまで咲い

たので、皆がとても残念なことだなどという中で、弁乳母が詠んだ、

形見ぞと思はで花を見しにだに風をいとはぬ春はなかりき　(後拾遺八九九)

〈形見だと思わないで梅の花を見たときですら、花を散らす風を厭わぬ春はありませんでした。まして今年は亡き皇太后宮様の形見と思うのでなおさらです〉

が見える。一条院が亡くなって次の年、その旧宅に今年も咲いた桜の花を見て、源道済《みちなり》が詠んだ次の歌も、弁乳母の歌と似通うが、道済の場合は花の喚起する思い出が重すぎて、かえって厭わしいようにも思える。

さくら花見るにもかなしなかなかにことしの春は咲かずぞあらまし(千載五五二)

〈美しく咲いた桜花も例年とは違って、見ても院のことが思い出されて悲しいばかりだ、かえって今年の春は咲かないでくれればよかったのに〉

「金葉集」にある左近衛府生《ふしょう》の秦兼方《かねかた》が、後三条院の没した次の年の春、満開の桜を見ながら詠んだ、

昨年《こぞ》見しに色もかはらず咲きにけり花こそ物はおもはざりけれ　(金葉五二四)

〈去年見たのと、色も変わらないで咲いたことよ、花というものは悲しみなどということを思わないのだなあ〉

の歌は、変わらぬ自然の姿によって、人世のはかなさを強調するだけでなく、あるいは花にも死者を悼んでほしいという思いが含まれているのかもしれない。

しかし花が咲くように季節の循環を告げる出来事は、故人を送ったときの記憶を呼び覚ますだけではない。去年の春に散った桜が、また咲いたように、人間の死別もこのようであったらと、再生することのない人の死への嘆きを誘うこともある。

「千載集」にある中務卿具平親王の次の歌、

春くれば散りにし花もさきにけりあはれ別れのかからましかば　（千載五四五）

〈春が巡って来たので、去年散った花も咲いたことですね。ああ人との別れがこのようであったら嘆くこともないだろうに〉

花の盛りに藤原為頼などと一緒に岩倉に出かけた折、なぜか中将宣方朝臣は来ないで、今度は必ず参りますなどといっていたのに、その年のうちに為頼も宣方も亡くなってしまったという詠嘆を、今年また咲いた花に寄せて大納言公任に贈った歌であった。

故人への想いを掻き立てる景物として、花の中では春の桜がもっとも多いと思われるが、にもかかわらず、それによって浮かぶ想いは、それぞれ微妙に異なる。これは故人の亡くなった時の状況、各詠者の個性、時代思想の特性、新しさを求める歌人としての工夫など、いろいろな要素が複合しているのだろうが、理由は一様ではない。

同じ植物でも花橘の場合は、その香りが昔を思い起こさせるものとされ、恋の歌などでも用いられるが、第一章で挙げた祝部成仲の歌のように、その香りを故人を偲ぶよすがとして詠った歌がある。弾正尹為尊親王《だんじょうのかみためたか》が亡くなった後、和泉式部のところに大宰帥敦道《あつみち》が花橘を送ってきて、どのよう

に見るかと言ってきたので、送ったという歌、

かをる香によそふるよりはほととぎす聞かばや同じ声やしたると　（千載九七一）

〈昔の人の袖の香を蘇らせる、という花橘を頂きましたが、その香に関わらせて故宮を偲ぶよりも、その橘にゆかりのほととぎすの声を聞きたいものです〉

がそれである。為尊・敦道は兄弟で、二人とも和泉式部との恋愛関係にあったとされるので、意味深長な歌ではある。

5　鳥の声・虫の音

鳥の声によって思い起こされる場合もある。

その代表がほととぎすである。ほととぎすは山へ帰る鳥なので、死んで山に入った人との連絡を付けてくれるという連想が働くといわれ、またその基底には古くからの、葬所としての山という観念との結び付きが存在する。もっとも『万葉集』の段階では、夏の雑歌などの部に収められる場合は、ほとんどが死や死者と無関係で、わずかに、

大和には鳴きてか来《く》らむほととぎす汝《な》が鳴くごとになき人思ほゆ　（万葉一九五六）

〈大和には今頃鳴いて行っていることであろうか、ほととぎすよ。お前が鳴くごとに亡き人が偲ばれてならない〉

の歌と、元正天皇の詠んだ霍公鳥《ほととぎす》の歌、

ほととぎす猶も鳴かなむ本つ人かけつつもとな我《あ》を音《ね》し泣くも　（万葉四四三七）

〈ほととぎすよ、もっと鳴いておくれ、お前が鳴くと昔の人を思い出して、私は無性に泣けてくる〉

とが、わずかに死者と関係あるかと思わせる程度に過ぎない。

しかし八代集以降になると、ほととぎすと死者の関係を示す歌が増えてくる。

藤原高経《たかつね》が亡くなった翌年の寛平六年(八九四)五月十九日、ほととぎすの鳴く声を聞いて紀貫之が詠んだ、

ほととぎす今朝なく声におどろけばきみに別れし時にぞ有ける　（古今八四九）

〈ほととぎすが今朝鳴いたその声にはっと気がつくと、一年前にあなたとお別れした、まさにその時期でした〉

は、死者の周忌を告げるほととぎすだし、よみ人しらずの

なき人の宿に通はば郭公《ほととぎす》かけてねにのみなくと告げなむ　（古今八五五）

〈ほととぎすよ、お前が死んだ人のあの世の宿に通っていくなら、私は君を思って声を立てて泣いてばかりいると、告げてほしいな〉

という歌は、「なき人の宿」が死者のいる処だと解釈すれば、ほととぎすは冥土と往還する鳥として使われていることになる。

このようなほととぎすのイメージから、ほととぎすを農夫たちを督励する田長《たおさ》と見立てて「死出の田長」と表現する例も、平安期になって登場する。催馬楽《さいばら》「妹之門《いもがかど》」に出てくる「やどりてまからむ

しで田長」の語句、あるいは「古今集」に収める藤原敏行の、

いくばくの田を作ればか郭公しでのたをさを朝な朝なよぶ　（古今一〇一三）

〈ほととぎすは、どれほどの田を作っているから、毎朝、「死出の田長」と叫んでいるのか〉

がそれだが、この歌は八代集の中で「死出の田長」という言葉を使っている唯一の例である。

我が子を亡くした次の年の五月五日、ほととぎすの鳴くのを聞いて子を偲び、再び逢うことが叶わないのならば、せめて便りでもほしいという気持で詠んだ伊勢の、

しでの山越えて来つらん郭公恋しき人の上《うえ》語らなん　（拾遺一三〇七、伊勢集二七）

〈きっと死出の山を越えて、飛んできたのだろう、ほととぎすは。私が恋しく思っている、亡き皇子の身の上を語って聞かせてほしい〉

という歌を読むと、ほととぎすは、亡き人との間を仲介するかすかな手立てとも見えたのだろう。

後一条院が亡くなって後、その母、上東門院がほととぎすの鳴く声を聞いて詠んだ、

ひと声も君につげなんほととぎすこのさみだれは闇にまどふと　（千載五五五）

〈一声なりともわが君に告げてほしい、ほととぎすよ。この五月雨時、私が親子の愛執の闇に惑っていると〉

という歌は、五月雨と、ほととぎすに呼び醒まされて涙にくれる心の闇とを重ねた歌だし、あるいは鳥羽殿で死の床にある時に、ほととぎすの声を聞いて鳥羽院（一一〇三―五六）の詠んだ、

つねよりもむつましき哉ほととぎす死出の山路の友と思へば　（千載五八二）

〈いつもより親しいものに感じることだ、ほととぎすよ、お前が冥土への山路の友だと思うと〉

という歌、など、いずれもほととぎすと死の結び付きに基づいている。

ほととぎすの他に鶯の例もある。

「後撰集」では、保明《やすあきら》親王が亡くなって後に、親王の寵愛を受けた玄上《はるかみ》朝臣娘が大輔《たいふ》に贈った歌、

あらたまの年越え来らし常もなき初鶯の音にぞなかるる　(後撰一四〇六)

〈新しい年が山を越えてやってくるらしい、常にはいない鶯の初音のように、無常を嘆いて声を出して泣かれることですよ〉

と、それに対する大輔の返歌、

音《ね》に立ててなかぬ日はなし鶯の昔の春を思やりつつ　(後撰一四〇七)

〈私も声を立てて泣かない日はありません、鶯ならぬ憂く日を過ごした去年の春、親王が亡くなった頃に思いを馳せながら〉

は、春を告げる鶯の声に、春の華やいだ気分ではなく、故人の面影を偲んでいる例で、ちょうど華やかな桜の花が、場合によっては悲しい思い出を浮き立たせるのと共通する。大輔は親王の乳母子だったか。

「詞花集」にある藤原教良母の歌は、夫の藤原忠教《ただのり》が世を終わった次の春、鶯の鳴き声を聞いて詠んだものだが、

うぐひすの鳴くになみだのおつるかなまたもや春にあはむとすらん　(詞花三五八)

〈鶯の鳴くにつけても涙が落ちることだ、生きて再び春に逢おうとしているのだろうか〉

夫を亡くした悲しみで、自分も生きていけないと思ったほどなのに、再び春に巡り会うのだろうかという、悲しみの中にも過ぎていく時間への想い。

虫の音に故人を偲ぶ歌もあった。藤原公任が父の頼忠の亡くなった後に放してやった鈴虫が、年を経て鳴くので、

いかでかは音のたえざらん鈴虫のうき世にふるはくるしき物を　（公任集九七）

〈どうして鈴虫の声は歳月を経ても絶えないのだろう、憂き世を生きていくのは苦しいことだのに〉

と詠んでいたし、郁芳門院《いくほうもんいん》が亡くなった次の年に、郁芳門院の乳母の子である藤原知信《とものぶ》が、康資王《やすすけおう》母に贈った歌、

憂かりしに秋はつきぬと思ひしを今年も虫の音こそなかるれ　（金葉六〇八）

〈去年の門院が亡くなった辛さで、秋の悲しみは尽きたと思っていたのに、今年も秋になって虫が鳴くように、声を立てて泣かれることよ〉

は、秋を告げる虫の声に、再び巡ってきた秋を感じ、改めて哀しみを誘われたさまが詠まれている。

その他、すでに挙げた「拾遺集」の大江為基や「千載集」の承香殿女御の歌のように、月もまた故人に想いを馳せる契機となることが多かった。

二　夢に託す想い

1　夢の中での再会

前節に示したように、様々な機会に故人を思い出し、なかなか死者のことを思い切ることはできずに、再び会うことをこいねがう人たちにとって、その願いを叶える一つの手段は夢の中で再会することである。

先に辛い現実を夢になぞらえる場合があることを指摘したが、こちらは夢を夢と知りつつ、なおかつその夢に現実には叶わない死者との再会を託すという考え方である。

もともと夢の中で思う人と会うというのは、恋人を慕う歌などに多い考え方であった。次の二首は柿本人麻呂による。

夢をだにいかで形見に見てし哉《かな》逢はで寝る夜の慰めにせん　（拾遺八〇八）

〈せめて夢だけでも、どうにかして逢瀬の思い出に見たいものだ。逢わないで寝る夜の慰めにしよう〉

うつつには逢ふことかたし玉の緒の夜は絶えせず夢に見え南《なん》　（拾遺八〇九）

〈現実にあなたに会うことは難しい。せめて夜には、絶えることなく夢に見えてほしい〉

ここには逢いがたい人に逢う手立てとしての夢という側面が見えている。夢は恋する相手との暫しの逢瀬を与えるものであった。

「後撰集」にある「消息かよはしける女、おろかなる様に見え侍ければ」というよみ人しらずの、

恋ひて寝る夢地にかよふたましひの馴《な》るるかひなくうとき君哉　（後撰八六八）

〈恋しく思いながら寝る夢路を通ってやって来る私の魂は、よく慣れているのに、その甲斐もなく疎々しいあなたですね〉

という歌は、注釈によると、恋しく思いつつ寝ると、魂が夢の中の通路を通って、相手の夢に現れるという俗信に基づくとあるが、この考え方は次章で述べる霊魂の遊離の話とも関連する。

中には恋人を夢に見るためのまじないもあったらしい。西行の、

さはと言ひて衣《ころも》返して打臥《うちふ》せど目の合はばやは夢も見るべき　（山家集七〇一）

〈では、こうでもしてと言って、衣を裏返して横になるが、眠れたら夢も見られようが、眠れないのでまじないも役に立たない〉

という歌があるが、この衣を裏返すというのが、そのまじないだったのだろう。

このように夢はこの世では恋い焦がれた相手と会うことのできる大切な場として、恋の歌に出てくる一方で、死者と再会する手立てとしても、古代の人たちは思い描いていた。一目会いたいという遺された者の想いが凝集する対象であった。

古い方では天智天皇が没した後に、後宮の女官と思われる女性の詠んだ歌(万葉一五〇)には、「……我が恋ふる君ぞ昨夜夢《きぞのよいめ》に見えつる」〈……私が恋い慕っていた大君が、昨夜、夢に見えました〉とある。

あるいは死んだ妻を嘆き悲しむ作者不明の長歌の反歌では、

現《うつつ》にと思ひてしかも夢《いめ》のみに手本《たもと》まき寝《ね》と見ればすべなし　（万葉四二三七）

〈現実のことと思いたいものだ、夢だけに手枕をして寝ると見るのは、どうにも切ない〉

と、夢に逢って妻の手枕で寝ても、覚めてみれば切なさが増すという哀感を詠っている。なお「手本」は妻の腕のことで、ひいては妻その人を指す。

妻に先立たれ、夢に見てつかのまの逢瀬を味わった、その明け方に、

うつくしと思《おもい》し妹を夢に見て起きて探るになきぞ悲しき　（拾遺一三〇二）

〈愛しいと思っていた亡き妻を夢に見て、目を覚まして周囲を手探りしてもいないのは、悲しいことだ〉

というよみ人しらずの歌は、情景もまざまざと目に浮かび、読む側も悲しみを共にするような思いがする。もっとも「拾遺集」では哀傷の部に収められているこの歌も、注釈によれば『万葉集』巻十二にある歌の異伝で、本来は恋の歌だという。すでに指摘したように、強く「逢いたい」という想いは、亡き人を偲ぶ気持にも、生きているこの世の人を恋い慕う気持にも共通するから、どちらにしても不思議はない。

忘られてしばしまどろむほども哉《かな》いつかは君を夢ならで見ん　（拾遺一三一二）

〈あなたが亡くなったことが忘れられて、しばらくまどろむ間がほしいものだ。いつかあなたに夢でなしに逢うことがあるだろうか、いやありはしない〉

この中務の歌の詞書には「むすめに後れ侍て」とあるが、「後れる」という語は、この世に残ることがいつでも幸せとは限らない、むしろ共に死んで、次の世でまた一緒にいられるなら、その方が幸

せだという切実な気持を言外に含んでいるように感じられる。夢にしか会えない娘に、また会えるのは、自分がこの世を去って、再び一緒になった時だけなのである。

再び逢うことの叶わぬ死者と、束の間でも再会を味あわせてくれるのが夢しかないなら、せめて夢でも良いから逢ってみたいという想いを歌った歌は少なくない。藤原実方が、子に先立たれて、夢に見た時に詠んだ、

うたたねのこの世の夢のはかなきにさめぬやがての命ともがな　（後拾遺五六四）

〈うたた寝で見た今夜の子の夢が儚かったにつけ、いっそ夢の中で覚めないままの我が命であってほしいと思うことだ〉

という歌には、夢ではあっても暫《しば》しの再会ができたという幽かな喜びと、他方の満たされぬ思いとが滲み出ている。「この」世は「子の」の懸詞。なお『実方集』には、この歌ともう一首、子を悼む歌が載せられている。それに従うと、まず「こそ君（実方の夭折した男子か）といふ子なくなりて、七月八日、あさぼらけに」詠んだという、

たなばたの今朝のわかれにくらぶればなほこはまさる心ちこそすれ　（実方集四四）

〈七夕姫と牽牛とが別れる今朝の切なさに比べても、なお子に死別した私の悲しみは深いという気がする〉

の歌があり、続けて「おなじころ、このなき人を泣き寝のゆめに見て」と、「後拾遺集」の歌とほぼ同じ、

うたたねのこのよの夢のはかなきにさめぬやがての現ともがな　（実方集四五）

の歌を収めている。こちらは「命ともがな」が「現ともがな」〈夢がそのまま現実であってくれないものだろうか〉となっている。

2　夢の悲しさ

しかし夢がこのような、死者と遺された者との儚い交歓の途だとすれば、その夢さえ見ることのできない悲しさを感じる人たちが他方で生じることも、当然といえば当然である。

藤原道兼が没したとき、家司《けいし》として仕えていた藤原相如《すけゆき》は、

夢ならでまたもあふべき君ならばねられぬ寝《い》をもなげかざらまし　（詞花三九四）

〈あなたに夢でなく現実に再び逢うことができるのなら、眠れなくても嘆かないでしょうが、悲しみのために眠れないのを嘆いています〉

と眠れなくて夢で会うこともできないと嘆く歌を詠んで、その後、程なくして相如自身が亡くなった。今度は相如の娘にとっても同様に、相如と再会するのは夢でしか叶わなくなったにもかかわらず、彼女も夢を見ることができない。そういう思いを詠んだのが、父の亡くなった忌に詠んだ、

夢見ずとなげきし人をほどもなくまたわが夢に見ぬぞかなしき　（後拾遺五六五）

〈夢を見ないと嘆いた父を、すぐにまた、今度は私の夢にも見ることができないというのは悲しいことです〉

の歌だったのである。

『源氏物語』「幻」の中にも、紫上が亡くなった後、十月頃の時雨がちな季節に、夕暮の空を眺めて心細く思ったり、雲間を渡る雁に仲睦まじい比翼《ひよく》の鳥を連想したり、何をしても気の紛れない源氏が、

大空をかよふまぼろし夢にだに見えこぬ玉のゆくへたづねよ

〈大空を行き来する幻術の使い手よ、夢にすら姿を見せて来ない魂の行方を探してくれ〉

という歌を詠む場面があるが、紫上が夢にも現れてくれず、自分に全く執着を見せてくれないというのが源氏の嘆きだったのだ。

夢に逢うことができても、覚めてしまえば改めての別れとなる。権僧正永縁《ようえん》は、亡くなって久しい母を夢に見て、

夢にのみ昔の人をあひ見ればさむる程こそ別れなりけれ　（金葉六一八）

〈夢の中でだけ昔の人に逢うので、夢の覚めるときが別れであるよ〉

という歌を詠んだ。永縁は九歳で父と死別して母の手一つで育てられたということだから、母（昔の人）を思う気持ちがひときわ強かったのだろう。

一条院が亡くなってからは、そのことばかりを恋い嘆いていて、夢にかすかに見えたのでと、一条院中宮の上東門院が詠んだ歌、

あふことも今はなきねの夢ならでいつかは君を又はみるべき　（新古今八一一）

〈今はもう、現にお逢いすることもできません。悲しさに泣きながら寝入って見る夢以外に、いつお目にかかることができるというのでしょうか〉

切々たる歌である。

陸奥の国の母のもとにいた相模守源重之《しげゆき》の子が人に殺されて、母親が悲しみの歌などを詠むのを見て、安法《あんぽう》法師が贈った、

ここに恋かしこにしのぶ夜よながら夢路ならではいかがあひ見む　(安法法師集二五)

〈都でも陸奥でも、哀慕に堪えない夜な夜なだが、夢でなくてはもう、逢う術もないことです〉

という歌もある。

もの悲しい夢(ごく親しい人との儚い逢瀬と離別という夢だったらしい)を見て、目が覚めたが、その夢のことを語るべき友もいないという嘆きを、

覚めぬれど語る友なきあか月の夢の涙に袖はぬれつつ　(兼好法師集二三〇)

〈明け方に夢を見て目を覚ましたが、今見た夢を語る友とていない、夢を見て流した涙で袖が濡れているばかり〉

と詠んだ兼好には、また、

見ずもあらで夢の枕にわかれつる魂のゆくへは涙なりけり　(兼好法師集二三一)

〈全く逢っていないのでもなく、ちゃんと逢ったというのでもない程度に夢の中で逢って別れた魂の行方は、ただ涙に暮れているばかりです〉

という歌がある。

右に挙げたような歌を詠んだ人たちにとって、死者は決して死んではいない。彼らの心の中にいつ

までも息づいていたのだ。

思い出してくれる人がいる限り、死者は何らかの形でこの世との関係を保っているが、それが断たれれば消え去る他はない。墓・石塔・卒塔婆など、いずれも故人を偲ぶよすがにはなるが、肝心なのは物ではなく、生者が抱く死者への想いである。死者は生きている人間の想いを離れて存在することはできないのである。

三　死者は身近に

1　再会を念じて

葬送が終わり、すでに死者があの世への道程に踏み出した後も、亡くなった人のことを、どうしても思い切れないという、強い想いがいつまでも消えない人々も多い。

『大和物語』五十五(限りと聞けど)にある話は、

——ある男が、この上もなく思っていた女を置いて、よその国へ行った。女は男がいつ帰ってくるだろうかと思って待っていると、「死んだ」と伝えられたので、

いま来むといひてわかれし人なればかぎりと聞けどなほぞ待たるる

〈すぐ帰ってこようといって別れた人ですから、死んだと聞いても、やはり帰りが待たれます〉と言った。

——

目の前にしていても突然の死は、ただでさえなかなか受け入れにくいもの、ましてただ知らせをもらっただけでは、にわかに信じられるものではない。

そのような想いは、もう一度、ひと目でいいから会いたいと、再会を念じる切実な気持につながり、色々な形で、こうした感情は表現される。すでに述べた夢の中での再会がその一つだが、それだけではなかった。

『万葉集』にある、

川風の寒き長谷《はつせ》を歎きつつ君があるくに似る人も逢へや　(万葉四二五)

〈川風の寒い泊瀬の道を、嘆きながら王が歩く姿に、よく似た人にも逢えないことだ〉

この歌は解釈が分かれる歌らしいが、紀皇女が亡くなったときに、恋人である石田王に代わって山前王が作ったという説に従えば、亡くなった恋人を慕う石田王が、泊瀬の道で、せめて恋人に似た人にでも逢いたいという、強い思慕の念を表現したものと考えられる。そこにある似姿でも逢いたいという想いは、いうまでもなく死者との再会を念じる気持から発している。

すでに第一章で挙げた柿本人麻呂の妻を偲ぶ歌(万葉二〇七)にも、妻が亡くなった後、妻がよく出かけた軽の市に立って、道行く人を見ていても「ひとりだに似てし行かねば」〈ただの一人も妻に似ている人が通らない〉という表現があるが、石田王の歌と共通する背景として、市のような場で死者と行き逢うことがあるというような観念があったのかもしれない。

石田王の歌の少し後に収録されている、田口広麻呂が亡くなったときに刑部垂麻呂の作ったという、

百足《もも た》らず八十《や そ》隈坂《くまさか》に手向《た む》けせば過ぎにし人にけだし逢はむかも　（万葉四二七）

〈曲がり角の多い坂道の角々で、坂の神をお祀りしたら、死んだ人にもしや逢うことができるだろうか〉

は、まさに死者と再会することを願う気持ちそのものである。

『蜻蛉日記』に、主人公道綱母の母親が亡くなってしばらくして、次のような一節がある。

――（母の死から）十余日経ちました。僧たちが念仏の合間に話しているのを聞くと、「この亡くなった人がはっきりと見えるところがある。そして近づけば消えてしまう。遠くからだけ見えるというんだが」「どこの国なのかな」「みみらくの島とか言うんだ」など口々に語るので、その島のことが知りたくてたまらなくなり、悲しみのあまり、このような歌が口をついて出てきました。

　ありとだによそにても見む名にし負はば我に聞かせよみみらくの島

〈せめて亡き母がいるということだけでも、遠くから見てみたい。耳を楽しませるというみみらくの島、その名前にあやかって母がいるかどうかを私に聞かせてほしいのです、みみらくの島よ〉――

道綱母ならずとも、親しい人を送ったばかりなら、本当にそのような島があれば、何とかして行って見たいと思うのは当然である。もっとも不思議なのは、この話をしているのが僧侶たちである点で、浄土へ死者を送るという表向の役割はさておき、彼らもまた別の他界の存在を捨ててはいないのかと感じさせる。

「思ふ妻に後れて嘆く頃」大江為基が詠んだ二首の歌のうち、死別という運命を自らに言い聞かせているような一首は第一章で紹介したが、もう一首の、

藤衣《ふじごろも》あひ見るべしと思《おもい》せばまつにかかりて慰めてまし　（拾遺一二九五）

〈喪服の藤衣を着ることになったが、松に這いかかる藤のように、亡き妻と再会できると思うならば、再会を期待して、心も慰むだろうに〉

の歌には、やはり納得しきれずに、なお亡き妻とのあり得ない再会を期待する気持ちが現れている。

小式部内侍が亡くなった後に、常に持っていた手箱を読経の布施にする際、和泉式部が詠んだ歌、

恋わぶときくだにきけばかねの音打《うち》忘らるる時のまぞなき　（和泉式部集一二三四）

〈私がお前を恋い焦がれているのだと、亡き娘がせめて聞いてだけはくれればと、鐘をたえまなく打ちならして、片時も娘を忘れられずにいるのだ〉

逢うことも話すこともできないとしても、せめて鐘の音だけでも届いてくれればという思いが伝わってくる。

中には、この世でもう会えないなら、せめて生まれ代わった後の世で、もう一度会えればという想いを詠んだ歌もある。生まれ代わりもまた、別れた人との再会に希望を与える考え方の一つである。親しく付き合っていた女性がいて、その女性のところへ行ったら、昨夜亡くなったと言われたので詠んだという源兼長の、

ありしこそ限りなりけれ逢ふことをなど後《のち》の世と契らざりけん　（後拾遺五三八）

〈あの時逢ったのが最後であった、それなのにどうして逢瀬を後の世と約束しなかったのだろう〉

の歌には、来世までも一緒にいたかったという率直な想いが披瀝されている。

しかし、親しく付き合っていた女性が程無く亡くなったので、その親のもとに送ったという藤原実方の歌、

契りありてこの世にまたは生まるとも面変《おもがわ》りして見もや忘れむ　（後拾遺五六六）

〈宿縁があってこの世にまた生まれたとしても、すっかり面変わりしていて、互いに見忘れたりしないだろうか〉

という歌は、生まれ代わりという思想に潜む、思わず笑いを誘われそうなリアリティが表現されていて、生まれ代わり、再生への疑問を投げかけている。

2　死者の還る日

死んでなお死者との関係を維持したい、死者と再会したいという願いから生まれ、社会的に広まったのが、一定の日には死者が生者の許に還ってくるという考え方である。この考え方は、今もなお残っている「お盆」の行事にも受け継がれているが、古い時代に見られるのは、大晦日に死者が還ってくるという観念で、大晦日に死者の魂を祀る行事は「魂祭《たままつり》」と呼ばれた。

このような考え方を窺わせる、もっとも古い史料は、恐らく『日本霊異記《にほんりょういき》』の話である。これには二話あって、まず上巻第十二の話は次のような内容であった。

――奈良山の窪地に髑髏《ひとがしら》があって、人や獣に踏まれていたのを、道登《どうとう》法師は悲しんで、従者の万侶《まろ》に木の上に安置させる。その年の大晦日に、一人の人が万侶を訪ねてきて、恩を報いたいと

いって、万侶をある家に連れて行き、戸を閉じたままの家の中に入り、そこにある飲食物を一緒に食べる。しかし後夜《ごや》(午前四時ごろ)になって突然、自分を殺した兄が来るので、帰ろうという。驚いて万侶が話を聞く。母親と兄が部屋に入ってきて、万侶を見て驚くので、万侶が聞いた話を伝えると、母親は兄を罵り、万侶を拝んで、さらに飲食を供した。——

という話で、万侶が招じ入れられた部屋が特に仏間なのかどうかは分からないが、大晦日には死者に供物を献げて祭る習慣があったことが分かる。もう一話は下巻第二十七の似たような話だが、

——備後国の品知牧人《ほむちのまきひと》が、十二月下旬に正月の品を買うために深津の市に行く途中、日が暮れたので葦田の竹原に宿った。すると目が痛いとうめく声が聞こえ、翌日見ると、髑髏があって、竹が眼孔を突き通している。竹を抜いて解放してやり、持っていた干飯を供えて、福を与えてくれと願うと、市に行って、買い物がすべてうまくいく。市から帰って、同じ竹原に宿ると、髑髏が生きていたときの姿を現して語るには、自分は葦田郡窟穴国里《あなくにのさと》の穴君の弟だが、伯父の秋丸に殺されたものだ。風が吹く度に、目が痛かったのが、貴方の慈悲で除かれて喜んでいる。恩に報いるために、窟穴国里にある父母の家に、大晦日の夜に来て下さい。その宵でなければ恩返しの方法がありませんという。牧人が大晦日の夕方にその家に行くと、霊が牧人の手を取って屋内に引き入れ、供えてある御馳走を一緒に食べ、残った食べ物は包み、財物も与えてくれた。しばらくあって霊が突然見えなくなって、父母が魂祭をするために屋内に入ってきて、牧人を見て驚き、来たわけを問うので、牧人が詳しく話したため秋丸の罪が現れ、父母は秋丸を追放して、牧人に

は礼をして饗応した。──

とあるように、大晦日の夕にのみ死者が家へ還ることができたことが示されている。

これらの話から考えられるのは、死者の霊魂が遠くこの世を離れたところにいるのではなく、恐らく亡骸(ここでは髑髏)の捨てられていた場所に留まっていて、魂祭の日のみに家に還るものとされていることである。少なくとも『日本霊異記』の段階では、亡骸が一部でも現世の一隅に留まっているからこそ、魂祭に家に還るのが可能だと考えられていたことを示している。また霊魂は生きていたときのままの姿で登場するが、縁者にはあるいは見えない可能性がある。

このように魂の在所を現世の中に求めるのは、その後の時代においても一般的だったのではないかと考えられる。例えば第二章で挙げた藤原俊成の歌に、妻が松風を苔の下で聞いているだろうという文言があるように、文字通り墓石の下を魂の在所とする観念などもあったに違いない。

ただ一般的に魂がどこに留まっていると考えられたかは明確でないし、多様な考えがあったと推測されるので、ここではこれ以上触れないで、さらに大晦日の魂祭について追ってみよう。

八代集の中で大晦日と関連する歌は、いくつかあるが、魂祭の存在を窺えるものは少ない。順を追うと、まず「古今集」だが、この中には大晦日に触れた歌が、三三八から三四二まで五首ある。しかし内容は紀貫之の、

ゆく年のをしくもある哉ますかがみ見る影さへにくれぬとおもへば　(古今三四二)

〈去って行く年が何と惜しいことよ、鏡に映る姿さえ、年の暮れるのと共に老い衰えてしまうと思うので〉

のように、いずれも年の過ぎ去っていくのと我が身の老いゆく姿を惜しむような内容で、大晦日が死者の還ってくる日だという観念を、明確に示しているものは見当たらない。

次に来る「後撰集」の中では、唯一、藤原兼輔と紀貫之の贈答の歌が注目される。「妻の身まかりての年のしはすのつごもりの日、ふるごと言ひ侍けるに」と詞書のある、藤原兼輔の歌、

亡き人のともにし帰年《かえる》ならば暮れゆく今日はうれしからまし　（後撰一四二四）

は、〈年が立ち帰るとともに、亡くなった人が一緒に帰ってくるのなら、年が暮れてゆく今日は嬉しいことだろうが〉という歌意であり、それに対し貫之は、

恋ふる間に年の暮れなば亡き人の別《わかれ》やいとど遠くなりなん　（後撰一四二五）

〈亡き人を恋い慕っている間に年が暮れてしまったら、死者が現世と別れて成仏するのが、いっそう遅れますよ〉

と詠んでいる。注釈によれば、この歌の背後には、死者は一周忌までこの世から別れて成仏することができないという思想があったという。

大晦日というのは、ただでさえ一年を振り返って、様々な想いが浮かんでくる季節だから、大晦日が死者の還ってくる日だという観念が、兼輔の歌の前提にあるかどうかは、必ずしも明確ではないが、考慮に入れておく必要はある。

興味深いのは、兼輔が年が返って新年になったら、妻も生き返るというのなら嬉しいのだが、と詠んだのに、貫之の方は、あるいは亡き妻への執着を諫めるようにも取れる点で、こちらはあるいは仏

教的な往生観、彼岸観にたっての作歌だとも考えられる。

次いで「詞花集」にある曽禰好忠《そねのよしただ》(生没年不詳)の、

魂《たま》まつる年のをはりになりにけり今日にや又もあはむとすらむ　(詞花一六〇)

〈御魂を祭る、一年の終わりの日になってしまった。果して再びこの日に逢えるのだろうか〉

という歌からは、明確に十二月晦日の夜は死者の魂が還ってくるという信仰のあったことが窺われる。ただ好忠の経歴が不明なので、ここで「逢う」のが漠然とした「先祖」なのか、あるいは父親といった特定の親族なのか判断できない。私には特定の人間を思い浮かべているように思われるが。

なお好忠には、

暇《いとま》なみかひなき身さへいそぐかなみ霊《たま》の冬とむべもいひけり　(好忠集三六七)

〈暇がなく、生きがいのない我が身さえ、年越しの準備に忙しい。み霊の冬(殖《ふ》ゆ)とはうまく言ったものだ〉

という歌もあって、それによると亡き人の霊魂を冬に祭ると、み霊の幸を蒙ることが殖えると考えられていたらしい。

この曽禰好忠の生きた一〇世紀の頃には、御魂祭について触れた史料は多い。

例えば藤原道綱母は『蜻蛉日記』の中で、巻末の天延二年(九七四)大晦日の記述に「御魂など見るにも、例のつきせぬことにおぼほれてぞはてにける。京のはてなれば、夜いたうふけてぞたたき来なる」〈御魂祭などを見るにつけても、いつものように果てしない、終わることのない悩みに浸りながら、今年もとうとう終わってしまったのでした。都の外れにあるので、夜がとっぷり更けてから追儺《ついな》の人々が門を叩きながらやって来る音が聞こえるのです〉と師走の京の情景の中で、御魂祭にも触れている。追儺は「鬼やらい」とも称する、宮中で大晦日の夜に行った鬼を追い払う行事で、その後の節分の豆まきの源流である。

また『公任集』にある藤原公任の歌や「後拾遺集」の和泉式部の歌も、同時期の証言となる。

公任の歌は、父頼忠が永延三年(九八九)六月に亡くなった、その年の大晦日に詠んだ歌で、

夢とのみ歎きし程に明暮《あけくれ》てとはぬうつつに見えやしぬらん　(公任集二三二)

〈父君の死を夢かとばかり嘆いているうちに、いつしか月日が経って今年も暮れ、亡魂の還るという今日、現実には還られぬものの生前のお姿に会えるのではないだろうか〉

和泉式部の方は、

なき人の来る夜と聞けど君もなしわが住む宿や魂《たま》なきの里　(後拾遺五七五)

〈大晦日は死者の来る夜だと聞いていたけれど、君の気配はどこにもなく、私の住んでいる家は魂のいない里なのだろうか〉

である。

さらに『枕草子』三七段には、直接、御魂祭とは書いていないが、「ゆづり葉の、いみじうふさやかにつやめきたるは、いと青うきよげなるに、おもひかけず似るべくもあらぬ茎は、いとあかくきらきらしく見えたるこそ、あやしけれどをかし。なべての月には見えぬ物の、師走《しわす》の晦日《つごもり》のみ時めきて、なき人のくひ物に敷く物にや」とあって、ユズリハを亡き人に献げる供物の下に敷くという、御魂祭

の一端を伝えるものと見てよいだろう。

右のうち和泉式部の歌は、後で紹介する兼好の『徒然草』の一節と並んでよく引かれるが、大晦日の夜には死者が帰ってくるという一般的な考え方に惹かれ、密かに期待して待っていたにもかかわらず、裏切られたという嘆きを詠んだ歌である。あるいはこの頃から、大晦日に死者が戻ってくるという信仰が、薄れつつあったのかもしれない。

和泉式部の嘆きには、本当に亡くなった人が還ってくるなどということは起きるはずもないのに、つい万が一の可能性を信じたくなる気持が、結局は裏切られたという失望感が露わである。そうした失望感はやがてまた、ささがに(蜘蛛)が巣をかけるのを見て、これは人の来る予兆だとする通念があるけれど、死別した人が来るはずもないのに、なぜ蜘蛛はこのような振舞いをするのか、

別れにし人は来《く》べくもあらなくにいかにふるまふささがにぞこは　(後拾遺五七六)

〈死別した方が来るはずもないのに、どうしてこんな振舞いをする蜘蛛なのだろう〉

と詠んだ土御門通房の妻が感じた苛立ちを籠めた寂寞感のような、どうやっても逆転させることのできない現実に対する、やるせない気持へと通じるものだろう。

そしてこの後、大晦日の魂祭が衰退しつつあることを示す、兼好の『徒然草』第十九段の一節をもってひとまず終わりとなる。

——さて、冬枯れのけしきこそ、秋にはをさをさ劣るまじけれ。……年の暮れはてて、人ごとに急ぎあへる頃ぞ、又なくあはれなる。……晦《つごもり》の夜はいたう暗きに、松どもともして、夜中過ぐ

るまで、人の門叩き、走り歩きて、何事にかあらむ、ことごとしくののしりて、足を空に惑ふが、あか月よりさすが音なくなりぬるこそ、年のなごりも心ぼそけれ、なき人の来る夜とて魂祭《たままつ》るわざは、この比《ごろ》都にはなきを、東の方には猶《なお》することにてありしこそ、あはれなりしか。——

柳田國男は『先祖の話』で兼好の『徒然草』に触れて、もともとは新年に行われていた魂祭が、大晦日の夜のうちに済ませるようになったことを示す事例と捉えていた。柳田によれば、大晦日に魂祭を行うのは、元旦の晴れの儀式と区別するためであって、東国地方では近代になっても、暮れから正月松の内にかけて、魂祭をしている例が少なからずあって、京都だけは早くにその慣習がなくなったものと説明している。しかし民俗学の上井久義が報告するところによれば、高知県北東部から徳島県南部にかけて、近代になっても大晦日に死者の霊魂を祭っていたと思われる民俗が見出されたというから、実際には文献史料に残っていなくても後代まで持続していた可能性は高い。

また大晦日の魂祭が消滅したからといって、もちろん死者の魂が帰還するという信仰自体がなくなったと考える必要もない。鎌倉前期頃に大晦日の魂祭が衰滅していたとしても、それに代わってお盆の信仰が盛んになり、近世以降には一般化していったからである。

しかし魂祭について注意すべきことは、死者の還る日として意識されていたという史料を見て共通しているのは、還ってくる亡魂といっても、はるか昔に亡くなった人ではなく、今年とかせいぜい数年のうちに亡くなった人の魂だけだと考えられる点だろう。その点は恐らく御魂祭と盆供養に共通して、元来は祖先供養というより、新仏を中心とする新しい死者の祭だったということを示唆しているように考えられる。

お盆は周知のように、夏に行われる祖先の霊魂を祀る一連の行事で、もともとは旧暦の七月十五日に行われていた。恐らく古来の祖霊信仰と仏教が融合したものと考えられ、その名称は仏教の「盂蘭《うら》盆会《ぼんえ》」から来ている。推古天皇十四年(六〇六)に、この年より初めて寺ごとに、四月八日と七月十五日に斎《とき》を設けるとあって、これが灌仏会《かんぶつえ》と盂蘭盆会の初見とされている。盂蘭盆会はもともとは安居《あんご》(僧侶が陰暦四月十六日から七月十五日まで室内に籠もって修行をする)の終わった日に衆僧を供養する儀式だったのが、後に祖先の霊魂に供え物をして餓鬼《がき》に施す儀式になった。斉明天皇五年(六五九)にも盂蘭盆経の所説に基づき七世父母のために催されたという記事があるが、それらから現在理解されているような、祖霊祭の要素が強い民間の盆供養に至る過程は、よく分からない。

『今昔物語集』巻二十四の四十九話には、七月十五日の盆の日に、大変貧しい女が、親のために食物を供養することができず、一つだけ着ていた薄色の綾の衣の表を解いて、盆の瓦器に入れて蓮の葉で覆い、寺に持参して、伏し拝んで泣きながら去って行ったという話がある。その蓮の葉には、

たてまつる蓮《はちす》の上の露ばかりこれをあはれにみよの仏に

〈差し上げられる物は蓮の上の葉の露ほどしかありませんが、どうぞこれを憐れと御覧下さい、三世の仏様〉

という歌が書き付けてあった。

また『枕草子』の二八七段にも、右衛門尉であった男が、ろくでもない男親を持って、人の手前恥

ずかしく思っていたのが、伊予国から上る途中で、この父親を海中に突き落としてしまい、「人の心ほどあさましいことはない」と皆があきれ果てていると、七月十五日にこの男が父親の盆供養をするといって準備していたという話が載っているので、これらを見れば、かなり早い時期から死者のための盆供養が行われていたことは分かるが、その頃に死者の還る日として理解されていたかどうかは不明である。

また大晦日でも盆でもないが、死後、七七《しちしち》、四十九日の間は亡魂がこの世に止まっているとか、二《に》七《しち》日には亡魂が還ってくるとかという考えもあった。

この考え方は、恐らく仏教でいう「中陰《ちゅういん》」あるいは「中有《ちゅうう》」から生まれたものと思われる。本来、仏教では魂は無限に生死を繰り返すものとされているが、その間を四有《しう》、すなわち四種の生存の状態に分類する。四有とは、死んでから次の生を受けるまでが「中有」、それぞれの世界に生を受ける一刹那が「生有」、生を受けてから死ぬまでが「本有」、そして臨終の一瞬が「死有」で、この順序で輪廻を繰り返すとされている。

この中有が一般に四九日間だと信じられており、七日ごとに僧侶を招いて供養を行った。中有の間、死んだ魂は次の生まで迷っているものと考えられ、「中有に迷う」などという表現もある。そこから魂が還ってくるという考え方が生まれたのだろう。

源通親の『高倉院升遐記』には、治承五年(＝養和元、一一八一)一月二十七日が高倉院の没後一四日目に当たるので、物忌《ものいみ》の日であったが、

なき魂《たま》の返《かえる》とか聞く今日なれば物忌すべき心地こそせね

〈今日は亡き人の魂が戻ってくるとか聞いているので、故院の御魂もお還りになるかと思うと、物忌する気になれない〉

とあった。

さらに、どういう折なのか分からないのが残念だが、亡き人の魂が還ってくるのだという信仰は、例えばずっと下った室町前期の連歌師心敬《しんけい》（一四〇六―七五）の「故郷橘」の歌などにも窺える。

なき人や古りにし宿にかへるらんはなたちばなに夕風ぞふく　（寛正百首二六）

〈亡き人の霊が、かつて住んでいたこの廃屋に還ってきたのだろうか。花橘に夕風が吹いて、昔を思わせる香りを運んでくる〉

物の色も分からない日暮れ時に、橘に咲いている花の香りが、夕風に乗って荒れはてた庭にほんのり薫ると、花に心を残していた霊魂が今帰ってきたかと思わせる、そのような場面だろうか。

ここまで和歌や日記・説話文学を中心に、日本人の死者への想いをたどってきたが、そこに見えてきたのは、仏教的往生思想の背後で、実際は死者を思い切れず、できれば現世に留めておきたいし、それが駄目なら何とか再び会いたい、それも叶わないなら夢でもいいから再会したい、あるいはせめて特定の日にはこの世に戻ってきてほしい、そうした願いを抱いていた人々が多かったということではないだろうか。

本章で述べた事例に見えるように、いろいろな折に触れて、死者が還ってくるという信仰が存在した背景には、死者との関係が断絶するのに絶えられず、何とかして還ってもらいたいと念願する、人々の志向が働いていたことを意味する。そうした志向が生み出したのが、魂祭やお盆などの行事だったのだと、私は考えている。

一方で絶対的な別離の象徴とも言える三途の川や死出の山を越えるという考え方があるのに、他方でこの世に残っていたり、特定の日に戻ってきたりするというのは、矛盾しているようにも曖昧なようにも考えられるが、こうした曖昧性は社会的な観念にはよくあることだし、そこでは矛盾や不統一を問題にしても意味はない。それよりも私には、このような曖昧性のうちに、柳田が言う「死者を遠い世界に送り込んで、そのままにすることには堪えられなかった」日本人のあり方を見いだすことができるように思えるのである。

【コラム】記紀万葉の他界観３

鳥と天翔る

『古事記』の記す倭建命《やまとたけるのみこと》（『日本書紀』では日本武尊）の挿話では、命は各地を遠征した後、伊吹山の神のために病み、しばらくして伊勢の能煩野《のぼの》の辺りで果てたので、命の妻や子は陵を作るが、命は八尋白智鳥《やひろしろちどり》となって、天に翔《かけ》り、浜に向かって飛んでいき、河内の志幾《しき》に留まった。そこでまた陵を作って鎮め祀り、白鳥《しらとり》の御陵《みささぎ》と名づけたが、さらにそこより「天に翔りて飛び行でましき」という。

八尋白智鳥というのは、白い千鳥なのか、白鳥なのかは分からないが、この話からは、死者と白い大きな鳥との関連性が窺われる。しかしこれを直ちに死者の「魂」が白鳥となったと解釈するのはためらわれる。なぜならこの記述には、どこにも魂だけが飛び去ったという記述はなく、国文学の西郷信綱の指摘するように倭建命がその肉体のままで白鳥に化したとも理解できるからである。

この部分について『日本書紀』景行天皇四十年には、伊勢国の能褒野《のぼの》陵に葬った時、日本武尊は白鳥となって陵より出で、倭国《やまとのくに》を指して飛んで行った。群臣等が棺櫬《ひつぎ》を開いて見ると、明衣《みそ》（死者の衣）のみが空しく留って、屍骨はなかった。そこで使者を遣わして白鳥を追わせると、倭の琴弾原《ことひきのはら》に止まったので、そこに陵を造ったが、白鳥はさらに飛んで河内に至り、旧市邑《ふるいちのむら》に留ったため、そこでまた陵を作った。それ故、当時の人々は、この三つの陵を号《なづ》けて、白鳥陵と曰う。そして白鳥は遂に高く翔んで天に上った、と記しているから、この個所による限りは、命はその肉体のままで白鳥となったものと解される。ところが厄介なことに、同じ「書紀」でも仲哀天皇元年十一月条には、仲哀の父である日本武尊の「神霊《みたましい》、白鳥《しらとり》と化《な》りて天に上ります」とあって、こちらは霊が白鳥になったと取れるのである。

これに関しては『常陸国風土記』の記事も参考となる。すなわち同書香島郡の条によれば、郡の北三十里に白鳥の里という里がある。古老の言うところでは、伊久米の天皇(垂仁天皇)の代に、白鳥が天から飛び来たって僮女《おとめ》となり、夕方には天上に帰り、朝になると降りてきた。石を拾って堤を作り池を造ろうとして歳月を送ったが、築いては壊れて遂にできあがらなかった。僮女等は「白鳥の、羽が堤をつつむとも、粗斑《あらふ》・真白き羽壊《はこ》え」と口々に唱い、天に上ってまた下ってくることはなかった。ここでは魂が白鳥だというのではなく、現《うつ》し身のままで白鳥が僮女なのである。

なぜこの点にこだわるかというと、本文でも取り上げたが、生きているか死んでいるかは問わず、肉体と霊魂とが分離するという考え方自体、歴史のある段階で生まれてくるもので、日本においてそれがいつ頃かというのは明確ではなく、肉体のままで鳥となったか、魂がなったかという問題は、肉体と霊魂の分離の問題とも関わるからである。

死者と鳥との関係を示す材料は、『万葉集』にも見られる。本論の第四章で引用した山上憶良の歌(万葉一四五)にある、「翼なすあり通ひつつ」という言葉である。刑死した有間皇子が刑場へ赴く途次、自分の運命を悟って結んだ松の枝の上を、翼を持って往き来しながら見ているだろう、それは人には分からないけれど、松は知っているだろう、という内容の歌だから、当然、翼を持って通うのは有間皇子だというのは分かる。

これを注釈などでは、「鳥のように御魂は空を行き来しながら」などと解釈しているが、魂が鳥のように飛ぶという解釈は、魂と肉体の分離という考え方が存在することを前提とした解釈である。しかし歌そのものに即して素直に解するならば、肉体と分離した魂だけが鳥となるのではなく、倭建命の場合同様に、死者の肉体そのものが鳥となると考えた方が良いのではないだろうか。

憶良のこの歌と同じような疑問を感じさせるのが、天智天皇の病が重くなって、危篤に陥った際に、皇后倭姫王が奉ったという、

青旗の木幡の上を通ふとは目には見れども直に逢はぬかも　（万葉一四八）

〈木幡の山の上を、行き来しているとは、目には見ているけれども、直接にはお逢いできない〉

において、行き来しているのが目に見えるというのは何を意味するのだろうか。目に見えるのだから、あるいは鳥なのではないか。ただ、こちらはまだ天皇が死んではいないので、あるいは魂が遊離しているということかもしれない。

鳥に関しては、それ以外にも別の可能性がある。それは『古事記』の天若日子《あめわかひこ》の葬儀の場面で、「河雁《かわがり》を岐佐理《きさり》持ち、鷺を箒《ははき》持ち、翡翠《そにどり》を御食人《みけびと》、雀を碓女《うすめ》、雉を哭女《なきめ》と定め」たとあって、葬儀に鳥たちが携わっているが、上井久義は『三国志』魏書に大鳥の羽を入れて死者を送っている事例を引いて、鳥がこの世と他界を飛び交うことができると考えられていたのだと推測している。

すでに天上他界の話を書いたが、鳥と天上他界とが関連するかどうかは、史料もなく、確実なことは何も言えない。しかし天上他界の問題について、鳥との関連の有無は言えないが、時に史料に登場

する「天翔る」という表現に注目したい。これは文字どおり「天空を飛びかける」という意味で、用例を見ると、死者の行く世界を天上に想像しているようにも受け取れるからである。

その一つの例は天平五年(七三三)閏四月に出発した遣唐使多治比広成《たじひのひろなり》に、山上憶良が送った送別の歌「好去好来歌《こうきょこうらいか》」(万葉八九四)に出てくる「天地の大御神たち、大和の大国御魂、ひさかたの天のみ空ゆ天翔り、見渡したまひ」〈天地の大御神たち、中でも大和の大国御魂は、天の大空に天翔ってお見守りになって〉という個所で、これは死者ではなく神々が大空から見守っているという表現である。あるいは『源氏物語』「澪標《みおつくし》」にある、

降り乱れひまなき空に亡き人の天翔るらむ宿ぞかなしき

〈降り乱れて雪や霙の絶え間のない空に、亡き御息所(あなたの母上)が天翔っているであろうと思うあなたのお家が、いかにも私は悲しい〉

という歌、『宇津保物語』「俊蔭」に出てくる、「わが宿世、免れざりけるを、天翔りてもいかに甲斐なく見給ふらん」〈父君が大空を飛んでご覧になって、不甲斐ない者とお思いになるでしょう〉という表現、さらには『夜の寝覚』巻二にある父親の太政大臣の「我を思はば、ただ、この君の御ことをいかでと思へ。この世にわかるとも、かくれずあまがけりて見む」〈私を思ってくれるなら、ただこの中の君の御事を、どうかして幸せにと思ってくれ。たとえこの世を去っても、隠れることなく天がけりながら見ていよう〉という言葉なども、明らかに死者が天上にいるという考え方を物語っている。

もし右に説いたような他界観が存在したとすれば、あるいは天皇号の成立と連関する天皇・皇子の天上他界とは別に、より一般的な天上他界を想定することが可能なのかもしれない。

第五章　死者とその霊魂

サムハインというのは、帰郷の祭なのだよ。家畜を連れもどし、また春がめぐってくるまで、荒れる天候から安全に守ってやるのだ。だから死んだものの魂もここに帰ってくるのが当然だろうが。死者にとっても、冬の帰郷の時なのさ。酒の杯を炉のそばに置いてあるのは、死者を歓迎するためなのだ。だからサムハインは死者の祭でもあるのさ。

R・サトクリフ『銀の枝』

ここまで検討してきた史料では、夢の中での再会は別として、魂祭の場合も中有の場合も、現世に死者が帰るにせよ、生きていたときの肉体のままで復活するわけではないから、肉体とは分離した霊魂が現れるということになる。

そこで本章では、霊魂と肉体の分離の問題から始めて、死者の霊魂に対する見方について考えてみた。

一　死者の霊魂と肉体

最初に用語上の問題として、本章では一般に死者の霊魂をさして用いられる「幽霊」という語は基本的に避けて、「死者の霊」「霊魂」などの語を使用する。「幽霊」の古文書・古記録における事例については、日本史の小山聡子の丹念な研究があるが、これらの事例はほとんど、その詳しい概念内容は分からないような史料である。そのため確定的なことは言えないが、もともと「幽霊」の語は、柳田國男が『先祖の話』の中で、「幽霊や亡霊という語なども、……それをただ亡くなった故人の霊という意味に使っていた例はいくらもある」と述べているように、すべて死者の霊を包括的に「幽霊」と称していたものと考えられる。

したがってその限りでは使用を避ける理由はなさそうに見える。しかし現在、一般に使われている「幽霊」の用法を見ると、いわゆる「幽霊屋敷」などに出てくるような、おどろおどろしい人を驚かすようなもの、あるいは「怨霊」のように人を恨んで出現するという類の印象が強く、ニュートラルに肉体と分離した死者の霊魂、あるいは魂・霊を包括的に示す言葉としては使いにくいので、「幽霊」の使用は避けたわけである。

死者の霊魂について検討する前提として、死者の肉体と霊魂とが分離するものであるという考えが存在しなければ、霊魂の出現も起こり得ない。死者の肉体そのものが、この世に戻ってくるという考えは霊魂とは異なる。いかに生者そのものであるように見えても、霊魂自体は霞のように実体のない存在だと規定しておきたい。

また本章で扱うのは、古代の文学や和歌に見られる事例だけであり、したがって提起する問題もその限りであることを、お断りしておく。

1　あこがれ出る魂

これまで一般的には、人間の魂は肉体から遊離しやすく、睡眠中や驚いた瞬間には、容易に魂は離れていくし、死もまた一種の魂の遊離と考えられると説かれている。この考え方を以下では検証していきたい。

魂と肉体とが分離するという考え方の端緒は、すでに『万葉集』収載歌の中に示されている。まず次の歌、

　　魂は朝夕《あしたゆうべ》に賜ふれど我《あ》が胸痛し恋の繁きに　（万葉三七六七）

　　〈あなたの魂は朝夕に戴いていますが、私の胸は痛い、恋があまりにしきりなので〉

があり、その他に「魂合《たまあ》ふ」という言葉の載っている三首、

　　魂合へば相寝《あいぬ》るものを小山田の鹿猪田《ししだ》守るごと母し守らすも　（万葉三〇〇〇）

　　〈魂が合えば一緒に寝るものなのに、山の鹿猪田の番をするように、母が見張っておられるよ〉

　　……魂合はば君来ますやと、我が嘆く八尺《やさか》の嘆き……　（万葉三二七六）

〈魂が合ったら君はおいでになるかと、私が吐く八尺もの長さの吐息に〉

筑波嶺《つくばね》のをてもこのもに守部《もりべ》するゑ母い守《も》れども魂そ合ひにける　（万葉三三九三）

〈筑波山の向こう側にもこちら側にも山の番人を置くように母は監視しているが、魂は合ってしまったのだ〉

がある。

「魂合う」というのは、「魂が一致する」すなわち「心が通い合う」という意味らしいが、これらはいずれも恋愛関係にある男女の間について詠われたもので、比喩的な表現に過ぎないとも考えられるので、明確に魂と肉体とが分離している、あるいは魂が肉体からよそへ遊離して行くものと考えられていたかどうか、これだけでは決めにくい。

「古今集」には、橘葛直《たちばなのくずなお》娘の陸奥《みちのく》が、女友達とおしゃべりをして別れた後に送ったという、

飽《あ》かざりし袖のなかにや入《い》りにけむわが魂のなき心地する　（古今九九二）

〈十分に満足しませんでした。袖の中にでも入ってしまったのでしょうか、私の魂がなくなった気が致しますもの〉

の歌があるが、これも魂を玉に見立てているだけで、あまり意味はない。

また「拾遺集」にある則忠《のりただ》娘による、

生きたるか死ぬるかいかに思ほえず身より外《ほか》なる玉櫛笥《たまくしげ》かな　（拾遺一二〇九）

〈生きているのか死んでいるのか、我が身がどのようになっているのかも分からない。この枕箱を見るに

つけても、とにかく身から魂が離れてしまっているので〉

の歌は、則忠娘の夫と思われる藤原成房が二十一歳で突然出家し、比叡山から京の家に枕箱を取りにやった時に詠んだもの。呆然あるいは動転した状態を、魂が身から離れると表現したものと解釈できるが、これも単なる喩えにもとれる。

しかし他方で、八代集以降の時期には、明確に魂が肉体と分離しているという観念を示す史料が、いくつか見受けられる。

はじめに『伊勢物語』(百十段)には、

――むかし、男が密《みそ》かに通う女があった。その女のところから、今夜、夢の中にあなたがお見えになりましたと言ってきたので、男は、

思ひあまり出でにし魂のあるならん夜深く見えば魂むすびせよ

〈あなた恋しさに思いあまって私の体から出て行った魂が、そこにあるのでしょう。夜が更けてまた見えたなら魂結びのおまじないを、どうぞしてください〉と詠んだ――

という話がある。『伊勢物語』の成立は九〇〇年前後と思われるが、ここでは魂が体から出て、よそへ行くと考えられていたことは明らかである。

あるいは藤原伊尹の家集、『一条摂政御集』に見える、

夜もすがらおもひやりつる魂は君が寝覚めにみえやしつらん　(一条摂政一三九)

〈一晩中、寝もやらで思いやった私の魂は、きっとそなたの寝覚の床に現れただろうね〉

も、男女の間の恋慕の情を表現するために、「魂」が遊離していったという使い方で、『伊勢物語』の用法と変わりない。

同じような用例を追ってみる。

『落窪物語』では、かつての夫である中納言に未練のある三の君が、中納言が手紙をくれるなり訪ねてくれるなりしてくれないかと、今日はどうか今日はどうかと待ち望んでいるのに、そのようなこともなしに終わってしまう。しかし「いみじう心うしと思ひいづるたましひや行てそのかしけん」〈ひどく辛いと思う魂が、中納言の許へ行って動かしたものか〉という表現があるから、ここでも男女の間で遊離した魂が行き来することが窺われる。

「千載集」には魂が肉体を離れてさまよい出るという観念を示す歌はいくつかあり、いずれも右の諸例と同じく、恋い焦がれる心の表現として使われている。すなわち左兵衛督《さひょうえのかみ》藤原隆房《たかふさ》の、

恋ひ死なばうかれん魂《たま》よしばしだに我思《わがおも》ふ人の褄《つま》にとどまれ　(千載九二三)

〈私が恋死にしたならば、我が身から離れ出る魂よ、せめて少しの間だけでも、私の思う人の褄に留まってくれよ〉

ここでいう褄は着物の前を合わせた裾の左右両端の部分で、この下前の褄を結ぶと、魂は浮かれ出るのを留めることができるという信仰から、魂が恋人の褄に止まると考えたらしい。またこの歌には、死んでも魂は残るという観念も窺える。

さらに太皇太后宮小侍従の、魂結びの機会がないと恋人に訴える、

君恋ふとうきぬる魂のさ夜ふけていかなる褄にむすばれぬらん　（千載九二四）

〈あなたを恋い慕って浮かれ出た魂は、夜更けてどのような人の褄に結ばれたのでしょうか〉

などがある。

『源氏物語』「葵《あおい》」の六条御息所《ろくじょうのみやすどころ》の生霊《いきりょう》が物気《もののけ》となって、葵上を悩ます話の中に、物気が調伏《ちょうぶく》されて苦しみながら、「かくまいり来むともさらに思はぬを、物思ふ人のたましひはげにあくがるる物になむありける」といって、

なげきわび空に乱るるわが魂をむすびとどめよしたがへのつま

〈身から抜け出て空にさ迷う私の魂を結び留めて下さい、下前の褄を結んで〉

と詠む場面がある。この部分の「物思ふ人のたましひ」あるいは、少し前にある「物思ひにあくがるるなるたましひ」のような、物思いの故に体から抜け出してさ迷う魂は、恐らく本人にとっても制御できない、どう行動するか分からない存在だったのではないかと思う。

ここまでの史料を見ると、魂が浮かれ出るというのは、明らかに男と女の間の恋着が原因となる場合が多い。しかも右の諸例はいずれも死者の霊魂ではなく生者の霊魂である。

魂が浮かれ出るとして、どうやって出入りするかに関しては、『宇津保物語』「俊蔭」に示唆となる場面がある。

――主人公の子供（藤原仲忠）が、食べ物を探して山深く分け入ると、洞穴があり、熊たちが走り出てきて子供を食べようとする。その時、子供は、自分が死んでしまえば母親も死ぬ外なくなる。

自分の体で親を養うために不要な処があれば熊に施すのだが、と色々考える。足が無ければ何によって歩こう。手が無ければ何によって木の実や葛の根を得よう。口が無ければ、どこから魂が通うのか。腹・胸が無ければ、どこに心があるだろうか……と惑う。――

という個所だが、ここから分かるのは、魂は口から出入りすると考えられていたらしいことである。

2　死者の霊魂

次に死者の霊魂と判断される魂の事例を探ってみよう。

記紀では、『日本書紀』仲哀天皇元年に「神霊《みたましい》、白鳥と化《な》りて」とあるのを初めに、『古事記』顕宗天皇条に、天皇が父を殺した雄略天皇を怨んで雄略の陵を毀そうとする話があるが、そこに出てくる「其の霊《みたま》に報いむ」という表現、そして「書紀」推古天皇二十年、推古の母堅塩姫《きたしひめ》を葬った際に、阿倍内臣鳥《とり》が「天皇の命《おおみこと》を誄《しのびことたてまつ》る。則ち霊《みたま》に奠《ものむ》く」とあるのが古い例である。しかしいずれもわずかな断片に過ぎないこの記述からは、「霊」が死者の霊であることは理解できるが、それ以上はどのような存在として捉えられていたのか明確でない。

『万葉集』の中で、死者の霊に触れていると思われる歌を探すと、まず河内王が豊前国の鏡山に葬られた時に、手持女王《たもちのおおきみ》の作った歌、

大君の和魂《にぎたま》あへや豊国《とよくに》の鏡の山を宮と定むる　（万葉四一七）

〈河内王の御心に適ったのであろうか、豊前国の鏡山をとこしえの宮と御定めになった〉

の中にある「和魂」あるいはテキストによっては「親魂」が古い方に属する。しかしこの「和魂」もどのようなものか分からない。

他に「魂」の語が出てくる歌として、よく引かれるのは、

人魂《ひとだま》のさ青《お》なる君がただひとり逢へりし雨夜の葉非左思所念　（万葉三八八九）

の歌である。これは「物に怕《おそ》れし歌三首」の最後の歌で、特に「人魂」という言葉が使われていることから注目されるが、原文の解釈について説が分かれていて、定説はないようである。仮に最後の部分を「(雨夜の)葬りをぞ思ふ」と読んで、〈人魂となって青く光っているあなたと、ただ一人で逢った雨の夜の葬式を思う〉と注釈した岩波旧日本古典文学大系の解釈が妥当なら、霊魂の出現についての貴重な史料となる可能性はある。

八代集以降になって藤原公任の『公任集』にある次の歌、

契りあらば玉のありかもつげななん此世《このよ》の夢はうとくみゆ共　（公任集五二一）

〈再会の縁があるなら、死後のあなたの魂の行く先も教えてほしいものです。たとえこの世のかりそめの縁は疎く見えましょうとも〉

は、公任が大安寺別当明祐《みょうゆう》の娘たちと遣り取りした歌の一つだが、死後に魂がどこかへ行くという考え方は、死者の霊魂と関連する観念が明確に示されている点で重要である。

物語に目を転じると、『源氏物語』には、魂の語について注目すべき用法が、いくつかある。

一つは「末摘花《すえつむはな》」にある、

――故親王のうしろめたしとたぐへおきたまひけむ魂のしるべなめり〈故常陸宮が、自分の亡き後を心配して、姫君の身に添え置かれた魂の導きによるのだろう〉――

というくだりの、「魂をたぐへおく〈添え置く〉」という表現である。これによれば死後に魂を自分が必要と思う場に置いておくことができることになる。

次は「葵」にある、

――君は、西のつまの高欄におしかかりて、霜枯れの前栽見給《せんざいみたまう》ほど也けり。風荒らかに吹き、しぐれさとしたるほど、涙もあらそふ心ちして、「雨となり雲とや成にけん、いまは知らず」とうちひとりごちて、頰杖《つらづえ》つき給へる御さま、女にては見捨てて亡くならむ玉《たま》しひかならずとまりなむかし、と色めかしき心《ここ》ちにうちまもられつつ――

源氏の風情に、女性だったら死んでしまった魂も、必ず留まってしまうだろうという意味。

そして「御法《みのり》」に見える紫上が亡くなる場面、

――火のいと明かきに、御色はいと白く光るやうにて、とかくうちまぎらはすことありしうつつの御もてなしよりも、言ふかひなきさまにて、何心なくて臥したまへる御ありさまの、飽かぬ所なしとは言はんもさらなりや。なのめにだにあらず、たぐひなきを見たてまつるに、死に入るたましひの、やがてこの御骸《みから》にとまらなむと思ほゆるも、わりなきことなりや――

この「死に入るたましひの、やがてこの御骸にとまらなむと思ほゆるも、わりなきことなりや」を、注釈は〈絶えている霊が、そのままこの御亡骸にとどまってほしいと思われてくるのも、無理なことではないか〉

と解釈し、「死に入る」は刻々と死が進むの意味で、死霊となってゆく魂に、それでもいいから亡骸を離れないで欲しいという思いを述べているとしている。

この三例はいずれも少しずつニュアンスが違っていて、まとめてみると魂はその人の意図の通りに動き、この世に留まることも、誰かの傍に置いておくこともできる。また魂は亡骸に付いたままで次第に死が進んでいき、あるいはある時点で亡骸を離れるものと考えられていたということになるだろう。

『更級日記』の中には、作者の菅原孝標《たかすえ》娘が体験した人魂《ひとだま》の話が記されている。それによると天喜五年(一〇五七)八月二十七日に、夫橘俊通《としみち》は任地信濃へと下る旅に出るが、その日の暁に、「いみじくおほきなる人魂」が立って、京の方へとやってきたという話があった。その時は供の人か誰かの魂だろうと思っていたが、実は俊通の死の前兆であって、俊通は翌年十月五日に亡くなってしまうという話である。この話からは、死の前兆として魂が遊離する、ないしは魂が遊離すれば死ぬという観念があったことが推測される。

仁安元年(一一六六)正月に、信西入道の後妻で後白河天皇の乳母だった紀伊の二位朝子が亡くなったときに、西行が詠んだ、

おくれゐて涙に沈む古郷《ふるさと》を魂のかげにもあはれとや見ん　(山家集八二三)

〈後に残って涙に沈んでいる故郷の人々の様を、死者の霊もあわれと見ているだろう〉

という歌の、すでに火葬も終えた死者の魂が遺された人々を見守っているという表現は、生者の遊離

魂とは違って、明らかに死者の魂が肉体の滅びた後にも残っているという観念の存在を示している。

史料の中に、魂の形についての記述はほとんど見当たらないが、藤原定家の『明月記《めいげつき》』正治二年（一二〇〇）三月五日条には、前夜に北の壺《つぼ》、呉竹あたりを人魂が飛んだという話が載っている。目撃した女房の話では、色は白くて、丸くなく、折敷《おしき》のように四角で、大きさも折敷のようだったといい、別の小女は日のように色は赤かったという。もっとも定家は人魂ではないだろうという判断だったが。

以上の検討から、霊魂が肉体と分離するものであり、しかも生者に限らず、死者の霊魂も肉体を離れて存在するという観念は、早ければ記紀万葉の段階から存在していたと想定される。ただし、いつ頃から、このような霊魂が死後に現世に出現すると考えられるようになったかは明らかでない。

なお魂の遊離という問題については、関連する「魂よばい」（招魂儀礼）についても触れておかなければならない。死んで肉体から遊離した魂が復帰すれば、死者は生き返るという考えから、遊離した魂を呼び返す魂よばいが行われる。そして魂が肉体にかえらぬ場合に初めて死と考えられ、遺体は物と化すという。

記録の上では、『小右記《しょうゆうき》』に見える万寿二年（一〇二五）八月、藤原道長の娘尚侍が死亡した際に、夜行われた例が初見のようだが、その記事に「近代（近頃は）、聞かざることなり」とあるので、むしろそれ以前の方が一般的に行われていたのだろう。

私は『万葉集』にある、亡くなった子の古日を送る歌（九〇四）の「白たへのたすきを掛け、まそ鏡手に取り持ちて、天つ神仰ぎ乞ひ禱《の》み、国つ神伏してぬかつき、かからずも、かかりも、神のまにま

にと、立ちあざり我乞ひ禱めど」という部分や、亡くなった妻を悲しみ悼んだ、作者不明の長歌、

天地《あめつち》の　神はなかれや　愛《うつく》しき　わが妻離《さか》る　光る神　鳴りはた娘子《おとめ》　携はり　共にあらむと　思ひしに　心違ひぬ　言はむすべ　せむすべ知らに　木綿《ゆう》だすき　肩に取り掛け　倭文幣《しずぬさ》を　手に取り持ちて　な放《さ》けそと　我は祈れど　まきて寝し　妹が手本《たもと》は　雲にたなびく　（万葉四二三六）

〈天地の神はないのか、愛しい我が妻が去って行く、光る神が鳴りはためくというはた娘子は、手を取り合って一緒にいようと思っていたのに、その心は裏切られてしまった。何ともいいようもなく、しようもないので、木綿だすきを肩に取り掛け、倭文幣を手に取り持って、引き離さないで下さいと私は祈るけれども、手枕にした妻の腕は、雲となってたなびいている〉

は、死を防ごうとする儀礼を詠ったもので、あるいは魂よばいだったのではないかと推測している。

二　説話や物語に見る死者の霊魂

魂と肉体との分離については以上で確認したが、次は死者の魂が現世に現れる話に焦点を移して、説話や物語を検討してみたい。

まずこの種の話としては、弘仁十三年（八二二）頃の成立である『日本霊異記』の例が、恐らくもっとも早い段階に属するだろう。例えば中巻の第二十五には死者の霊魂が別の体に入れ代わる話がある。

――讃岐国山田郡の布敷臣衣女《ぬのしのおみきぬめ》は急に病気になり、門の左右に山海の珍味を並べて疫神を供養した。閻羅《えんら》王の使の鬼が迎えに来るが、この食事を食べて、衣女に恩返しに同姓同名の人はいないかと尋ねる。衣女が鵜垂《うたり》郡にいると答えると、鬼は代わりに鵜垂郡の衣女を連れていく。しかし閻羅王が、これは別の衣女だと言って、改めて山田郡の衣女を召すので、やむを得ず鬼は山田郡の衣女を連れてくる。鵜垂郡の衣女は帰されるが、三日を過ぎて家では衣女の体を焼いてしまってなくなっているので、閻羅王に訴えると、山田郡の衣女の体を使えという。そのため鵜垂郡の衣女は四人の父母を得、二つの家の宝を得た。――

ここから人間の肉体は入れ代わることが可能だと思われていたことは推測できるが、「魂」とか「霊」という語は使われていないので、この話だけでは、肉体が魂や霊魂の容器のように考えられていたのかどうか疑問も残る。

『日本霊異記』には、悪事を犯した人間が、死後にその報いで動物に生まれ代わって、苦役をするというような話も多いが、この場合も人間が動物に生まれ代わることは可能だとして、それが即、死後の人間の霊魂が動物の体に入ったものと理解するには距離がある。

ただ右の話と似た話だが、下巻第三十六に載っている藤原永手《ながて》・家依《いえより》父子の話では、多少ニュアンスが異なる。

――太政大臣藤原永手の子の家依は延暦元年(七八二)の頃、見知らぬ兵士が三十余人来て永手を召すという夢を見て、悪い前兆なので祈願するように永手に言うが、永手は取り合わず、しばらくして死ぬ。やがて家依は病気になって、禅師《ぜんじ》・優婆塞《うばそく》を集めて呪護させるが、効果がない。その中の一人の禅師が、病人の代わりに死んでも良いと祈禱をする。すると永手の霊が家依に憑いて、仏教の寺塔を軽んじた罪で閻羅王の宮廷に召され、火の柱を抱かされたり、折り曲げた釘を手の上に立てられたりしていたが、そこへ煙が立ちこめて、閻羅王が尋ねると、家依の呪護をする禅師が手の上に香を焚いている煙だという。そこで閻羅王は自分を助けて追い返したけれど、「我が体滅びて、寄宿《よ》る所無し。故《このゆえ》に道中に漂ふ」〈体が滅んでいて、宿るところがないので、宙に迷っている〉と言った。――

この話にある「我が体滅びて、寄宿る所無し。故に、道中に漂ふ」という一節が、魂の「寄宿る所」と解釈できれば、あるいはすでに肉体と魂との分離という考え方の上に立って、死者の魂が独自に動くものという観念が成立していたと言えそうである。すでに第四章で引用した下巻第二十七には「霊」という言葉が用いられているので、それらも勘案すれば、ほぼ『日本霊異記』の段階では、「霊」あるいは「魂」が独立した存在で、死後に現世にも出現しうるものと考えられていたとしてよい。

先に触れた『源氏物語』のような生霊ではない死者の霊を、その他の文学作品に探すと、まず狭衣大将を主人公とする『狭衣物語《さごろも》』巻三に見える、飛鳥井女君《あすかいのおんなぎみ》の例が挙げられる。以下のような話である。

――飛鳥井女君が亡くなった次の年の末に、狭衣は女君の暮していた常磐の家で一周忌の法要を行った。その後、常磐に泊まって、暁ごろまで念仏を唱え勤行に励んだ。そのまま部屋の端で休んでまどろんでいると、「ただありしさまにて」〈生きていたとおりの姿で〉飛鳥井女君が傍らにいて、

暗きより暗きにまどふ死出の山とふにぞかかる光をも見る

〈悟りを得られないまま、冥土に迷って越えきらないでおりました、その死出の山を、あなたが私を弔って下さった御蔭で、このように成仏できました〉という様子のかわいらしさも、絶えて逢ってなかっただけに珍しくて、何か言おうと思ったところで、ふと目覚めた。……傍らに飛鳥井女君がまだいるような気がして、見渡すが、人々は皆、遠く下がって、よく寝ている。……供養の準備で家具などが取り払われた室内を隈なく見ると、女君がふだん座っていた場所の柱に、何か書き付けられていたのだった。

頼めこしいづら常磐の森やこれ人頼めなる名にこそありけれ

〈いつまでも変わらないとの言葉を頼みにさせてきた、その常磐の森は、どちらなのですか。永遠に変わらないという森の名は偽りで、常磐の森も頼みにならない名であったことです〉

言の葉をなほや頼まむはし鷹のとかへる山も紅葉しぬとも

〈君を決して忘れないと契って下さったお言葉を、なお頼みにしましょうか。「はし鷹のとかへる山」が、紅葉したとしても〉——

この話は、夢に出てきたものとも考えられるが、状況から判断して死者の霊が出てきたものと考えて、特に問題はないと思う。

しかし「ただありしさまにて」とあるのを、どう理解するかは、夢と見るか死者の霊と見るかで変わってくる。また歌を詠んでいるので、声を出したようにも考えられるが、定かではない。

『狭衣物語』の成立を、一一世紀の中―後期と考えると、物語の世界でこれに続くのは、平安末から鎌倉初期あたりの成立かと考えられている『篁《たかむら》物語』である。主人公の小野篁と異母妹との悲劇に終わった恋に絡んで、死んだ妹の霊が登場する。

――（妹は異母兄の篁との仲を咎められて、親に一室に閉じ込められてしまう）閉じ込められて三、四日何も食べずに物思いに沈んでいたので、息も絶え絶えになってしまう。篁が「どんな具合ですか」と問うと、

　消えはてて身こそは灰になりはてめ夢の（にヵ）魂君にあひそへ

〈この世から消えはてて、私の身は灰になり終わりましょう、そうなって後に、夢のごとくに、私の魂はあなたにピッタリと添っておくれ〉というので、

　魂は身をもかすめずほのかにて君まじりなばなににかはせん

〈魂は身にピッタリと相添うどころか、かすめもしないでほのかに消えていくが、そんな状態にあなたが仲間入りしてしまったら、いったいどうしたものでしょう〉と答えて、色々のことを言って、かきくどき泣いたけれど、受け答えもしなくなってしまった。……篁が部屋に入ってみると、すでに妹は息絶えて横たわっていた。……その晩のこと、篁は灯をほのかに掻き起こして泣き臥していた。すると裾の方で、衣擦れの音がさらさらと聞こえた。灯を消してみると、誰かがそばに添い臥す心

地がした。やがて亡くなった妹の声で、いろいろと悲しい繰り言を言うのだったが、その泣く声も言うことも、まさに妹そのままだったので、二人共々に語り合った。泣く泣くかき抱こうとまさぐっても、手にも触れず、さわりもしない。篁は我が身がどうなろうと構わず、その姿のない妹と共に臥していたいと切に願った。

　泣き流す涙の上にありしにもさらぬあはの山かへる(この歌の原文には不明の点あり)

〈今まで私たちは、亡き流す涙の上に臥していたが、考えてみると、それも避けられぬ別れに逢って、二人は本当にしっかりと結ばれていないことだよ〉と詠むと、女の霊は、

　常に寄るしばしばかりは泡なればついに溶けなんことぞ悲しき

〈ふだんでも相寄り合うほんの少しばかりの逢瀬は、泡のごとく儚いこととて、ついには溶けて消えてしまうことが、悲しいことだ〉と返した。こういう歌など言い交わしているうちに、夜が明けてみると、女はいなかった。

　親は妹のことを見ずに去ってしまったので、……篁が従者三、四人に大学の学生一人を使って、女の亡くなった家を、よく祓い清めて、花を供え香を焚いて、灯をともしていると、この魂は夜な夜なやってきて、篁と語らった。三七日の間は非常にはっきりしていた。四七日までは時々現れた。その間、篁は涙が尽きることなく泣き続け、その涙を硯の水にして法《ほ》花経《けきょう》を書き、比叡の三昧堂で、七日七夜の供養を行った。供養を終えても、女がほのかに現れることは絶えなかった。三年を過ぎては、夢の中にもはっきりとは見えなくなった。

（その後、篁は右大臣の三の姫君を妻とすることとなった）妻をめとった頃、かつて亡くなった妹のいた建物に行ったところ、非常に悲しくなって、その場に一夜泊まった。すると妹が現れて、

見し人にそれかあらぬかおぼつかなもの忘れせじと思ひしものを

〈あなたは、昔会った人なのかどうか、私にははっきりとは分からない、私との約束を忘れることはないと思っていましたのに〉と言うので、大臣の家にも行かないで泣いていた。——

要点だけ整理すると、①衣擦れだけで姿は見えない、②生前通りの声で物をいう、③手にも触れずさわりもしない、④時間の経過と共にぼんやりしてくる、などになる。

鴨長明の『発心集《ほっしんしゅう》』は鎌倉初期（一二一六頃）の成立とされているから、『篁物語』とほぼ同年代になるかと思われるが、この中には二話、注目すべき話がある。

一つは第四の四十五話で、次のような話である。

——ある人が死後の財産の処分など、いろいろ決めないままに死んでしまった。長明は遠くにいたので、後になって聞いて、今一度逢えなかったのを残念に思っていたら、二十日ばかりして、その人を夢に見た。衣服なども常に変わらず、逢えたことを喜んでいる様子ながら、物をいわないで、ただ向かい合っていた、と見て夢から覚めた。「うつつにその形あざやかなり。やうやう程ふるままに、薄墨になり行く。果てには、人の形ともなく煙のやうに見えて、消え失せにき。その面影、今に忘れがたくなん侍る」。——

この話は、死者が臨終に居合わせなかった人に夢の中で再会する話で、「夢に見る」とあるが、他

方で「うつつにその形あざやかなり。やうやう程ふるままに……」という部分は、生きているときの姿で現れたとも取れるので、夢か死者の霊か判断しがたい。

もう一つは第五の五十一話である。

――片田舎に男が住んでいて、年来、仲良く暮らしてきた妻がいたが、子を生んだ後、重病になった。夫が世話をしていたが、臨終になって、妻の髪が暑そうに乱れていたので、結んでやろうと、傍にあった文の片端を破って、それで結んだ。しばらくして息が絶えたので、泣く泣く死後の始末をして、火葬に付した。その後、妻のことを思い切れず、何とかしてもう一度、在りし日の姿を見たいと、涙にむせびながら明かし暮らしていた。ある時、夜も更けて、妻が寝所へやってきた。夢かと思ったが現実だった。嬉しさに涙がこぼれて、「さても、命尽きて生を隔つるにはあらずや。いかにして来たり給へるぞ」と問うと、「しかなり。現にてかやうに帰り来たることは、ことわりもなく、例《ためし》も聞かず。されど、今一度見まほしく覚せる志の深きによりて、有り難きことをわりなくして来たれるなり」と答えた。枕を交わすことも、生きていたときと全く変わらない。明け方になって、起きて家を出るときに、何かを落としたようで、探していたが見つからなかった。後で見ると、元結《もとゆい》が一つ落ちていて、前に夫が結んでやったものに間違いない。この元結は焼いてしまったので、あるわけはなかったが、残っている文の破片と合致した。――という話で、「これは近き世の不思議」で、全くいい加減な話ではないと澄憲《ちょうけん》法師(一一二六―一二〇三)が人に語ったことになっている。澄憲法師の名から、時代的には一二世紀の後半くらいの出来事だと想定できるが、これは紛れもなく死者の霊がこの世に現れた話である。

次に『今昔物語集』には、注目すべき話が多い。

まず第十七巻第二十七には、

――仏道を修行していた延好《えんこう》が、越中の立山《たてやま》に籠もっていると、丑《うし》の時ばかりに人の影のようなものが出て来て、自分は京都の七条あたりに住む女だが、若くして死んで立山の地獄に落ちた。ただ一両度、祇陀林寺《ぎだりんじ》の地蔵講に参ったお陰で、地蔵菩薩が、日夜三時に自分の苦を代わって引き受けてくれる。父母・兄弟に告げて、善根を修して苦を抜いてくれるように伝えて欲しいと言って消える。――

という話で、霊が丑の時ばかりに人の影のようになって出て来るという点が重要である。

第二十七巻第二は有名な源融《みなもとのとおる》の霊の話である。

――川原の院に住んでいた源融が死んだ後、その子孫は川原の院を宇陀《うだ》(多)上皇に捧げた。上皇が住んでいるとき、夜半ばかりに、人が衣擦れをさせてやって来る気配があったので、上皇が見ると「日の装束直《うるわ》しくしたる人の、大刀《たち》帯《はき》て笏《しゃく》取《とり》畏《かしこま》りて、二間許《ばかりの》去きて居た」ので、院が何者かを問うと、「此の家の主に候ふ翁《おきな》也」と答える。院が融かと問うと、そうだというので、何か用かと問うと、「家に候へば住候ふに、此《か》く御《おわし》ませば忝《かたじけな》く所せく思給ふる也。何《いか》が可仕《つかまつるべ》き」という。そこで院は、自分は人の家を押し取って住んでいるわけではなく、大臣の子孫が奉ったから住んでいるのであって、「者《もの》の霊《りょう》」といえども、事の理《ことわり》を知らずに、なんでそのようなことを言うのか、と高らかにいうと、霊は掻き消すようにいなくなり、その後また出ることはなかった。――

この話の融は、衣擦れの音をさせ、装束・気配とも常人と変わらないようで、応答もできるのだから、ほとんど生きている人間と変わらないと思われる。話中に宇多上皇とあるから、時代は寛平九年(八九七)から承平元年(九三一)の間に想定されているようだ。

第二十七巻第二十四は、

――京にいた貧乏な生侍《なまさぶらい》が、旧知の人が国主になったので、それに仕えて任国に下ることになった。男には年来、いっしょに住んだ妻がいたが、遠国へ下るに当たって、別の女を妻とし、一緒に下ることになった。任国では豊かになったが、以前の妻が無性に恋しくてたまらなくなった。国主の任が果てて、生侍も一緒に帰京し、旅装束のまま元の妻の許へ行くと、家は荒れはてて人の住む気配もない。家の中に妻は一人でいて、数年来の話などして、共に寝る。暁になって見ると、かき抱いて寝た妻は、枯れ枯れの骨と皮になった死人であった。隣家の人に聞くと、男が遠国に去った後、思い詰めて病気になり、世話する人もなしに、この夏頃に亡くなったが、取り捨てる人もなくてそのままになっているという話だった。――

この話から分かるのは、死骸の残っていたところに死者の霊が出現したこと、その霊は生きている人間と、ほぼ同じように見えたらしいということである。

第二十七巻第二十五の話は、第三章ですでに紹介したが、この話でも、霊は笛を吹いたり、話をしたり、見た目も生きている人のままだったり、常人と変わらない。

以上のような話を読む限り、すでに奈良時代の末か平安時代の初めには、死者の霊の現世への出現が認められていたと見られる。

さらに『今昔物語集』の第十七巻第二十七と第二十七巻第二十五は、死者が地獄に落ちていることを想像させるが、それ以外の話は、霊が平常はどこにいるのか分からない。あるいは生者の周辺にいるのかもしれないと思わせ、遠く離れた他界に行っているという感じはない。

これらの事例を通じて大事な点は、いずれの霊も恋する相手への思いや、この世に思い残すことなどがあったり、地獄からの救済を願ったりして出現するが、決して復讐とか怨恨を晴らすとかの意図を示すものではなく、むしろ同情すべき存在だということである。

三　死者の霊魂に対する二つの見方

霊魂と肉体との分離および、死者の霊魂の現世への出現について、ここまで検討してきたが、霊魂というのは、いうまでもなく明確な実体を持つものではなく、具体的な目に見える形で社会に存在するものでもない。あくまでも死者に対する人間の様々な想いがある中で、死者の死後の在り方の一つの表現として生み出された観念であり、観念の世界のみに存在するものである。

したがって霊魂を歴史的に問題にするということは、人間が霊魂という観念を、なぜ、どのように生み出し、またひとたび生み出された存在に対して、どのような想いを抱いていたかという、観念・思想の歴史をたどることに他ならない。すなわち霊魂の歴史をたどることは、霊魂という窓を通じて見た、生きている人々の死者に対する考え方の歴史をたどることと同義なのである。

生者が死者を想うということの裡《うち》には、二つの異なる側面がある。一つは死者の近親者や友人のように、どちらかと言えば死者に好意的な人々の想いで、死者に対して、残念だ、悔しい、悲しい、代わってあげたい、生き返ってほしい、早く死んで可哀想だ、やり残したことがあっただろう等々の、率直に死を惜しむ想いである。そうした想いが如何に強いものであったかは、本書のこれまでの記述で明らかである。

しかしこれに対して、死者に対して好意を抱かなかったり、むしろ悪感情を抱いていた人々は、表に出さない場合が多く、したがって記録にも留まりがたいが、死んで当然だ、やれやれすっきりした、死んでくれて助かった等々、対極的な反応を示すことがあるだろう。

死が絶対的な別離ではなく、死者の世界と生者の世界が繋がっているとか、独立した死者の霊魂が存在し、思考し行動していると考えるような社会であれば、この二つの相対立する反応は、それぞれ別の展開を生む。

つまり近親者など死者に対して愛着を抱く人々が死者を想うあまり、何としてでもまた会いたい、一目見たいといった感情が強まれば、夢の中での再会、あるいはそれを超えて、死者の霊魂との遭遇などの形で、死者との交流が思い描かれることも考えられる。また特に関係がなくても悪感情を抱いていなければ、強い想いはなくても、死者の霊魂に対する恐怖とか嫌悪は弱いだろう。

しかし他方、生前に亡くなった人に何らかの害を加えたり殺めたりしたために、その復讐の可能性を恐れている人間や、自分が害を与えたわけではなくても、死者の受けた迫害などの事実を知っている人間は、死者が怨念を抱いていたと信じ、そこに死者の復讐といった考え方が生まれ、巷間に流布することもあるだろう。それが所謂「怨霊」ということになる。

したがって死者の霊魂が出現する背景には、死者との交流が継続することを願う、積極的な出現への待望と、その反対に、生きていたときの恨みを晴らすために、復讐しに出現する「怨霊」への恐怖との、二種の想いが作用していると言うことができる。

本章でこれまで挙げてきた霊の出現した事例は、いずれも生者に対する怨恨や復讐のために現れたものではなく、それなりの憐れむべき理由があって出てきたもので、それを生み出したのは、前章まででで明らかにした、生者の死者に対する愛着・同情と、それに基づく死者の現世への回帰への期待であったと考えられる。死者に対して籠められた生者の想いは多様であるとはいえ、実際には亡くなった人に対する哀惜や追慕の念を抱く人が、少なからずいたはずで、そのような人々にとって死者の化身としての霊は、恐怖や単なる興味の対象ではなく、むしろ出てきてほしい、眼前に現れてほしいという存在だったに違いない。

これと対極にあるのが、一般に怨霊とされる菅原道真や崇徳上皇の霊であるが、これまで「幽霊」を取り上げた文献の多くにあっては、怨霊のような恐怖の産物が興味の対象となりやすいが故に、強調されすぎているように思う。

少なくとも古い時代の霊の話に関しては、死者の霊とそれを実見する生者とは、ほとんどが家族・縁戚・知人などの関係にあり、全く無縁の人間の前に霊が出現するのは、僧侶など幽霊の出現する理由となる何らかの存念を解決できる人間か、せいぜいのところ伝え聞いた少数の第三者だけであった。

そういう意味では、霊の出現した話が流通するのは狭い範囲に留まり、単なる好奇心や物見高い人々の関心対象となることは少なかったはずである。そうした狭い範囲を超えて、貴族社会だけに留まらずに周辺まで広がったのは、菅原道真や崇徳上皇のような強烈な怨霊譚だけだった。しかし情報の流通が増大し、興味の対象として霊の出現が取り上げられるようになれば、自ずから話も興味を惹くような異常な話が中心となって行くのではなかろうか。そのような変化は恐らく近世に入ってからだと推測され、そうした傾向の一つの象徴は、寛文六年（一六六六）に刊行された浅井《あさい》了意《りょうい》の『伽婢子《とぎぼうこ》』などではなかったかと考えられる。

しかし近世に入っても、すべてがおどろおどろしい幽霊話に塗り尽くされるというわけではない。例えば「幽霊」を描いた絵としては先駆的な存在であり、いわゆる足の無い「幽霊」の絵の元祖ではないかといわれている、有名な円山応挙《まるやまおうきょ》（一七三三―九五）の幽霊画について見てみよう。この絵は久《く》渡寺《どじ》蔵のものを筆頭に、真贋不明のものも含めて、かなりの点数が伝えられているそうだが、久渡寺蔵の絵が描かれたのは、妻と妾を相次いで亡くした弘前藩の家老が、その供養のために応挙に依頼したことによるとされている。同じように、応挙に制作を依頼した人々の目的は、いずれの絵も、愛する人、懐かしい人の、あの世での姿を描いてもらうことにあったようだ。この人々にとって絵を描いてもらう目的は、興味本位でも遊び半分でもなければ、何か嫌悪すべき恐ろしい存在を書き留めてもらうことでもなく、愛惜・親愛の情の表現だったのである。

実際には、怪談などによって強調されている、死者が怖いという感覚より、こうした死者に対する思慕の念が、この世に死者の存在を繋ぎ止めるものとして、霊魂の現世への出現という考え方を生み出し、維持してきたのではないだろうか。

従来の「幽霊」研究の多くは、『日本霊異記』や『今昔物語集』については触れても、それ以外の事例は近世以降のものに依拠しており、いわば近世的な「幽霊」のイメージが中心を占めたため、怨恨を原因として出現する、恐怖の存在としての「幽霊」が前面に扱われ、古い時代については近世の延長上で理解しやすい菅原道真や崇徳上皇などの話が取り上げられて、時代の変化とは関係なく、「幽霊」は恐怖の対象であったかのように考えられてきたのではないかと、私は考えている。

例えば民俗学の今野圓輔が「幽霊」の出現例についての報告を読んで、「意外だったのは、かならずしも、うらめしくない幽霊の実例が今もなおあることである」と『怪談――民俗学の立場から』で書いているが、これは「幽霊」が「怨めしやー」といって出てくるという先入見に邪魔されているからら、このように思うのであって、歴史的にたどれば恐らく「怨めしくない」方が一般的であり、多数派なのである。

あるいは国文学・芸能史研究の諏訪春雄が『日本の幽霊』の中で、「幽霊は、本来は、哀れむべき、ばあいによっては恐ろしい存在ではあっても、人間に危害を加えるものではなかった。……源融の幽霊でも、夫に逢いたい一心から出現したもとの妻の亡霊でも、けっして人間に危害を与えてはいない。この世に執心を残してあらわれてはいるが、その目的を達成したり、自己の至らなさを指摘されたりするとすぐに消え失せる、愛すべき、同情すべき存在である」と指摘しているのは正鵠を射ていると思う。しかし「このような幽霊も、後世になると恐怖すべき、ときには人間に危害を加える怨霊となる」として、「怨霊化以前の幽霊の原型をとらえなければ、幽霊誕生の状況をきわめたことにはならない」と書いているのは誤りである。同情すべき幽霊と怨霊との違いは、時代的な変遷によるものではなく、むしろすでに説明したような生者の立場の違いによる、二つの対立する死者の霊に対する態度から生まれた、類型の違いとして理解すべきである。なぜなら古代から菅原道真や崇徳上皇、さらには後鳥羽上皇の怨霊は有名だったからである。

四　浄土や極楽を信じるか

結局のところ、死者の霊の出現という話は、死者に対する遺された生者の深い想いから生まれたものと言うことができる。しかしそれは同時に、死者の赴いた世界と、生者の暮らす世界の距離の近さを意味するものでもある。そのような死者の世界は、仏教で説く十万億土を隔てた極楽浄土といった遠い世界とは違う、もっと身近でイメージ化されていない曖昧な世界なのではなかろうか。

仏教者は極楽往生を説き、種々の説話集にも、日頃から精進をして悟りを得て、めでたく往生を遂げた人々の話を多く載せてきた。しかし本当に人々は、浄土に生まれると信じることで死という別離を納得していたのだろうか。実際には、往生思想は教説の次元に止まることが多く、今生きているこの世こそが大事であって、後の世のことなど当てにはならないと思っていた人々も多かったのではないか。私にはこういう疑問が、どうしても拭えない。

平安貴族の浄土観について、仏教学の岩本裕は、「現世の肯定から出発した極楽への信仰で……現在における栄華をそのまま来世につなぐことを目的とした」もので、「豪奢な生活環境に生き、華麗壮大な堂塔の輪奐《りんかん》の美の中に浄土を象徴」するという情緒的なものだと指摘している。そうであればなおのこと、藤原道長に代表されるような高位の貴族は別として、死者の赴く場所として、そのような浄土を想定することのできる人は、それほど多くなかったのではないか。

これまで説明したように、死者を深く想い、絆をつなぐことを願っていた、古代・中世の一般人々にとって、極楽か、あるいはまた、その他のどのような世界として描かれていたかは分からないが、死者を往生伝などに出てくるような二度と会えない遠方に送るのではなく、死後もできれば少しでも近くにとどまってもらい、関係を保っていたいというのが願いだったのではないかと、私は考える。それは遺された人々にも、死んでいく人間にとっても共通する願いだっただろう。

和歌の中にも、そうした考え方がほの見える歌がある。

第三章で挙げた一条天皇の皇后定子が亡くなった後、遺された歌の三番目、

煙とも雲ともならぬ身なれども草葉の露をそれとながめよ　（後拾遺異本歌一二二一）

にある「煙とも雲ともならぬ身なれども」という文言は、火葬の拒否を意味するもので、定子はその遺志に従って、霊屋《たまや》に収めた後、鳥辺野の南のあたりに土葬されたとされる。煙や雲が火葬との関連を指しているとすれば、草葉の露で暗示するのは土葬であろうか。すでに第三章で引用した、定子が遺した他の二首の歌に表現されているのは、この世に残る人への想いと、他方、独りで旅立っていく心細さとであることを併せて考えると、この三番目の歌に示されているのは、火葬によって永遠にこの世との繋がりを絶つことを厭い、なお幾ばくかの縁を保とうという、定子のこの世への強い執着ではないだろうか。

火葬と土葬との違いが、この時代の人々にとってどのような感覚的な相違を意味したか明確ではない。しかし『栄華物語』の巻二十七に出てくる藤原道長の娘、小一条院女御寛子の死に際して、世間の慣習通りに火葬にするのは不憫だから、遺体のまま土葬にすると決められた例があり、実際に寛子を霊屋に収めた場面の記述に、火葬にして立ち上る煙を眺めるときのやるせなさは言葉にもできないにせよ、それもしばしのことで後はさっぱりするが、土葬の場合は、いつまでも忘れられるものではないとあるので、右の定子の歌と考え合わせると、あるいは土葬の方が故人をいつまでも偲ばせるものという観念があったのかもしれない。

往生思想が多くの人にとって、現実には教説に止まる皮相のものであったのではないかという疑いを、私が持つ一つの根拠は、身近な者の死に際して、悲しみや詠嘆の歌は数え切れないのに対して、そもそも八代集には「極楽」という言葉が登場する歌は少なく、極楽とか往生とかを思い浮かべたと考えられるような歌も、ほとんどない点にある。

例えば極楽に関連する数少ない歌の中で、源俊頼の、

阿弥陀仏《あみだぶ》ととなふる声をかぢにてや苦しき海をこぎ離るらん　（金葉六四七）

〈阿弥陀仏と唱える声を道案内の柁として、苦しいこの世の海を漕ぎ離れて行くのだろうか〉

という歌は、具体的な誰かの死に際して詠まれたというわけではなく、詞書によれば、天王寺の西門で法師が舟に乗って西方に漕ぎ離れていく図を屏風絵に見ての感想である。

寂蓮《じゃくれん》法師の、

むらさきの雲路《くもじ》にさそふ琴のねに憂き世をはらふ峰の松風　（新古今一九三七）

〈極楽への紫雲の道に導く、聖衆の奏でる琴の音に和して、無常の世を吹き払うかのような峰の松風の声が聞こえる〉

これやこの憂き世のほかの春ならん花のとぼそのあけぼのの空　（新古今一九三八）

〈これこそが憂き世のほかの浄土の春なのであろうか、曙の空の下、扉を開いてみると、蓮華が辺り一面に美しく咲いていていて〉

春秋にかぎらぬ花におく露はおくれさきだつうらみやはある　（新古今一九三九）

〈春に咲くとか秋に咲くとか時節を限らない永遠の蓮華に置く露は、あるものが後れ、あるものが先立って消えてしまうといった恨みがあるだろうか、いやありはしない〉

という三首は、極楽の様をイメージさせる歌ではあるが、誰かの死と関係する歌ではないし、死に直面したリアリティを感じさせるものでもない。

唯一、田口重如《しげゆき》のように、

弛《たゆ》みなく心をかくる弥陀仏《みだほとけ》ひとやりならぬ誓《ちかい》たがふな　（金葉六四六）

〈たゆむことなく心に念じている弥陀仏よ、御心みずからの誓を違えないでくれ〉と、西方浄土への願望を、最後まで持ち続けている人もいるが、これなどは信心堅固な珍しい例ではないかと思う。重如は、人の家にいる間に急に死にそうになったので、触穢を避けるために家から出されて、蔀《しとみ》に載せて大路に置かれていたが、草の露が足に触れて、ほととぎすが鳴いたので、息の下から、

くさの葉に門出はしたり時鳥《ほととぎす》しでの山路もかくやつゆけき　（金葉六四五）

〈草の葉のもとでこの世からの門出をしたことだ、ほととぎすよ死出の山路もこのように露に濡れているのか〉と詠み、その後で亡くなったが、その時に詠んだのが右の六四六の歌であった。

いざとなると死を仏教的な往生観によって冷静に受けとめられないのは、恐らく仏教者であっても同じだった。例えば西住《さいじゅう》法師が亡くなった時に、雑念を払い一心に仏を念じて終わったと聞いて、年上の同行者である西住と共に暮らしていた西行のもとに、西住や西行と交流の深かった寂然《じゃくねん》法師が贈った、

乱れずと終り聞くこそうれしけれさても別れはなぐさまねども　（千載六〇四）

〈乱れるところがなかった、とその臨終の様を聞けるのは嬉しいことです。そうはいっても死別の悲しみは慰めら

れないのですが〉の歌に、西行は臨終正念を勧めた自分の方が、再び会えない悲しさに心が乱れてしまったと、

この世にて又あふまじきかなしさにすすめし人ぞ心乱れし　（千載六〇五）

〈この世ではまた再び逢うはずもない悲しさのために、臨終正念をすすめた私の方が心乱れてしまいました〉の歌を返しているが、ここにも再び相見ることはない幽顕の境を分ける重みを簡単に越えることのできない、人間の悲哀が示されている。

同じく西行の、

鳥辺野を心のうちにわけ行《ゆけ》ばいぶきの露に袖ぞそぼつる　（山家心中集三三九）

〈葬送の地、鳥辺野の趣を心に浮かべて野を踏み分けると、人の世の儚さゆえ、わが息すら草葉にかかる露となって、涙もろとも袖を濡らすことだ〉などの無常歌というのは、そうした悲哀を嘆くものだったのかもしれない。

兼好の、

かへりこぬ別れをさてもなげくかな西にとかつは祈る物から　（兼好法師集二八六）

〈西方浄土へ必ず行けますようにと、一方では祈りながら、それでもやはり二度と帰ってこない死別となると嘆かずにはおれません〉という歌は、誰にとっても本音だったのではないか。

極楽へまだわが心ゆきつかずひつじのあゆみしばしとどまれ　（新古今一九三三）

〈私の心は、修行が足りなくて、まだ極楽へ往生できるまでに至っていない、死に近づいていく時よ、しばらく止

まっておくれ〉という慈円の歌にも、戯れ言ならぬ本音が滲んでいるように感じる。

『栄華物語』巻二十七(ころものたま)に、

——あさましう心憂き物は人の心にこそありけれ。世にある人の、あるはかなしき子に後れ、あるは女男のあはれに思に後れ、あるは恥がましき事出で来、あるは幸なくなどして、もとも出家せんにあへぬべき人の思たたぬは、ただかくにこそありけれ。おぼろげに心よからん人の、あべい事にもあらざりけり。かかれば浄土にも生れ、仏にもなる人は少かりけり。〈浅ましくも情けないのは、人間の心であった。世に生きている人が、あるいはかわいい子供に先立たれ、あるいは仲のよい夫婦が死別を味わい、あるいは不名誉なことが起き、あるいは不運続きであったり、もっとも出家の機縁を持っているような人が、案外出家しようとしないのは、ひとえに愛着の念が断ち切れぬからである。普通のやさしい気持の人には、出家など容易ではないのである。だから極楽浄土に生まれ、仏にもなる人が少ないわけだ〉——

と記されているが、偽らぬところではないかと、私は思う。

五　「あの世」とは

現代の日本で、「人間は死んだ後で、どうなると思いますか」と単純に質問すれば、多くの場合、特に考えないで「あの世へ行く」のように答える人が多いような気がする。あるいはさらに促せば

「極楽」とか「天国」とかの答えもありそうである。

しかしこれは普段、死後のことなど考えておらず、言ってみれば反射的に出てきた答えで、もちろんこうした答が仏教その他、何か特定の宗教的な他界観への信仰を意味すると考えることはできない。日本の歴史の上で、イメージを伴った明確な死後の世界についての観念を提示したのは、源信の『往生要集』のような仏教的教説であったのは、否定できない事実であるから、その影響で「極楽」の語が日本人の脳裡に染みついていることは確かである。しかし、さらに進んで「極楽とはどんな世界だと思うか」と訊けば、「良いところ」という表現を超えた具体的なイメージは示せない人が多い。

これは私の個人的印象なのかもしれないが、『往生要集』の記述を読むと、地獄の描写の持っている迫真性・具体性に比べて、極楽の方は具体性の薄い弱い印象しか受けない。

仏教以前の日本人の他界観を考えても、他界を表す概念として「黄泉国《よみのくに》」とか「常世《とこよ》の国」とか「海上他界」とかが挙げられるが、黄泉国は伊邪那岐命《いざなぎのみこと》・伊邪那美命《いざなみのみこと》の話以外には、ほとんど具体的な内容が分からない。そして黄泉国を除けば、他界というのは、すなわち死後の世界を意味するわけではなく、あくまでも現実の世界とは異なる他の世界というに過ぎない。海上他界にしても水江浦《みずのえのうら》島子《しまのこ》の伝説に見られる範囲でしか想像できないし、『鼠浄土《ねずみじょうど》』などの昔話に出てくる地中の世界もまた同様である。

仏教以外では、中世後期にヨーロッパからもたらされたキリスト教は、「天国」という概念によって、日本人の他界観に一定の影響を与えたであろうし、そうした西欧的な考え方は、近代以降になれば、西欧文化の大量流入に伴って、影響の範囲も広がったと考えられる。しかし、世俗的な西欧文化が広まっても、キリスト教の信者自体は絶対数が少なく、いわんや教理に通じた人はさらに少ないことを考えれば、天国もまた日本人にとっては「良いところ」以上の具体性を持っていたとは考えられない。

本来の仏教的な往生とは、輪廻の循環を離れた超越的境地に到達することを言うが、日本で一般に浸透した往生観では、この世とは別の一種の理想郷、浄土・極楽が往生後の世界として捉えられ、他方、輪廻する六道《りくどう》の世界は、それぞれが別種の地獄世界として観念されたのである。こうした変化を宗教民俗学者の竹田聴洲も、仏教が日本人に受け入れられたのは「根本的な部面で常民風に翻案して理解されたからで」、他方、固有思想の側も「固有信仰の霊魂をもって仏教の説く輪廻の主体とする」などの大きな変改を余儀なくされたと指摘している。

しかも仏教説話とか往生伝のような文献にあるような、浄土への往生を目指して、ひたすら修行をする僧や、悟りを開いて往生に導かれた人々は、いわば宗教的な「達人」なのであって、多くの一般人が簡単にこのような境地に達することができるわけではない。

日々の暮らしに追われ、口を糊することで一杯の人々には、そもそも仏道に専念する余裕などないのである。文献を材料としてあの世の問題を考える際には、仏教的な影響の強い文献に過度に依拠すると、恐らく実際の姿を見誤るであろう。そういう意味で本書では、仏教色の特に強い説話や往生伝は時に参照するに留め、とりわけて仏教的な世界を取り扱っているわけではない和歌や物語類を中心に検討して来たのである。

近代以降の民俗学的な研究によっても、霊魂の行く先は極めて多様である。よく挙げられるのが山上の霊地に赴くという考えだが、山上といっても必ずしも深山を意味するわけではなく、家のすぐ裏の丘とか屋敷林のようなところである場合もある。また山上以外では、菩提寺、各地の霊地、両墓制の際の詣《まい》り墓《はか》など、かなり具体的な場所が考えられている例も多く、一定した場所はないと言ってもいい。民俗学の史料では歴史的な段階を知ることは難しいので、恐らく山上他界が古い形ではないかと推測されるが、確証はない。ただ共通して言えることは、縁者から遠く離れた場所は少ないということである。

仏教的霊魂観と漠然たる一般的霊魂観との間には、遠くこの世を離れた世界への往生と、ひょっとすれば行き来できる身近に存在する死者の世界との相違が見られることは、改めて注意する必要がある。理想郷、楽土としての極楽は、いかに楽土であっても、この世からはるかに離れ、往還しがたい世界であるが故に、死者の霊魂のこの世への帰還、あるいはこの世への滞留を願う人々にとっては、必ずしも往生することが望ましいとは限らない。往生を願うことと、霊魂の帰還を待ち望むこととは別種の希望なのである。

また実証することは難しいので、一つの推論に留まるが、極楽・浄土へ赴くことが、すなわちこの世へ回帰しないことを意味するとは考えられていなかった可能性もある。それは矛盾と見えるかもしれないが、社会に流通している観念の世界では、必ずしも整合的でない場合は往々にしてあるので、特に不思議なことではない。

誤解を懼れずに言えば、日本人一般には死後の世界についての具体的な観念が、ほとんど存在していないのではないだろうか。そして、その中で死後について考える場合、極楽でも天国でも天上でもいいが、そうした現世から遠く離れた世界に、死者が赴くというよりは、我々の身近な周囲の世界に、死者なりその魂なりが存在しているというのが、一般の考え方なのではないかということである。そのような、いわば特定の教義・教説とかイデオロギーとは無縁で、体系的でもなく具体的に細部を伴って描かれることもないような、極めて漠然とした「あの世」、それが日本人の一般的な他界観だったということである。

こういう一般的な他界観の立場からは、死者は生者の身近にあって、時にこの世に戻ってくるし、親しい人々と意思を通わすこともできる、そうした存在だった。それが魂の還る日とか盆とかが生まれた理由であり、そのような他界観とそれに基づく幽霊観は、実のところ現代でも生き続けているのではないか。「幽霊」でもいいから会いたい、夢でもいいから会いたい、というような死者との絆への愛着は、日本人の中に今もなお存在し、「まえがき」で記したような死者と生者との観念の共同体は、恐らくこれからも消えることはないものと私は考えている。

補章　能楽──負の他界の死者

そんなヒューゴだから、もちろん幽霊についても詳しかった。幽霊というのは例外なく、安らぎを得られないままさまよっているのだと彼は言った。そして幽霊を〝宙ぶらりんの魂〟と呼び、〝定まらぬ〟パワー、たとえば未解決の殺人事件で犠牲になった人間の怨念によって生まれると信じていた。「つまりだね、幽霊の実体は暴力的な死によって形成され、目的は借りを返してちゃらにすることなんだ。物事のゆがみを直すってわけだ」そう説明して、彼はにこりと笑った。

T・H・クック『キャサリン・カーの終わりなき旅』

前章で全体の締めくくりとして一般的な他界と、それに関連する霊の問題について述べたが、補足として一つ考慮しておかなければならないのは、「あの世」とか「来世」とか「死後の世界」は、皆、漠然としていても、にもかかわらず、そこには正の方向性と負の方向性との差異があることである。ここで正の他界というのは、「極楽」「浄土」「天上界」「常世」等々、名前は何でもよいが、何らかの点で人間にとって幸福な世界である。それに対して負の他界とは、「地獄」「修羅道《しゅらどう》」など、懲罰的な苦しみを与えられる世界である。

可もなく不可もなく生きてきた多くの平均的な人間にとっては、死後の世界は具体的なイメージは伴わないまでも、現世よりましか、少なくとも同程度な世界、すなわち正の他界として意識されていると考えられる。本書で多く取り上げた和歌などに表現されるのは、近親者への追悼の念であって、そこに示されている他界は、一般に観念されている他界ではなく、近親者の行った先としての他界であるから、地獄のような負の他界は含まれないというのは当然である。また仏教色の強い説話であれば、高徳な僧侶や篤信者が、いかにして浄土に往生したかという、いわば聖人伝のような話や、そうでなくても仏教的な罪業《ざいごう》を犯していない人々が登場するのだから、普通に浄土への往生が前提とされるだろう。

しかし一般的な罪を犯した人々はもちろん、仏教的な意味での罪業を重ねている人々にとっても、想定される死後の世界は、不可避的に負の他界であったに違いない。彼らのような人々にとって、死後の問題としてより強く意識されるのは、極楽のような正の他界に赴くことより、まず先に考えなければならないのは、地獄のような負の他界に落ちないこと、あるいはそこから救済されることであっただろう。

こうした負の他界に落ちた死者に対する想いを検討する上で、欠くことのできないのが能楽である。能楽に登場する霊魂の多くは、人を殺すことが生業である武士、生き物を殺して世を過ごす猟師・漁師を初め、罪業を重ねた人々であり、負の他界に赴くことが想定される人々の霊魂である。自分の死後に、こういう他界を思い描かざるを得ない人々は、浄土への往生というより、地獄のような苦界からの救済手段として、仏教に頼らざるを得なかったことは言うまでもない。それが能楽の描いたような世界であった。

この世に出現するきっかけは様々であれ、能楽全体の約四分の一ほどの作品に、死者の霊が登場する。またこうした霊を扱った作品は、上演される頻度の高い、いわば名作が多く含まれるから、その点で、実際の作品数以上に能楽は霊魂を扱っているという印象を受ける。

さらに能楽の場合、一般的な「幽霊」に対する考え方、つまり「幽霊」は怨恨を晴らすために出てくるというような考え方を示している好例として、研究史でもよく取り上げられるだけに、本書でも何らかの形で触れておく必要がある。

しかしこれまで本書で取り上げてきた史料のほとんどは、平安から鎌倉初期までで、鎌倉末期から室町時代に盛期を迎える能の世界とは、時代的な隔たりが大きいので、能楽についての検討は、敢えて本論から外して補章の形をとることとした。

なお本章で能楽における「幽霊」の問題を扱うといっても、演能の実際まで含めて取り上げるわけではなく、具体的には能楽の詞章である謡曲を対象とし、史料としては『謡曲三百五十番集』を用いる。この本では、謡曲を脇能物(神)、二番目物(男、修羅物)、三番目物(女)、四番目物(狂)、五番目物(鬼)、および番外謡曲に分類して配列しているが、本章ではその分類と関わりなく、神や樹木の精など、人間以外の存在が主人公となる作品は除外して、何らかの形で死者の霊が登場する作品は、すべて対象として検討する。

一　穏やかな死者の霊

まず最初に、従来の能楽の「幽霊」に関する研究に共通する、「幽霊」を何か恨みを抱いて復讐のために出現したり、何かの妄執を晴らそうと出現したりという、いわゆる怨霊のような恐怖をもたらす存在として捉える考え方が偏っていることを示すために、特段恐ろしい要素が見られない穏やかな「幽霊」の登場する謡曲を検討する。

先に曲名だけ挙げておこう。なお分かりやすくするため、すべて作品名の下に、主人公であるシテ、相手役のワキ、およびワキに連れ添うワキツレの属性を付記した。

〔脇能物〕

呉服《くれは》　前シテ＝里の女、ツレ＝里の女、後シテ＝呉織の霊、後ツレ＝漢織の霊、ワキ＝朝廷の官人、ワキツレ＝従者二人

〔二番目物〕

田村　前シテ＝花守《はなもり》、後シテ＝坂上田村麻呂《さかのうえのたむらまろ》、ワキ＝旅僧、ワキツレ＝従僧二人

〔三番目物〕

東北　前シテ＝和泉式部の植えた軒端《のきば》の梅の精、後シテ＝和泉式部、ワキ＝旅僧、ワキツレ＝僧

の従者
半蔀《はじとみ》　シテ＝女すなわち夕顔の精、ワキ＝僧
夕顔　前シテ＝里の女、後シテ＝夕顔の上、ワキ＝旅僧、ワキツレ＝従僧二人
楊貴妃《ようきひ》　シテ＝楊貴妃、ワキ＝方士《ほうし》
小塩《おしお》　前シテ＝老人、後シテ＝在原業平の霊、ワキ＝男、ワキツレ＝従者二人
雲林院《うりんいん》　前シテ＝老人、後シテ＝在原業平の霊、ワキ＝蘆屋公光《あしやのきんみつ》、ワキツレ＝従者二人
誓願寺《せいがんじ》　前シテ＝里の女、後シテ＝和泉式部の霊、ワキ＝一遍上人《いっぺんしょうにん》、ワキツレ＝従僧二人
姨捨《おばすて》　前シテ＝里の女、後シテ＝老女の霊、ワキ＝旅僧

［四番目物］
松虫　前シテ＝里人、後シテ＝里人の霊、ワキ＝酒売り
草薙《くさなぎ》　前シテ＝花売り男、後シテ＝日本武尊《やまとたけるのみこと》の霊、前ツレ＝花売り女、後ツレ＝橘姫《たちばなひめ》の霊、ワキ＝恵心僧都《えしんそうず》

［五番目物］
昭君《しょうくん》　前シテ＝白桃(尉)、後シテ＝単于《ぜんう》の霊、前ツレ＝王母(姥)、後ツレ＝昭君の幽霊、ワキ＝里人
須磨源氏　前シテ＝老樵夫、後シテ＝光源氏、ワキ＝藤原興範《おきのり》
当麻《たいま》　前シテ＝老尼、後シテ＝中将姫《ちゅうじょうひめ》の精魂、ツレ＝女、ワキ＝念仏行者、ワキツレ＝従僧二

人

融《とおる》　前シテ＝老人、後シテ＝源融の霊、ワキ＝旅僧

番外謡曲［三番目物］

実方《さねかた》　前シテ＝老人、後シテ＝藤原実方の霊、ワキ＝西行

この中から、まず最初に武将として名高い征夷大将軍坂上田村麻呂を扱った「田村」を取り上げる。

――東国方《とうごくがた》から都の春を訪ねて上る僧と従僧二人の一行、桜の盛りの清水寺へと赴く。彼らは玉箒を手に木陰を清める花守に目を留め、案内を請う。求めに応じて花守は、寺の草創や坂上田村麻呂との因縁、周囲の名所の案内を述べ、述べ終わって、やがて田村堂の内陣へと姿を消す。残された三人の僧は、夜もすがら桜の花陰で経を読誦して過ごすと、今度は田村麻呂本人が現れて、観音の加護によって鈴鹿山の鬼神退治に成功した次第を語る。――

簡単なあらすじではあるが、この話の中のどこにも、田村麻呂が怨念や執着を抱いている気配はなく、読経も特に田村麻呂の成仏を祈るような意味合いはない。言ってみれば旧跡の縁起、名所案内にも等しいような内容であり、「幽霊」が出現するのも、その場所との因縁から昔語りや縁起の紹介が目的のように考えられる。

「小塩」では、大原野の桜が盛りと聞いて、下京あたりの男が若人《わこうど》を連れて大原山へやってくると、歳闌《た》けた老人が花の枝をかざし、華やいだ感じで歩いてくる。奥床《おくゆか》しそうな人だと思って、男が話を

聞くと、老人は故事を語って姿を消す。そこで男は、ただびとではないと見えた今の老人は、「さては小塩の神代の古跡、和光の影に業平」の姿を現し給うたものと気づく。そしてやんごとなき殿上人在原業平が姿を現して、昔語りに春の宵を過ごす。

あるいは「誓願寺」では、和泉式部の霊は「助け給はば此世より、二世安楽の国に早生れ行かんぞ嬉しき」とあるから、一遍上人によって極楽往生を遂げることができたことは分かるが、女性であるために後述するような障りが有った以外は、特別な執念や怨恨で往生を妨げられていたとは考えられず、むしろ「仏果を得るや極楽の歌舞の菩薩と」なってからの華やかさの方が印象的である。

「松虫」の「幽霊」は、松虫の音に誘われて現れる、昔のよき酒の友同士の友情を巡る物語と言ってもいい。

五番目物の「融」は、塩竈《しおがま》を模した庭を設けた河原院で有名な源融が題材で、東国方より出た僧が都見物の折、融の旧宅である六条河原院に赴く。そこで一人の老人に出会って、塩竈の景を移したという河原院の謂れを聞くが、夜も更けて融の霊が出現して、遊楽に時を送るという筋。

「実方」は、西行が陸奥行脚に志して日を重ねるうちに、藤原実方の墓所に行き着き、一人の老人に出会う。老人は西行のことを知って声を掛け、弔いに対する謝意を示す。それからは歌人としての実方の思い出話が展開するという話となっている。

融は旧宅への執着が強く、「幽霊」として登場する『今昔物語集』の話は先に紹介したし、実方も陸奥で世を終わった人生は不遇といえないこともないが、少なくとも謡曲に関する限り、それほどの執念を示す話にはなっていない。

残りは省略するが、「幽霊」が登場するといっても、そのすべてが恐ろしい怨霊のような存在ではないことは、納得できるであろう。以下では、この節で検討した、罪業や怨恨や執念の要素を持たない「幽霊」は除外して話を進める。

二　死者の生前における社会的属性

まずシテである主人公が、生前、どのような社会的階層に属していたかを検討しよう。このことはまた、その人物の「幽霊」が、成仏を妨げるような、どのような怨恨や妄執を抱いているか、あるいはどのような罪業を犯したかとも関連する。

社会的階層について検討した結果は、次のように分類できる。煩瑣なのでシテの名前のみ挙げておいた。ちなみに前節で検討した「穏やかな幽霊」には、田村麻呂と日本武尊を除くと武人はいない。なお（　）内は、その人物を主人公とする作品が複数あるもの。

武将　二〇人（作品が複数ある場合は、重複して数える。以下、同）

源義経／梶原景季《かげすえ》／平忠度《ただのり》（2）／平経政《つねまさ》／平通盛《みちもり》／今井兼平／平知章《ともあきら》／源三位頼政／斎藤別当実盛《さねもり》／平清経／源朝長《ともなが》／平敦盛《あつもり》（2）／弁慶／平知盛／平重衡《しげひら》／安倍貞任《さだとう》／柴田勝家／北条氏政

皇族・貴族　六人

藤原定家／小野頼風／深草少将／崇徳上皇／菅原道真（2）

高位・宮仕えの女性　一八人

巴《ともえ》／六条御息所（2）／井筒姫《いづつひめ》／式子内親王／落葉宮／紫式部／静御前《しずかごぜん》／玉葛内侍《たまかずらのないし》／浮舟／小野小町（2）／小野頼風の妻／女御《にょうご》（2）／二位尼／空蟬《うつせみ》／松浦佐用姫《まつらさよひめ》

遊女など、その他の女性　二二人

仏《ほとけ》御前／采女《うねめ》／女／江口の君／松風・村雨《むらさめ》（海女）／檜垣姫《ひがきひめ》／姥捨／桂子・桜子／富士の妻／為世の妻／邪淫の女／蘆屋某の妻／うなゐ乙女／成就しない恋の女（2）／離別された本妻／庄司女／玉藻の前／房前《ふささき》の母／高山の女

漁師・猟師など　四人

猟師／海人《あま》阿漕《あこぎ》／漁夫／鵜飼《うかい》

その他の男性　八人

梅若丸／邪淫の男／市人／成就しない恋の男（2）／庭掃き／山階荘司／熊坂長範

概括的にいえば、男女はほぼ均等、貴族・武士・宮仕えの女性など相対的に高い地位の人間が多い。それ以外では、遊女・白拍子・海女・采女・庶民の女・猟師・漁夫などで、変わった所では盗賊の熊坂長範や、女御に懸想した庭掃の翁・荘司などがいる。

こうした社会層の分布を、抱いている執念の内容に関する、次節の分類と重ね合わせると、女性の場合は社会層に必ずしも関わりなく、男女の妄執か、さもなくば子供への愛着が執念となっているのに対し、男性の場合は、高位の武将たちであっても、また猟師・漁夫などであっても、等しくその罪業は殺生であると考えられる場合が過半で、それ以外には何かへの執着や女性同様の男女関係の妄執が挙げられる。

面白いことに男性の場合、男女関係の妄執が原因で「幽霊」として登場する場合、「清経」「定家」「水無瀬《みなせ》」「恋の松原」「女郎花《おみなめし》」「通小町《かよいこまち》」「錦木」「船橋」「綾鼓《あやのつづみ》」「恋重荷《こいのおもに》」など、すべて相手の女性と共に登場している。

三　死者の成仏を妨げる要因

次に前節で示したような社会層に属する死者たちが成仏できずに、多くは縁もゆかりもない僧侶の面前に出現する原因は、どのようなものであったかを検討しよう。繰り返しになるが、能楽における「幽霊」の問題を考える際に、これまで「怨恨」を抱いていたかどうかだけで分類する例があったが、「怨恨」と限定するのは、恐らく怨霊信仰などからの発想であり、能楽の「幽霊」を扱う際に適当とは思えない。

なぜなら能楽で出現する「幽霊」は、先に挙げた穏やかな「幽霊」は除外するとしても、必ずしも誰かに恨みを抱いていたり復讐を意図していたりするわけではなく、とにかく成仏できないで現世に執着する理由があるから出現するのであって、その理由はもっと細かく検討する必要があると考えられるからである。

実際にはニュアンスの違いもあって、類型に分類するのは難しい点もあるが、一応、次のように分けてみた。

1　合戦という修羅道

これは前節で分類した社会層でいえば、すべて武士だということができる。殺生の罪業を重ね、戦いに明け暮れる修羅道から抜け出すことができない「幽霊」である。しかし断っておかなければならないのは、ここでの殺生という罪業は、個々人が主体的に選択した行為の結果というよりは、武士の家に生まれ、家を継いだ人間に必然的に伴う罪業である。

この型の「幽霊」は多くが二番目物(＝男、修羅物)に属する。

以下に挙げる各曲が、ここに分類される。

［二番目物］

八島《やしま》　前シテ＝漁翁、後シテ＝源義経の霊、ツレ＝漁夫、ワキ＝僧、ワキツレ＝従僧二人

箙《えびら》　前シテ＝男、後シテ＝梶原景季の霊、ワキ＝僧、ワキツレ＝従者二人

通盛　前シテ＝漁翁、後シテ＝平通盛の霊、前ツレ＝若女、後ツレ＝小宰相の局《こざいしょうつぼね》、ワキ＝僧、ワキツレ＝従僧
兼平　前シテ＝舟人、後シテ＝今井四郎兼平の霊、ワキ＝旅僧
知章　前シテ＝里男、後シテ＝平知章の霊、ワキ＝僧
頼政　前シテ＝老人、後シテ＝源三位頼政の霊、ワキ＝旅僧
実盛　前シテ＝老人、後シテ＝斎藤別当実盛の霊、ワキ＝僧、ワキツレ＝従僧二人
清経　シテ＝平清経の霊、ワキ＝淡津三郎、ツレ＝清経の妻
朝長　前シテ＝青墓長者、後シテ＝源朝長の霊、ワキ＝清涼寺の僧、ワキツレ＝従僧二人、ツレ＝侍女
巴　前シテ＝里の女、後シテ＝巴の霊、ワキ＝僧
敦盛　前シテ＝草刈男、後シテ＝平敦盛の霊、ワキ＝熊谷直実《くまがいなおざね》（蓮生房《れんしょうぼう》）
生田敦盛　シテ＝平敦盛の霊、ワキ＝法然上人従者、子方＝敦盛遺子

［五番目物］

碇潜《いかりかずき》　前シテ＝老舟人、後シテ＝平知盛の幽霊、ワキ＝旅僧、後ツレ＝二位尼の霊

番外謡曲［**二番目物**］

笠卒塔婆　前シテ＝里の翁、後シテ＝平重衡の霊、ワキ＝僧
貞任　前シテ＝男、後シテ＝安倍貞任、ワキ＝僧

この典型的な例は「八島」に見られる。簡単に紹介しておこう。

――春の夕べ、都方から出た西国行脚の僧が、従僧と共に四国見物の途次、屋島の浦に寄り、日が暮れて、塩屋に一夜の宿を借りる。塩屋の主である漁翁は、都の人と聞いて懐かしがり、「我等ももとは」といって涙にむせぶ。僧が源平合戦の古戦場であるからと、合戦の様子を語るように翁に所望すると、求めに応じて翁は、文治元年（一一八五）の屋島の合戦における、大将軍源義経の戦の様を詳しく物語る。あまりに詳しい語りに、僧が翁に名を尋ねると、翁は「頃しも今は、春の夜の、潮の落つる暁ならば修羅の時になるべし。その時は、我が名や名のらん、たとひ名のらずとも名のるとも、義経の浮世の夢ばし覚まし給ふなよ」と言いつつ姿を消す。

やがて早くも暁になるかという頃、甲冑を帯した武者が現れ、「我義経の幽霊なるが、瞋恚《しんい》に引かるる妄執にて、なほ西海の浪にただよひ、生死の海に沈淪《ちんりん》せり……迷ひけるぞや。生死の海山を離れやらで、帰る八島の恨《うら》めしや」と告げて、先ほどの合戦話を続ける。それが終わると「修羅道の鬨《とき》の声、矢叫《やさけ》びの音、震動せり」という情景になり、義経の霊も「今日の修羅の敵は誰そ。なに能登守教経とや」と、往時の合戦絵巻さながらの戦いを繰り広げ、夜明けと共に消えていく。――

「八島」の場合は、とりわけ僧に供養を依頼する場面はないが、この分類に属する作品の多くは「よくよく弔ひて給び給へ」とか「跡弔ひ給へ御僧よ」などの、供養を依頼する言葉の入っていることが多い。「八島」も「瞋恚に引かるる妄執にて、なほ西海の浪にただよひ、生死の海に沈淪せり」とか、「なほ妄執の瞋恚とて。鬼神魂魄の境界にかへり」という文言からは、現状からの救済を欲していることは明らかであろう。

このような話の運びは、これ以外の『平家物語』の登場人物などを題材とした謡曲には、ほぼ共通するもので、どれも似通った筋立てである。また合戦の話であるから、シテとして登場する「幽霊」は、すべて男性、それも武将であり、例外と言えるのはツレとして小宰相の局が出て来る「通盛」くらいである。「通盛」はまた、ワキの読経によって、「読誦の声を聞く時は、悪鬼心を和らげ、忍辱慈悲の姿にて、菩薩もここに来迎す。成仏得脱の身となり行くぞ有難き」とあって、成仏するところまで語られている点でも珍しい。

武将が修羅道に堕ちるのは、彼らが殺生を犯したからに他ならないが、それはまた武士という生業そのものが、殺生を否定しては成り立たない、いわば存在として業を負っているからである。業を負っているからこそ、一方で、弔うことを頼みながら、かつての合戦に心を残し、あるいは斎藤別当実盛のように「木曽と組まんとたくみしを、手塚めに隔てられし無念」を未だ諦めきれずに、修羅の巷にさ迷い続けるのである。

この類型のうち、平敦盛をシテとする二つの作品「敦盛」と「生田敦盛」とは、前者にはワキとして一ノ谷で敦盛の首を取った、まさに仇である熊谷直実が、また後者にはワキツレとして敦盛の遺子が登場する点が特徴的である。

「敦盛」では、

――源平の合戦の終わった後に出家して蓮生房となった直実が、自ら手に掛けた敦盛の菩提を弔おうと一ノ谷に下る。折から笛を吹いて通る草刈男に様子を尋ねると、敦盛に所縁の者と称して、蓮生房から十念を授けられて姿を消す。残った蓮生房が夜もすがら念仏を唱えて、敦盛の菩提を弔うと、敦盛の霊が現れて、往時を振り返りながら、「終に討たれて失せし身の、因果は廻りあひたり。敵はこれぞと討たんとするに、仇をば恩にて、法師の念仏して弔はるれば、終には共に生るべき、同じ蓮の蓮生法師、敵にては無かりけり。跡弔ひてたび給へ」と、かつての仇であった直実が回向してくれた御蔭で、共に極楽の蓮の上に生まれ代わることができると、直実に感謝して終わる。――

「生田敦盛」のあらすじは、

――法然上人に育てられた敦盛の遺子が、「夢になりとも父の姿を見せて賜はり候へ」と、賀茂の明神へ祈誓し、七日詣でて満願の日、父を見たければ生田の森へ下れと霊夢を蒙る。従者を連れて生田の森へ赴くと、草庵の中に甲冑姿の若武者がおり、訝《いぶか》る人々に、「愚の人の心やな。面々これまで来り給ふも、われに対面のためならずや。恥かしながら古の敦盛が幽霊来りたり」と名乗り、孝心を憐れんだ明神が閻魔王に命じて、しばしの暇を与えられたと説明するが、やがて閻魔王の使いに促されて、「黒雲俄《にわか》に立ち来り、猛火を放ち、剣を降して、其数知らざる修羅の敵、天地を響かし満ち満ち」た修羅の巷に戻っていき、暁と共に「急ぎ帰りてなき跡をねんごろに弔ひてたび給へ」と、泣く泣く袂を分かって消えていく。――

この話では、敦盛の遺子が父に会いたいと思って祈誓することから始まるが、人間にとって普通のことである父子の恩愛それ自体も、場合によっては仏教の観点から執念とされる点は注意する必要がある。

「碇潜」もワキとして登場する都方の僧が、平家ゆかりの人物だという点だけが珍しい。

また「巴」は、単に合戦という修羅道にとらわれているのとはニュアンスを異にしている。

――木曽の山家から出た僧が、都見物の途中、木曽義仲の討たれた粟津の原に休むと、里の女が神と祭られている義仲を拝するように薦める。僧が神前に手を合わせ、夜もすがら読経をしていると、女性の亡霊が現れる。それが巴だが、巴の執心は合戦そのものにあるのではない。女だからと義仲が最期を共にすることを拒み、「これなる守小袖を、木曽に届けよ」と命じて果てたことにあり、「ただひとり落ち行きしうしろめたさの執心を弔ひてたび給へ」という言葉を残して消えていく。――

この世に心を残している理由は、合戦の罪業ではなく、ひとえに自分だけが落ち延びたという「うしろめたさ」にあるのが特徴的である。

2　殺生の業

作品としては、次のようなものがある。

〔四番目物〕

善知鳥《うとう》　前シテ＝老人、後シテ＝猟師の霊、後ツレ＝猟師の妻、ワキ＝僧、子方＝千代童

阿漕　前シテ＝漁翁、後シテ＝阿漕の霊、ワキ＝僧

〔五番目物〕

鵜飼　前シテ＝鵜飼の老人、後シテ＝閻羅王、ワキ＝僧、ワキツレ＝従僧

いずれも武士と殺生という点では共通するけれども、武士ではない階層がシテとなった作品である。これらの作品のシテの職業は、「善知鳥」が猟師、「阿漕」が漁師、そして「鵜飼」は鵜飼となっている。「善知鳥」のあらすじは、

――諸国一見の僧が陸奥外ヶ浜を訪ねる途次、立山地獄に寄り、山下で一人の老人に、外ヶ浜で前年の秋に亡くなった猟師の妻子に、簑笠を手向けてほしいと託される。老人と別れて外ヶ浜に赴いた僧が、妻子の宿を訪ねると、簑笠は紛れもなく猟師の形見であった。やがて夜になって登場する猟師の幽霊は、「士農工商の家にも生れず。または琴棋書画《きんきしょが》をたしなむ身ともならず。ただ明けても暮れても殺生を営」んだ報いで、冥土では、立場を変え、「娑婆にては善知鳥やすかたと見え」た鳥が、「冥途にしては怪鳥となり罪人を追っ立て鉄の嘴を鳴らし、羽をたたき、銅の爪を磨ぎ立てては、眼をつかんで肉」を裂こうとするという業苦を受ける凄絶な様を語り、

「やすき隙なき身の苦を、助けてたべや御僧」といって姿を消す。——

「阿漕」や「鵜飼」の主人公は、「善知鳥」の猟師とは多少異なり、単に殺生を犯したことが問題なのではなく、特定の殺生禁断の掟を破ったことが悲劇の原因ではあるが、それとても漁師や鵜飼という生業を抜きにしてはありえない話である。

そういう意味で、この類型に属する主人公は、いずれも好むと好まざるとにかかわらず、生業として殺生を犯さなければならない人びとであるということができる。

3　男女の妄執

この類型は、男を巡る女同士の争いや、男女の確執、報われぬ恋の苦しみなど、人間社会に付き物の男女の様々な執念を基として繰り広げられる悲劇である。その主人公は三番目物および四番目物に分類され、性別では女性が圧倒的である。作品は以下に掲げる。

〔三番目物〕

野宮　前シテ＝里の女、後シテ＝六条御息所の霊、ワキ＝旅僧

井筒　前シテ＝里の女、後シテ＝紀有常の娘井筒姫、ワキ＝旅僧

仏原　前シテ＝里の女、後シテ＝仏御前の霊、ワキ＝旅僧、ワキツレ＝従僧二人

采女　前シテ＝里の女、後シテ＝采女の霊、ワキ＝旅僧、ワキツレ＝従僧

江口　前シテ＝里の女、後シテ＝江口の君、後ツレ＝遊女、ワキ＝旅僧、ワキツレ＝従僧二人
定家　前シテ＝里の女、後シテ＝式子内親王、ワキ＝旅僧、ワキツレ＝従僧二人
二人静　シテ＝静御前の霊、ツレ＝菜摘の女、ワキ＝勝手明神の神職
落葉　前シテ＝里の女、後シテ＝落葉宮の霊、ワキ＝旅僧、ワキツレ＝従僧二人
松風　シテ＝松風、ツレ＝村雨、ワキ＝旅僧
檜垣　前シテ＝老女、後シテ＝檜垣姫の霊、ワキ＝岩戸山の僧

〔四番目物〕

玉葛　前シテ＝里の女、後シテ＝玉葛内侍、ワキ＝旅僧、ワキツレ＝従僧二人
浮舟　前シテ＝里の女、後シテ＝浮舟の霊、ワキ＝旅僧
三山　前シテ＝里の女、後シテ＝桂子、ツレ＝桜子、ワキ＝良忍上人
梅枝　前シテ＝女、後シテ＝富士の妻の霊、ワキ＝身延山の僧、ワキツレ＝従僧
砧《きぬた》　前シテ＝蘆屋某の妻、後シテ＝妻の霊、前ツレ＝侍女夕霧、ワキ＝蘆屋某
求塚《もとめづか》　前シテ＝里の女、後シテ＝うなゐ乙女の霊、ツレ＝里の女、ワキ＝旅僧、ワキツレ＝従僧二人
女郎花　前シテ＝老人、後シテ＝小野頼風の霊、後ツレ＝頼風の妻の霊、ワキ＝旅僧
通小町　シテ＝深草少将の霊、ツレ＝小野小町の霊、ワキ＝僧
恋の松原　シテ＝男の霊、ツレ＝女の霊、ワキ＝旅僧

錦木　シテ＝男の霊、ツレ＝女の霊、ワキ＝旅僧、ワキツレ＝従僧二人
船橋　シテ＝男の霊、ツレ＝女の霊、ワキ＝山伏、ワキツレ＝同行山伏二人
道成寺《どうじょうじ》　前シテ＝白拍子《しらびょうし》、後シテ＝蛇体、ワキ＝道成寺住職、ワキツレ＝従僧二人

番外謡曲［三番目物］

空蟬　前シテ＝女、後シテ＝空蟬の霊、ワキ＝旅僧
高安　前シテ＝高安里の女、後シテ＝女の霊、ワキ＝都の男

［四番目物］

松浦　前シテ＝海人乙女、後シテ＝松浦佐用姫の霊、ワキ＝東国の僧二人

中でも妄執の深さを感じさせるのは、「定家」ではなかろうか。

「定家」は真偽不明ながら広く人口に膾炙した、後白河院皇女式子内親王と歌人藤原定家との、秘められた恋が主題となっている。「定家」のワキは定型通り、北国方より都一見の僧で、──この僧が時雨《しぐれ》に降り籠められて立ち寄ったのが、定家所縁の時雨亭。そこへ現れた里の女によって一つの石塔に導かれる。蔦葛に這い纏われたその石塔こそ、式子内親王の墓であり、まつわる蔦葛は定家葛であった。僧が定家葛のいわれを尋ねると、女は定家と内親王の「忍び忍びの御契浅からず」、内親王がその後、程無く亡くなると、定家の執心は葛となって墓に這い纏わり、「互ひの苦しみ離れやらず」にいる姿を語る。そして僧に名乗りを求められると、女は「我こそ

は式子内親王」と名乗って、蔦葛にまつわりつかれる妄執の苦しみから「助け給へ」と言って、姿を消す。残った僧が経典を読誦すると、その読経の一味の法の雨がしたたり、皆潤って「草木国土、悉皆成仏の機を得ぬれば、定家葛もかかる涙も、ほろほろと解けひろご」って終わる。――

死んでなお恋する内親王の石塔に、蔦葛となってまつわりつく定家という、視覚的な表現まで含んだ、執着の凄まじさでは随一ではないかと思う。この分類に属する作品でも、その執念の強さにはいうまでもなく濃淡の差があり、「定家」が、そのもっとも濃密な物とすれば、「仏原」「江口」などは至って淡泊に見える。「仏原」は、

――都方からの僧が白山へ修行の途中、加賀国の仏ノ原を通り、草堂に一夜を過ごそうとする。すると所の女が現れ、古の白拍子、仏御前の供養を頼む。不審に思った僧の求めに応じて、女は平清盛の寵遇を得ながら無常を観じ、出家して祇王《ぎおう》と共に暮らすことになった仏御前の昔語りをして立ち去る。明け方、夜もすがら読経に励む僧一行の前に、遊女姿の仏御前の霊が現れ、「極楽世界の御法の声、仏事をなすや、この原の仏の舞の妙なる袖、草木もなびく気色かな」と舞姿を見せて姿を消す。――

仏御前の場合も、確かに「迷ひの雲も晴れ難き、心の水の濁りを澄まして、涼しき道に引導したまへ」と、供養を求めてはいるが、特別に深刻な罪業を犯したわけではない。あるいは作品の主眼は、仏御前の生涯の苦しみよりも舞姿を披露することにあるのかと思われる。その点では「誓願寺」の和

泉式部と似ている。

「松風」は、諸国一見の僧が西国行脚の途次、須磨の浦に寄ると、行平《ゆきひら》中納言寵愛の松風・村雨、二人の海女の霊が登場し、行平への執着を語る話。

「砧」では、訴訟のために京へ上った夫を待ち続けて亡くなった、九州蘆屋の某の妻が、三年の別離を経て戻った蘆屋某に、夫を思う執念のあまり、成仏できない苦しい境涯を物語る。

そして「求塚」は二人の丈夫に求婚されて、窮した挙げ句に入水して果てたうなゐ乙女の霊が、地獄の責め苦の様を語る話で、「船橋」は上野《こうずけ》佐野の里の男が、忍び妻の許に通う道で、男の両親が橋板を外してあった船橋から落ちて亡くなり、そのまま女の霊と共に、「執心の鬼となつて、共に三途の川橋の橋柱に立てられて、悪龍の気色に変り、程なく生死娑婆の妄執、邪淫の悪鬼となつて、我と身を責め苦患に沈む」が、話を聞いた三熊野からの山伏の「功力により真如法身の玉橋の浮める身とぞなりにける」と終わる。

これらの話は、いずれも関係のあり方に違いはあっても、男と女の間のしがらみに惹かれ、迷う姿は同じである。

4　親子の恩愛

ここには男女の確執と並んで、人間同士の深い繫がりの姿である親子の恩愛についての物語を取り上げる。以下に挙げる作品である。親子の恩愛も仏教の観点からは、この世への執着を誘う執念でもある。

［四番目物（狂）］

隅田川　シテ＝梅若丸の母、子方＝梅若丸、ワキ＝渡守《わたしもり》、ツレ＝旅人

水無瀬　シテ＝為世の元妻の霊、子方二人＝為世の子、ワキ＝父為世

［五番目物］

松山鏡　シテ＝倶生神、子方＝姫、ワキ＝父、ツレ＝母の霊

海士《あま》　前シテ＝海士の霊、後シテ＝龍女、子方＝房前《ふささき》の大臣、ワキ・ワキツレ＝従者

「隅田川」のあらすじは、

——舟出を急ぐ隅田川の渡守の前で、都より下った女物狂《ものぐるい》が、人買にさらわれて東《あずま》へと下った一子、梅若丸を尋ねて下ってきた次第を物語る。やがて対岸に、一年前のその日に、人買に連れられてやってきた幼子が、旅に疲れて倒れたのを見捨てられ、はかなくなって埋められた塚が見える。それこそ女の尋ね求めた我が子だった。墓所の前でひたすら念仏を唱える母親と渡守の面前に、子の幻が現れて「互ひに手に手を取り交はす」と思ったかと見れば、「東雲《しののめ》の空もほのぼのと明け行けば跡絶えて、我が子と見えしは、塚の上の草茫々として」浅茅が原と成り変わる。——

と、要約すれば簡単だが、切々と人の胸に訴えかける力は、さすがと思わせる作品である。

「水無瀬」は出家して家を捨てた為世という男が、故郷の水無瀬の旧居で二人の我が子に会い、父と名乗らずに亡くなった妻の供養をする。夜も更けると亡妻の霊が現れて、「娑婆に残る妄執愛着、恋慕の」思いも晴れて成仏する姿を見せるという話。

「松山鏡」は、亡くなった母の形見の鏡に映る母の姿を大事にしている娘を、継母の呪詛をしていると邪推した父が責め立てる。その娘の許に、しばしの時を冥官に与えられた母の霊が現れるが、刻限を過ぎた母親に腹を立てた冥官が、苦患を与えようと倶生神《くしょうじん》を遣わす。しかし孝行な娘が弔う功力によって、母は菩薩の姿に変わり、倶生神はそのまま地獄へ帰る。

「海士」は、讃州志度の浦に下った藤原房前が、身を捨てて龍宮の宝珠を取って戻った母親の霊を弔う話。

5　晴らしがたい怨念

ここには政争などの果てに悲劇的な運命に見舞われた人物の「幽霊」が主人公となっているような謡曲を含める。菅原道真、崇徳上皇などがシテである作品がそれに当たる。一般的には怨霊と呼ばれるような存在で、五番目物に含まれる四作品が該当するが、内容的に「藤戸」など四番目物の一部も、これに加えていいと思う。

ここに分類した「幽霊」は、「雷電」の菅原道真のように、遂に成仏したとは思えない霊が多く、成仏したとされていても、その怨恨の凄まじさは、他の分類に入れた作品とは一線を画すものである。

これらの印象が、謡曲の「幽霊」物一般が怨霊を描いているように考えられる理由となったと、推測されるような作品ばかりである。
具体的な作品名は次の通りである。

［四番目物］
藤戸《ふじと》　前シテ＝漁夫の母、後シテ＝漁夫の霊、ワキ＝佐佐木盛綱、ワキツレ＝従者二人
綾鼓　前シテ＝庭掃きの老人、後シテ＝老人の霊、ツレ＝女御、ワキ＝臣下
恋重荷　前シテ＝山科荘司、後シテ＝荘司の霊、ツレ＝女御、ワキ＝官人
鉄輪《かなわ》　前シテ＝女、後シテ＝女の生霊、ワキ＝阿部晴明、ワキツレ＝男
葵上　前シテ＝上﨟、後シテ＝六条御息所の生霊、ツレ＝照日の神子、ワキ＝横川の小聖、ワキツレ＝大臣

［五番目物］
松山天狗　前シテ＝老人、後シテ＝崇徳院の霊、ツレ＝相模坊、ワキ＝西行
雷電　前シテ＝菅原道真の霊、後シテ＝雷神、ワキ＝延暦寺座主法性坊
船弁慶　前シテ＝静御前、後シテ＝平知盛の幽霊、ワキ＝武蔵坊弁慶、子方＝源義経、ワキツレ＝義経の従者
来殿　前シテ＝菅原道真の霊、後シテ＝天満天神、ワキ＝法性坊、ワキツレ＝従僧二人

「藤戸」は、源平合戦で功を挙げた佐佐木盛綱が、藤戸先陣の恩賞に賜った児島《こじま》に入部するところから始まる。

――入部した盛綱が住民の訴訟を聞こうとすると、一人の老婆が、盛綱によって殺された子の恨みを語り出す。この老婆は、藤戸先陣の際に盛綱の道案内をしながら、口封じのために殺された漁夫の母親の霊で、後段では漁夫その人の霊が登場して、「恨は尽きぬ妄執を申さん為に来たり たり……氷の如くなる刃を抜いて、胸のあたりを刺し通し、刺し通さるれば肝魂も、消え消えと、なる所を、其まま海に押し入れられて、千尋の底に沈みしに……藤戸の水底の悪龍の水神となって恨を為さんと思」って来たと、盛綱を責めるが、やがて「思はざるに御弔の御法《みのり》の御船に法を得て、即ち弘誓《ぐぜい》の船に浮べば、水馴棹、さし引きて行く程に、生死の海を渡りて願のままにやすやすと、彼の岸にいたりいたりて、成仏得脱の身となりぬ、成仏の身とぞなりにける」と成仏して終わる。――

また身分が隔絶した女御に密かに思いを懸けた卑賤の男が、その思いを女御に翫ばれ、とても可能とは思えない難題を果たせば、女御の姿を目にすることができるという約束を信じたがために、遂には命を落とすという、残酷さと悲哀に満ちた悲劇が、一転して死後の壮絶な怨霊劇に転じるのが、「綾鼓」「恋重荷」の二作品である。ここでは「綾鼓」を紹介しておこう。

――垣間見た女御の姿に、庭掃きの老人が身の程も忘れて恋慕の心を抱く。まさに妄執といってもよい老人の思いを知った女御は、池辺の桂の木に鼓を掛け、老人が打って、音が皇居に聞こえれば、女御が姿を見せようという。しかし老人がいくら打って綾鼓は鳴らない。それもそのはずこの鼓はもとより鳴るはずもない、綾でできた鼓なのだから。絶望した老人は池に身を投げ、「一念瞋恚の邪淫の恨、晴れまじや晴れまじや、心の雲水の魔境の鬼」となって女御に祟り、「桂にかけたる綾の鼓、なるものかなるものかうちて見給へ、うてや打てやと責鼓、よせ拍子とうと、うち給へうち給へ」と、笞《しもと》をふり上げて女御を責め立てる。鼓は鳴らず、「かなしや悲しや」と、叫ぶ女御の声が響き、「冥途の刹鬼あほう羅刹の呵責」もこうかと思うように、女御の身を責め骨を砕く。――

女御を責めさいなむ場面の鬼気迫る描写は、老人の妄執の凄まじさを余すところなく伝えてくれるが、それのみならずこの「綾鼓」の鬼は、妄執や怨恨の地獄から救ってくれる僧侶の登場もなく、最後まで「あら恨めしや恨めしや、あら恨めしや恨めしの女御や」と曲を終わって、遂に成仏した形跡もない。「定家葛」とはまた趣は違うが、女に寄せる男の執念の凄絶な姿を映しだしている。

「恋重荷」も「綾鼓」と同じような話で、菊の世話をする山科の荘司が女御に懸想し、軽く見せた重荷を持って、庭を百度千度と回れば、女御が姿を見せようと欺され、疲れ果てて遂に空しくなる。後シテは「恋死にし、一念無量の鬼となるも、唯よしなやな誠なき、言よせ妻の空だのめ、……巌の重荷持たるるものか。あら怨めしや」と出現するが、「跡弔はば其怨みは、霜か雪か霰か、終には跡も消えぬべしや」と成仏する。

「鉄輪」は貴船の社に使える者が霊夢を蒙り、都より丑の時詣に来る女への託宣を伝えるところから始まる。この女は離別された本妻で、生霊となって男をとり殺そうとするが、安倍(阿部)晴明に妨げられるという話である。

「葵上」は、『源氏物語』に基づく話。左大臣の息女、葵上についた物気《もののけ》を祓うため、照日《てるひ》の神子《みこ》に頼む。しかしその物気は六条御息所の怨霊が嫐《うわなり》打ちに出たもので、神子では治められず、横川《よかわ》の小《こ》聖《ひじり》を請じて加持を行うと、やがて「読誦の声を聞く時は、聞く時は、悪鬼心を和らげ、忍辱《にんにく》慈悲の姿にて、菩薩もここに来迎す。成仏得脱の身となり行くぞ有難き」という結末を遂げる。

このように四番目物の中からここに分類した作品は、「藤戸」「恋重荷」などのように、最後に成仏した形を示すものがあるので、その点で五番目物の三作とは異なるが、どれもその怨恨の激しさ深さに主眼が置かれているように考えられるので、ここに含めて差し支えないだろう。

五番目物に移って、「松山天狗」は、崇徳上皇が保元の乱で敗れて配流された讃岐の陵に、かつて上皇に仕えた西行が詣る話で、西行の諫《いさ》めも聞かず、崇徳は怨恨をはらさんがために魔縁となり「御廟しきりに鳴動して玉体あらはれ」、天狗たちを従えて舞い飛びながら「古の都の憂き事を、思し召し出し、逆鱗の御姿、あたりを払つて恐ろしや」という姿を現す。

そして「雷電」は、怨霊中の怨霊とも言うべき菅原道真の話。延暦寺座主、法性坊の律師僧正が仁《にん》王会《のうえ》を執り行おうとすると、道真の「幽霊」が出現し、両者の真っ向からの対決となる。「われ此世にての望は適ひて候。死しての後、梵天帝釈の憐みを蒙り、鳴雷となり内裏に飛び入り、われに憂かりし雲客を蹴殺すべし」と、「思ひ知らせん人々よ、とて小龍を引き連れて、黒雲にうち乗りて、内裏の四方を鳴りまはれば」、道真のために、「いな光雷の電光頻りにひらめき渡り、玉体危く見えさせ給ふ」が、法性坊が立ち向かい、「不思議や僧正の、おはする所を雷恐れ鳴らざりけるこそ奇特なれ」と道真の力も及ばない。やがて「聞法秘密の法味に預かり、帝は天満大自在、天神と贈官を、菅丞相に下されければ、嬉しや生きての怨死しての悦、これまでなりや、これまでとて黒雲にうち乗つて虚空にあがらせ給ひけり」と何事もなく終わる。

「船弁慶」は、

——頼朝の不興を買って都から西国落ちの源義経一行が、大物浦に静御前を残して船出する。やがて海上には平家の一門が浮かび出て、平知盛の幽霊が「潮を蹴立て悪風を吹きかけ」襲いかかる。義経は少しも騒がず、打物抜き持ち、うつつの人に向かうが如く、言葉を交わし戦えば、弁慶は押し隔てて、数珠押し揉んで祈り、悪霊を遠ざける。——

という話で、平家の怨霊を鎮めるのが、仇ながら僧でもある弁慶だという点を除けば、それ以外は特に変わった点はない。

「来殿」は「雷電」の簡略版なので省略する。

6　やり残したことへの執着

この型は事例は少ないが、和歌や音楽の道に深く傾倒した人物が、何かの願望を叶えられぬままに死んだ場合に、それが執念となって成仏を妨げた例である。
作品名は以下の通り。

［二番目物（＝男、修羅物）］
忠度　前シテ＝老海人、後シテ＝平忠度の霊、ワキ＝旅僧、ワキツレ＝従僧二人
俊成《しゅんぜい》忠度　シテ＝平忠度の霊、ツレ＝藤原俊成、ワキ＝岡部忠澄
経政　シテ＝平経政、ワキ＝仁和寺僧都行慶
［三番目物］
源氏供養　前シテ＝里の女、後シテ＝紫式部の霊、ワキ＝安居院《あぐい》の法印、ワキツレ＝従僧二人

シテとして登場するのは、「1　合戦という修羅道」の類型に多い武将たちも含まれるが、異なる点は、こちらの武将は合戦の話とは無関係に「幽霊」として現れるのである。武士としての殺生の罪業が成仏できない理由ではなく、それ以外の執着を持っている人物である。従ってこの「幽霊」には、所属する社会層は関係なく、敢えて言うならば、何らかの教養階層ということになる。
「忠度」は都落ちする平家一門の平忠度が、勅撰集を選ぶ際に自分の歌を収めてもらいたいと願って、藤原俊成に都落ちの寸前に歌を託す。やがて『千載和歌集』が勅撰集としてまとめられ、忠度の歌「さざ浪や志賀の都はあれにしをむかしながらの山ざくらかな」（千載六六）が収められるが、朝敵と

なった平家一門であることに配慮して、忠度の名は出さず「よみ人しらず」とされていた、という話に材を取り、

――俊成の御内だった僧が西国行脚で須磨の浦へ赴く。所の老人と話すうちに日も暮れ、一夜の宿を請うと、「行き暮れて木の下影を宿とせば、花や今宵の主ならまし」と、詠めし人は此苔《この》の下」「薩摩守忠度と申しし人は、此の一ノ谷の合戦に討たれぬ。ゆかりの人の植ゑ置きたる、しるしの木にて候ふなり。……花の台《うてな》に座し給へ」と花陰に宿ることを勧められ、忠度の菩提を弔う読経をしながら夜を過ごすこととなる。やがて忠度の霊が現れて「さなきだに妄執多き娑婆なるに。何中々の千載集の歌の品には入りたれども、勅勘の身の悲しさは。よみ人知らずと書かれし事、妄執の中の第一なり。されどもそれを撰じ給ひし俊成さへ空しくなり給へば、御身は御内にありし人なれば、今の定家君に申し、然るべくは作者をつけてたび給へ」と願う。――

という筋書きである。「俊成忠度」も同工なので省略に従う。

また「経政」の方は、仁和寺の僧都行慶が、かつて琵琶の名手であった平経政に法皇から預け下されていた、青山《せいざん》という琵琶を仏前に置いて、法皇の命によって管絃講で経政を弔うと、経政の「幽霊」が現れる。経政は管絃講の御蔭で現世に戻って、夜遊に加わり、心を伸べられた反面、合戦の修羅道もまた復活してしまう。琵琶への執着が成仏できない原因として扱われてはいないが、芸道への深い傾倒の持つ力を示すものとはなっている。

三番目物の「源氏供養」は安居院の法印が石山の観世音へ詣ると、紫式部の霊が登場し、「我石山

に籠り、源氏六十帖を書き記し、亡き跡までの筆のすさび、名の形見とはなりたれども、かの源氏に終に供養をせざりし科により、浮ぶ事なく候へば、然るべくは石山にて、源氏の供養をのべ、我が跡弔ひてたび給へ」という願いを伝える。

芸道などへの執着が、往生の妨げになるというのは、我々の感覚からいえば不思議でもあるが、『古今著聞集』「宿執二十三」の四八〇には「宿執は天性の染着する所なる事」とあって、「宿執は天性の染着するところなり。文武以下諸雑芸、その道を稟《う》け、その名を思ふの者、老ゆに臨むといへども棄捐しがたし。人皆癖あり、罷《や》めんと欲するもあたはず。これまた前業の然らしむるか」という説明がある。そこには二〇話が収められているが、それぞれの話の主題となる「宿執」の対象を列挙すると、競馬／競馬／居住した建物／法華経の読誦／音楽／舞楽の秘事／琵琶／人事の確執／管絃／笛／箏／釈奠／音曲／世俗への執着／仏法／琵琶／琵琶／音曲／笛／詩歌となる。笛・琵琶などの音曲関連が多いが、とにかく何か心に染み付いたことが宿執とされていたのである。古代・中世の社会で、一般的にどのようなものが「執念」として考えられていたかを知る参考にはなるだろう。

以上1—6の分類に含まれない「幽霊」物としては、三番目物の「身延」が残るが、これは、女の亡霊が身延山で日蓮に会って成仏するというだけの話である。

四　導師としてのワキ

シテとして登場する人物の、妄執・苦患の数々を聞きながら、それを晴らして成仏へと導くのが、ワキおよび例外的にツレの一般的な役割になっている。

能楽の場合は、仏教的な教説の影響が強く、往生の妨げとなる妄執に引かれて、六道を彷徨《さまよ》ったり、あるいは現世に現れたりするのが亡魂である。したがってそうした執念にひかれた亡魂を救済できる人間がワキとして現れる必要がある。そうなると済度《さいど》するのは元来、仏教者の役目であるから、ワキは僧でなければならない。

しかし、一般的には成仏できない魂を済度するのは僧侶の役割だが、死者の執念の在り処によっては、僧侶であるだけでは叶わないので、その場合には、俗人でもシテの縁者や従者、あるいは直接的にシテの妄執の原因となった仇などがワキとなることもある。例えば「忠度」のワキである旅僧は、単に僧侶であるだけではなく、俊成の身内であり、それ故に忠度の願いを定家に伝えて、その執念を晴らすことができる人物なのである。

これまで挙げてきた作品について、一節で述べた「穏やかな幽霊」を除いた作品で、ワキ・ツレとして妄執をいわば解きほぐしていく人間の属性を調べると、次のようになる。

◎僧である場合

死者とは無縁――八島／箙／通盛／知章／頼政／実盛／笠卒塔婆／貞任／碇潜／善知鳥／阿漕／鵜飼／野宮／井筒／仏原／采女／江口／定家／落葉／松風／玉葛／浮舟／三山／求塚／女郎花／通

小町／恋の松原／錦木／船橋／空蟬／松浦／鉄輪

死者の縁者あるいは何らかの根拠を持つ人物——兼平／巴／朝長／二人静／檜垣／梅枝／葵上／道成寺／水無瀬／松山天狗／雷電／来殿／経政／源氏供養／忠度／身延

死者の仇——敦盛／船弁慶

◎僧でない場合

死者の縁者あるいは何らかの根拠を持つ人物——清経／生田敦盛／砧／隅田川／松山鏡／海士

死者の仇——藤戸／俊成忠度／綾鼓／恋重荷

見るとおり圧倒的に僧が多い。ここに挙げた僧の中には、熊谷直実のように、かつて死者と何らかの知己であり、その後に出家したというような人物もあるが、そうした例は少数で、それ以外は「諸国一見の僧」とか「都一見の僧」「〇〇方よりの僧」など、全く死者と特別な縁を持たないか、せいぜい同郷という程度の関係しか持たない。

このことは言うまでもなく、迷妄覚めやらず、修羅道に堕ちて苦しむ死者が、ふとした機縁で済度されるという仏教的な観念を示している。僧たちは単なる話の聞き役としてだけでなく、「幽霊」の抱いている妄念・執着を余すところなく吐露させ、「幽霊」のために読経し供養し、やがて成仏へと導いて行く、計算された大事な役回りとして設定されているのである。

そうした僧による済度とは無関係に、恐らく救われないまま修羅道をさ迷い続けるものもある。それは仏教的救済論の及ばない、深い妄執の世界が存在し、それ自体をテーマとして追求するという文学的設定が、仏教による救済という定型的な能楽の枠を超えたものとして、いわば例外と考えてもよいように思う。

五　救済劇としての能楽

以上で見てきたように、能楽の「幽霊」には、生前の社会層、出現する動機、出現の仕方など、多様な姿がある。

その点では従来の研究者に時に見られるように、能の「幽霊」をすべて怨霊として復讐のために出現するという考え方はできない。

もっとも先行研究の中でも、能楽研究の野上豊一郎は、一方で「能の幽霊の概念は中世の宗教的・土俗的思想の背景を持ち、現世の罪悪――或る特定の個人に対する執念がその一つ――のために成仏しきれない霊魂の彷徨を意味する。彼等は冥途の苛責を受けながらも、その執念を脱しきれないで、復讐のために此の世に現われる」と、すべての能の「幽霊」を復讐のために出現するとしながら、他方で「能に於いて厳正な意味での幽霊というと、痩女、痩男、アヤカシの類の仮面で扮装して、原則的には、ワキに対して直接の目的を持って現われるものに限られるべきである。あでやかな、たおやかな幽霊とか、別に用事もなく、芸だけを見せに出る幽霊とか、そういったような幽霊は、たといその詞章の中に幽霊という言葉は使われてあるにしても、技術的には真実の幽霊からは区別されなければならぬ」と「技術的には」という不明確な限定を付しながらではあるが、「幽霊」は復讐のためだけに出てくるわけではないことを認めていた。

あるいは古典芸能評論家の権藤芳一も「能の幽霊を調べて見ますと、必ずしも、怨みを残している霊だけがあらわれるのではないことがわかります。怨みといった激しい感情ではなく、執心・未練・心残りといった場合でも、幽霊になって出現します」と、事実上、「幽霊」の多様性に注目していながら、「幽霊」についての池田彌三郎(国文学・民俗学)説に惹かれたためか、分類には失敗している。

したがって能の「幽霊」を考える上で、本章ではこれらの研究から一旦離れて、最初から検討し直すことが必要だったのである。

結論的に私は能楽に死者の霊が登場するのは、その救済が目的なのだと考える。

能楽においても、円満な死を遂げた人物の霊は、言うまでもなく成仏を求める必要はなく、登場しても昔語りや縁起・由来を語るだけで消えてゆく。

しかしほとんどの「幽霊」は、過去に苦しみ、往生への願望と自分の一念との間の相剋に悩む境遇にあって、この世に彷徨い出てくる。これら成仏できずに彷徨う亡魂は、共同体社会の中で、弔う人もなしに彷徨う無縁の魂、危険に満ちた餓鬼道などに落ちた魂と共通の性格を持ち、何の救済もなしに放置すれば、大きな禍《わざわい》をもたらしかねない存在であった。そうした「幽霊」が最後は救済され、安らかに成仏するというのが、能楽の「幽霊」物の定型であり、そういう意味では一種の救済劇であると考えてよい。

登場する主人公には、それぞれそれなりの事情があった。繰り返しになるが、まず武士は言うまでもなく、戦うこと、そして敵を殺すことが職能なのであって、そこには必然的に殺生戒を犯すことが含まれている。闘諍の場での妄執もまた武人にとって付きものであった。したがって自ずから救済されずに修羅道に堕ちる運命を背負って生きなければならなかったのである。

武将たち以外の階層では、猟師や漁師もまた、その生業の性格上、殺生を犯さないでは生きていけない人びとである。

遊女も本然的に、男女の妄執を糧として生きているような職業であろう。

あるいは能楽の主人公が女性である場合が多いのは、仏教の教説に忠実に従えば、そもそも女性は往生の対象から外されていたからではないかと思われる。仏教では女性には生来、梵天王《ぼんてんおう》・帝釈天《たいしゃくてん》・魔王・転輪聖王《てんりんじょうおう》および仏の五種にはなれないという、「五障《ごしょう》」と称する障りがあるので、最初から往生の可能性は制約されていた。したがって能楽の作品個々に描かれている妄執には様々な違いがあるが、その以前に女性が主人公であるということで、潜在的に救済の必要性が了解されやすい。「誓願寺」の和泉式部が、「五障の雲のかかる身」と自らのことを語っているのも、このような仏教的な考えの現れである。さらに「仏原」の仏御前などは、「五障三従《さんじゅう》のこの身」と、家にあっては父に、嫁しては夫に、夫死して後は子に従うという「三従」も加わって、束縛にがんじがらめな女性の境涯を口にしている。

しかし武将の「幽霊」が多い理由は、そうした生業の在り方以外にも理由があった。ちなみに能楽にシテとして取り上げられた武将たちの名前を挙げると、坂上田村麻呂・源義経・梶原景季・平忠度・平経政・平通盛・今井兼平・平知章・源三位頼政・斎藤別当実盛・平清経・源朝長・巴・平敦盛・平知盛・安倍貞任となる。ただし坂上田村麻呂の場合は、別に修羅道に堕ちて闘諍の場に縛りつけられているわけではなく、むしろ功成り名遂げた人物として、昔語りをしているような印象さえあって、それ以外の武将たちの苦悩に満ちた語りとは一線を画しているから、それを外して考えると、圧倒的に『平家物語』の登場人物が多い。その中には必ずしも有名とは言い難い、なぜわざわざ取り上げられたか分からないような名前も含まれている。しかも武将を扱った「幽霊」物の多くは、どれも大差ないといっていいような展開を示す。

恐らくこの背景にあるのは、能楽の最大の後援者が上級の武士層であった事実である。彼らが同じ武士階層として、平曲の琵琶の音に乗せて語られる『平家物語』などでよく知られた、かつて戦闘の場で悲劇的な死を遂げ、弔う人もなく彷徨っているに違いない、平家の武将たちへの共感と同情を抱いたことから、文学上の要請だけに留まらない、悲劇の武将たちを丹念に弔って回る、いわば救済の物語としての能楽が上演されるようになったのではないだろうか。

しかも室町期の上級武士層であれば、『平家物語』に登場するような武家の名門としての源平の武将たちは、場合によっては彼らの血の繋がる祖先であるかもしれず、その点でも供養・済度する必然はあったのである。

さらにその死の現場は、例えば西海に落ちた平家の場合、命を落とす合戦の場は、本貫《ほんがん》の地とは遠く離れた異郷である。それもまた彼らの霊を安らかならざるものとする大きな要因であった。

現に生きている武将たちが過去の武将たちを扱った能楽を演じたり見たりするのは、戦国の武将たちが合戦の後に、大施餓鬼《おおせがき》を行って死者を供養したのと同じような感覚だったのではないか。それを裏付けるのは、番外謡曲の「柴田」「北条」に出てくる、柴田勝家と北条氏政である。

「柴田」では、尾張から出た僧が北之庄に赴くと、不思議なことに一面に茂った草原に、「さもいかめしき老武者の、甲冑を帯し色めく姿」が見える。もしかして勝家ではないかと問うと、「我勝家が幽霊なるが、浮世の妄執晴れながら、御弔の報恩に、二度まみえ申すなり」と答える。

また「北条」でも、五山の傍らに住む僧が東国行脚の折に小田原へ赴くと、北条氏政の霊が現れて「我はもとより埋木の朽ち果てたりし身なれども、夢にまみえて御僧の教を頼むばかりなり」「身は朽ち果てて跡にしも、名は残りつつ武士の、八十氏人の氏政が、幽霊なれや今ここに、忍ぶとすれど名取川、現れ渡る埋木の、はかなき水のあはれ世の、面影消えて失せにけり」と終わる。

『太閤記』によれば、文禄三年(一五九四)三月十五日に大坂城本丸において、豊臣秀吉の御伽衆《おとぎしゅう》である大村由己《おおむらゆうこ》による「新作の謡、芳野花見・高野参詣・明智・柴田・北条」が演じられたとあって、これらは秀吉の意を受けての新作能であったと考えることが可能である。明智光秀・柴田勝家・北条氏政は共に秀吉によって滅ぼされ、光秀は土民に討たれ、勝家は自害、氏政は切腹して終わったが、能楽を文化的に支える階層としての武将たちにとっては、まさに現代史の人物だったわけで、彼らをシテとして能楽が作られるということは、やはり彼らの鎮魂が目的だったとしか考えられないのである。

こう見ると、能楽の「幽霊」物の多くが、単に個人が何かの弾みで陥った妄執の世界から逃れられないという、個別具体的な悲劇を描くだけでなく、生きていく世界のなかで、個人の選択を超えた、遁れ得ない宿業のような妄執からの解脱をも意図したものであったと考えてよいように思う。

そのようなものとして、能における「幽霊」も、「幽霊」そのものを語るのではなく、彷徨える死者と、それを助ける生者との、死者と生者との間に生まれる絆の物語として理解すべきだと、私は考えている。

文献一覧

＊史料・注釈書の（　）内の人名は編者もしくは校注者を表す

◎本文でテキストとして引用した史料・注釈書

『和泉式部集・和泉式部続集』（清水文雄、一九八三、岩波文庫）
『うたゝね・竹むきが記』（次田香澄・渡辺静子、一九七五、笠間書院）
『宇津保物語』一―三（河野多麻、日本古典文学大系一〇―一二、一九五九―六二、岩波書店）
『栄花物語』上・下（松村博司・山中裕、日本古典文学大系七五・七六、一九六四―六五、岩波書店）
『現代語版　栄花物語　全』（横山青娥・壽賀子、一九六九、武蔵野書院）
『往生要集』（石田瑞磨、『源信』、日本思想大系六、一九七〇、岩波書店）
『落窪物語・住吉物語』（藤井貞和・稲賀敬二、新日本古典文学大系一八、一九八九、岩波書店）
『神楽歌・催馬楽・梁塵秘抄・閑吟集』（臼田甚五郎他、日本古典文学全集二五、一九七六、小学館）
『現代語訳　蜻蛉日記』（室生犀星、二〇一三、岩波現代文庫）
『金葉和歌集・詞花和歌集』（川村晃生他、新日本古典文学大系九、一九八九、岩波書店）
『源氏物語』一―五（柳井滋他、新日本古典文学大系一九―二三、一九九三―九七、岩波書店）
『古今和歌集』（小島憲之・新井栄蔵、新日本古典文学大系五、一九八九、岩波書店）
『古今著聞集』上・下（西尾光一・小林保治、新潮日本古典集成、一九八三、新潮社）
『古今著聞集』（永積安明・島田勇雄、日本古典文学大系八四、一九六六、岩波書店）

『古事記・祝詞』（倉野憲司・武田祐吉、日本古典文学大系一、一九五八、岩波書店）
『後拾遺和歌集』（久保田淳・平田喜信、新日本古典文学大系八、一九九四、岩波書店）
『後撰和歌集』（片桐洋一、新日本古典文学大系六、一九九〇、岩波書店）
『今昔物語集』一―五（今野達他、新日本古典文学大系三三―三七、一九九三―九九、岩波書店）
『狭衣物語』一・二（小町谷照彦・後藤祥子、新編日本古典文学全集二九・三〇、一九九九・二〇〇一、小学館）
『更級日記』（原岡文子、二〇〇三、角川ソフィア文庫）
『更級日記・平中物語・篁物語・堤中納言物語』（西尾光雄他、現代語訳日本古典文学全集、一九五四、河出書房）
『山家集・金槐和歌集』（風巻景次郎・小島吉雄、日本古典文学大系二九、一九六一、岩波書店）
『拾遺和歌集』（小町谷照彦、新日本古典文学大系七、一九九〇、岩波書店）
『新古今和歌集』（田中裕・赤瀬信吾、新日本古典文学大系一一、一九九二、岩波書店）
『千載和歌集』（片野達郎・松野陽一、新日本古典文学大系一〇、一九九三、岩波書店）
『雑談集』（山田昭全・三木紀人、一九七三、三弥井書店）
『太閤記』（佐竹昭広、新日本古典文学大系六〇、一九九六、岩波書店）
『篁物語・平中物語・浜松中納言物語』（遠藤嘉基・松尾聰、日本古典文学大系七七、一九六四、岩波書店）
『竹取物語・伊勢物語』（堀内秀晃・秋山虔、新日本古典文学大系一七、一九九七、岩波書店）
『竹取物語・伊勢物語・大和物語・平中物語』（片桐洋一他、新編日本古典文学全集一二、一九九四、小学館）
『中世日記紀行集』（福田秀一他、新日本古典文学大系五一、一九九〇、岩波書店）
『中世和歌集　鎌倉篇』（近藤潤一他、新日本古典文学大系四六、一九九一、岩波書店）

『中世和歌集　室町篇』(稲田利徳他、新日本古典文学大系四七、一九九〇、岩波書店)
『土佐日記・蜻蛉日記・紫式部日記・更級日記』(長谷川政春他、新日本古典文学大系二四、一九八九、岩波書店)
『とはずがたり・たまきはる』(三角洋一、新日本古典文学大系五〇、一九九四、岩波書店)
『日本書紀』上・下(坂本太郎他、日本古典文学大系六七・六八、一九六五・六七、岩波書店)
『日本霊異記』(出雲路修、新日本古典文学大系三〇、一九九六、岩波書店)
『袋草紙』(藤岡忠美、新日本古典文学大系二九、一九九五、岩波書店)
『風土記』(秋本吉郎、日本古典文学大系二、一九五八、岩波書店)
『平安鎌倉私家集』(久松潜一他、日本古典文学大系八〇、一九六四、岩波書店)
『方丈記・徒然草』(西尾実、日本古典文学大系三〇、一九五七、岩波書店)
『方丈記・徒然草』(佐竹昭広・久保田淳、新日本古典文学大系三九、一九八九、岩波書店)
『発心集』(梁瀬一雄、一九七五、角川文庫)
『枕草子』(渡辺実、新日本古典文学大系二五、一九九一、岩波書店)
『万葉集』一—四(佐竹昭広他、新日本古典文学大系一—四、一九九九—二〇〇三、岩波書店)
『紫式部日記・紫式部集』(山本利達、新潮日本古典集成、一九八〇、新潮社)
『謡曲三百五十番集』(一九二八、日本名著全集刊行会)

◎その他の史料・注釈書

『和泉式部日記』(清水文雄、一九四一、岩波文庫)
『和泉式部日記』(近藤みゆき、二〇〇三、角川ソフィア文庫)
『伊勢物語』(永井和子、二〇〇八、笠間書院)
『伊勢物語』(坂口由美子、二〇〇七、角川ソフィア文庫)
『宇治拾遺物語・古本説話集』(三木紀人他、新日本古典文学大系四二、一九九〇、岩波書店)
『宇治拾遺物語』(渡邊綱也・西尾光一、日本古典文学大系二七、一九六〇、岩波書店)
『大鏡』(松村博司、日本古典文学大系二一、一九六〇、岩波書店)
『落窪物語・堤中納言物語』(松尾聰・寺本直彦、日本古典文学大系一三、一九五七、岩波書店)
『蜻蛉日記』一・二(川村裕子、二〇〇三、角川ソフィア文庫)
『源氏物語』一—五(山岸徳平、日本古典文学大系一四—一八、一九五八—六三、岩波書店)
『現代語で読む　建礼門院右京大夫集』(糸賀みき江、二〇〇二、武蔵野書院)
『古今和歌集』(佐伯梅友、日本古典文学大系八、一九五八、岩波書店)
『今昔物語集』一—五(山田孝雄他、日本古典文学大系二二—二六、一九五九—六三、岩波書店)
『狭衣物語』(三谷栄一・関根慶子、日本古典文学大系七九、一九六五、岩波書店)
『詞花和歌集全釈』(菅根順之、一九八三、笠間書院)
『地蔵経』(石田瑞麿『民衆経典』、仏教経典選一二、一九八六、筑摩書房)
『新古今和歌集』(久松潜一他、日本古典文学大系二八、一九五八、岩波書店)
『竹取物語・伊勢物語・大和物語』(阪倉篤義他、日本古典文学大系九、一九五七、岩波書店)

『堤中納言物語・とりかへばや物語』(大槻修他、新日本古典文学大系二六、一九九二、岩波書店)
『伽婢子』(松田修他、新日本古典文学大系七五、二〇〇一、岩波書店)
『土左日記・かげろふ日記・和泉式部日記・更級日記』(鈴木知太郎他、日本古典文学大系二〇、一九五七、岩波書店)
『日本霊異記』(遠藤嘉基・春日和男、日本古典文学大系七〇、一九六七、岩波書店)
『寝覚』上・中・下(関根慶子、一九八六、講談社学術文庫)
『枕草子・紫式部日記』(池田亀鑑他、日本古典文学大系一九、一九五八、岩波書店)
『枕草子』上・下(石田穣二、一九七九・八〇、角川ソフィア文庫)
『万葉集』一—四(高木市之助他、日本古典文学大系四—七、一九五七—六二、岩波書店)
『紫式部集』(南波浩、一九七三、岩波文庫)
『紫式部日記』(山本淳子、二〇一〇、角川ソフィア文庫)
『夜の寝覚』(阪倉篤義、日本古典文学大系七八、一九六四、岩波書店)

◎参考文献

日本文献

阿部正路『日本の幽霊たち——怨念の系譜』(一九七二、日貿出版社)
池田彌三郎『日本の幽霊』(一九七四、中公文庫)
石井明『幽霊はなぜ出るか』(一九九八、平凡社)
石母田正『日本の古代国家』(一九七一、岩波書店)

井之口章次『仏教以前』（一九五四、古今書院）
岩本裕『極楽と地獄――日本人の浄土思想』（一九六五、三一書房）
上田正昭『死をみつめて生きる――日本人の自然観と死生観』（二〇一二、角川選書）
上野誠『万葉挽歌のこころ――夢と死の古代学』（二〇一二、角川選書）
大島清昭『現代幽霊論――妖怪・幽霊・地縛霊』（二〇〇七、岩田書院）
勝田至『死者たちの中世』（二〇〇三、吉川弘文館）
勝田至編『日本葬制史』（二〇一二、吉川弘文館）
小杉康他編『死と弔い――葬制』（縄文時代の考古学九、二〇〇七、同成社）
小山聡子『もののけの日本史――死霊、幽霊、妖怪の一〇〇〇年』（二〇二〇、中公新書）
小山聡子・松本健太郎編『幽霊の歴史文化学』（二〇一九、思文閣出版）
五来重『日本人の地獄と極楽』（二〇一三、吉川弘文館）
権藤芳一他『日本の幽霊――能・歌舞伎・落語』（一九八三、大阪書籍）
今野圓輔『怪談―民俗学の立場から』（二〇〇五、中公文庫）
西郷信綱『古代人と夢』（一九七二、平凡社）
西郷信綱『古事記注釈』一―四（一九七五―八九、平凡社）
諏訪春雄『日本の幽霊』（一九八八、岩波新書）
大東俊一『日本人の他界観の構造』（二〇〇九、彩流社）
高岡弘幸『幽霊　近世都市が生み出した化物』（二〇一六、吉川弘文館）
高桑枝実子『万葉挽歌の表現――挽歌とは何か』（二〇一六、笠間書院）
田代慶一郎『夢幻能』（一九九四、朝日選書）

多田一臣『古事記私解』一・二（二〇二〇、花鳥社）
田中久夫『祖先祭祀の研究』（一九七八、弘文堂）
田中久夫編『祖先祭祀の歴史と民俗』（一九八六、弘文堂）
津田左右吉『日本上代史の研究』（一九四七、岩波書店）
辻惟雄監修『幽霊名画集――全生庵蔵・三遊亭円朝コレクション』（二〇〇八、ちくま学芸文庫）
永澤峻編『死と来世の神話学』（二〇〇七、言叢社）
野上豊一郎『能の再生』（一九三五、岩波書店）
野々村戒三『能楽古今記』（一九三一、春陽堂）
野々村戒三『能楽史話』（一九四三、春秋社）
伴信友『鎮魂伝』（一九三一、大岡山書店）
堀一郎『我が国民間信仰史の研究』一・二（一九五三、創元新社）
堀一郎『宗教・習俗の生活規制』（日本宗教史研究二、一九六三、未來社）
身崎壽『宮廷挽歌の世界――古代王権と万葉和歌』（一九九四、塙選書）
水谷類『墓前祭祀と聖所のトポロジー――モガリから祀り墓へ』（二〇〇九、雄山閣）
最上孝敬『霊魂の行方』（一九八四、名著出版）
安村敏信『肉筆幽霊画の世界』（二〇一三、新人物往来社）
柳田國男『先祖の話』（柳田國男全集一五、一九九八、筑摩書房）
山折哲雄『死の民俗学――日本人の死生観と葬送儀礼』（二〇〇二、岩波現代文庫）
山岸良二編『原始・古代日本の墓制』（一九九一、同成社）
山田雄司『怨霊とは何か――菅原道真・平将門・崇徳院』（二〇一四、中公新書）

土井卓次・佐藤米司編『葬送墓制研究集成』第一巻〈葬法〉(一九七九、名著出版)
井之口章次編『葬送墓制研究集成』第二巻〈葬送儀礼〉(一九七九、名著出版)
竹田聴洲編『葬送墓制研究集成』第三巻〈先祖供養〉(一九七九、名著出版)
最上孝敬編『葬送墓制研究集成』第四巻〈墓の習俗〉(一九七九、名著出版)
上井久義編『葬送墓制研究集成』第五巻〈墓の歴史〉(一九七九、名著出版)

外国文献

P・アリエス『死と歴史——西欧中世から現代へ』(伊藤晃・成瀬駒男訳、一九八三、みすず書房)
P・アリエス『図説　死の文化史——ひとは死をどのように生きたか』(福井憲彦訳、一九九〇、日本エディタースクール出版部)
P・アリエス『死を前にした人間』(成瀬駒男訳、一九九〇、みすず書房)
R・ガーランド『古代ギリシア人と死』(高木正朗他訳、二〇〇八、晃洋書房)
F・キュモン『古代ローマの来世観』(小川英雄訳、一九九六、平凡社)
F・グレゴワール『死後の世界』(渡辺照宏訳、一九五八、白水社文庫クセジュ)
J＝C・シュミット『中世の幽霊——西欧社会における生者と死者』(小林宜子訳、二〇一〇、みすず書房)
J＝C・シュミット『中世の迷信』(松村剛訳、一九九八、白水社)
H・ハイネ『流刑の神々・精霊物語』(小沢俊夫訳、一九八〇、岩波文庫)
S. Bassett (ed.), *Death in Towns: Urban Responses to the Dying and the Dead, 100–1600*, 1992, London, Leicester Univ. Press.

P. Binski, *Medieval Death : Ritual and Representation*, 1996, London, British Museum Press.

M. Bloch & J. Parry (eds.), *Deathe & the Regeneration of Life*, 1982, N. Y., Cambridge Univ. Press.

J. N. Bremmer, *The Early Greek Concept of the Soul*, 1983, New Jersey, Princeton Univ. Press.

J. N. Bremmer, *The Rise and Fall of the Afterlife*, 2002, London, Routledge.

C. W. Bynum, *The Resurrection of the Body in Western Christianity 200–1336*, 1995, N. Y., Columbia Univ. Press.

O. Davis, *The Haunted : A Social History of Ghosts*, 2007, N. Y., Palgrave Macmillan.

D. Felton, *Haunted Greece and Rome : Ghost Stories from Classical Antiquity*, 1999, Austin, Univ. of Texas Press.

R. C. Finucane, *Ghosts : Appearances of the Dead & Cultural Transformation*, 1996, N. Y., Prometheus Books.

P. J. Geary, *Living with the Dead in the Middle Ages*, 1994, N. Y., Cornell Univ. Press.

B. Gordon & P. Marchall (eds.), *The Place of the Dead : Death and Remembrance in Late Medieval and Early Modern Europe*, 2000, N. Y., Cambridge Univ. Press.

M. J. de Lara Ródenas, *La Muerte Barroca: Ceremonia y Sociabilidad Funeral en Huelva durante el Siglo XVII*, 1999, Huelva, El Servicio de Publicaciones de la Univ. de Huelva.

M. A. León, *La Cultura de la Muerte en Chiloé*, 2007, Santiago de Chile, Ril Editores.

C. Zaleski, *Otherworld Journeys : Accounts of Near-Death Experience in Medieval and Modern Times*, 1987, Oxford, Oxford Univ. Press.

◎エピグラフ出典一覧

アントン・ドンチェフ『別れの時』(松永緑彌訳、一九八八、恒文社)
アレホ・カルペンティエル『失われた足跡』(牛島信明訳、二〇一四、岩波文庫)
フアン・ルルフォ『ペドロ・パラモ』(杉山晃・増田義郎訳、一九九二、岩波文庫)
太田愛『天上の葦』上(二〇一九、角川文庫)
蜂飼耳「遠くの人を思うこと」(安房直子『童話集　白いおうむの森』解説、二〇〇六、偕成社文庫)
ローズマリ・サトクリフ『銀の枝』(猪熊葉子訳、二〇〇七、岩波少年文庫)
トマス・H・クック『キャサリン・カーの終わりなき旅』(駒月雅子訳、二〇一三、早川書房)
バーバラ・J・キング『死を悼む動物たち』(秋山勝訳、二〇一四、草思社)

あとがき

ハチは教授を忘れずに慕いつづけ、会いたいと願ったが、その様子に悲しんでいるとか、気落ちしたようなそぶりは認められなかった。それどころか、いつかもう一度会えるのだと、心から信じているように希望をもってふるまっていたという。ハチにとって上野教授がそうだったように、わたしたちの多くもまた、だれかにとって自分がかけがえのない存在でありたいと願っている。ハチが教授を心にとどめたように、わたしたちもまた、死んでもなお自分のことを大切に思い続けてもらいたいと心から願っている。

B・J・キング『死を悼む動物たち』

どちらかと言うと、現世的で楽観的な性質で、これまで「死」というものを差し迫ったものとしては受けとめてこなかった。しかし年齢的に七十歳に近づく頃から、種々の点で自分の衰えを感じると共に、友人・知己の何人かを送る経験が重なると、否応なしに「死」について考えざるを得なくなった。しかも東日本大震災や熊本地震に各地の水害が加わり、新型コロナ・ウイルスが蔓延し、果てはウクライナで戦争勃発という事態になると、ますます身に迫る感を抱くようにならざるを得なかったのである。

個々人の年齢とか体験とかを除いて、日本人全体としても、現在は恐らく第二次世界大戦以来もっとも「死」を身近なものとして感じている時代ではないだろうか。

もはや数十年以前になるが、藤田省三氏と雑談をしていたときに、藤田氏が戦後の左翼運動の誤りの一つは、戦死者の慰霊の問題を取り上げなかったことだと、ぽつんと語ったことがある。その時は、あまり深く考えなかったのだが、後になって柳田國男の『先祖の話』を読んでいる間に、この記憶が蘇った。お兄さんたちを戦争で亡くした藤田氏には、この問題の重さが実感されていたのだろう。

柳田國男が『先祖の話』を書き終えたのは、いよいよ敗戦必至という一九四五年の五月の終わりで、刊行は戦禍の跡もまだ生々しい翌年四月である。そのモティーフは、戦争で倒れながら、祀る人もなしに彷徨う、死者の霊魂をいかに慰めるかという点にあったと思う。慰霊というのは、それによって送る側の人が慰められるという意味では、何よりもまず死者を送る生者の側の問題なのである。特に自分の思いを語る暇もなく、非業の死を遂げた家族・縁者を持つ人々にとっては、死者の思いを知りたい、もう一度どのような形でもいいから死者と会いたいという願いは痛切なものに違いない。

自らのことを現世的な人間だと規定したが、私は小学校に入る前年の十二月に、父親を結核で喪った。私もまた罹患したため、子供時代は病弱で、子供ながらに「死」を意識することもなかったとはいえない。

そうした事情で、私にとって父の記憶というのは、ごく微かで断片的なものに過ぎない。母方の祖父のお陰で暮らしに困ることもなく、無事に成人できたわけだが、だからといって父親の不在が何の意味も持たなかったとはいいにくい。「父がいれば何と言っただろう?」とか、単純に「父に会ってみたい」という思いが浮かぶこともあった。それは「幽霊でもいいから」という感じであった。そういう点では、幽かながら父はまだ私の中に生きているといってもよさそうだ。

実は本書で全く手のつけられなかった問題がある。それは比較史的な考察である。Nancy Caciola という研究者は、中世ヨーロッパにおいて、超自然的な存在について神学者が数世紀にわたって構築してきた、宇宙的・超越的かつ道徳主義的な見方に対して、地域社会の住人は親しみやすく主観的で道徳とは無関係な見方をしており、これが死者への対し方と深く関わっていたと指摘している。ヨーロッパでも、キリスト教社会として簡単にくくって終わりにするわけにはいかない、いわば水面下の文化的伝統に、キリスト教神学から外れた別の観点があったのである。

映画の場面などでも、片鱗は窺える。例えばアルモドバル監督の映画『ボルベール(帰郷)』の冒頭の場面、墓地でたくさんの家族が、それぞれの家の墓を掃除し、花を供えているシーンを見て、まるで日本のお彼岸やお盆の光景だとびっくりした。ペドロ・ヌニェス氏に「どういう風習なのか」と尋ねたところ、El día de los fieles difuntos(亡き信徒たちの日)の習慣で、スペイン各地で今も行われているのだと教えられた。恐らく源流はスペインの民俗的文化にあるのだろうと思って調べようとしたが、およそ参考書が見当たらないので諦めた。

あるいは死者の日に死者が橋を渡って生者の国に行けるのは、唯一、生きている者が死者を覚えていて、祭壇に写真を飾っている場合だけだ、つまり生者の国と死者の国を結ぶのは思い出だけだという、アニメ映画『リメンバー・ミー』のメッセージは、私の考えとピッタリ符合する。すっかり観光行事のようになってしまったメキシコの死者の日ではあるが、その起源を考えれば、キリスト教の外被の下にある伝統社会との繋がりにあるのではないか。そして死者と生者の絆というのは、決して日本人だけの問題ではなく、というよりむしろほとんど世界的に通用するような主題なのだと感じたのである。

しかし比較史も必要だと感じて、参考となる文献をある程度集めて読んではいるが、実際に、この問題を追究するとなると膨大な仕事になるし、知りたいことの書いてある文献は案外少ない。そのため心残りではあるが、これは断念した。ただ外国の事例で学んだことは、方法論上の示唆を含めて、間接的に本書の内容に反映されていると思う。

なお本書の書名については、「まえがき」でも書いたが、さらに一言書き添えておくと、声高に何かを主張するような本ではないし、自分としては水が浸透するように、静かに読者の中に入り込んでいくような本が書きたかったので、それが成功したかどうかは別として、そういう意図の伝わるような書名を思いつくまで、少なからず迷った。結果、今一つ自信はないが、この書名に落ち着いたわけである。

私自身も人生の幕が下りる前に片付けなければならない問題がいくつかあるので、本書を出したことによって、とりあえずその一部は答を出したことになる。果して本になるかどうかも確信が持てないまま史料を読み始めてから、遅々たる歩みだった。締め切りのない仕事だったせいか、はたまた歳でのろくなったせいか、何とも言えないが、ようやくこれもまた「冥土の旅の一里塚」となるであろう。

最後に、本書もまた、岩波書店から出版したこれまでの著書と同じく、入江仰さんの手をお借りして世に送ることができた。毎回、丹念な作業をお引き受け頂いて、入江さんならびに校正担当の方々には、心から御礼申し上げる。かつて出版社に身を置いた経験から、編集・校正の苦労は身に沁みているので、無用な御迷惑をお掛けすることがなかったことを願う。

二〇二二年六月

著者識

12 世紀末期？	『山家集』成立

1200 年代

1201（建仁元）	『式子内親王集』成立
1205（元久 2）	『新古今和歌集』成立
1212（建暦 2）	『方丈記』成立
1216（建保 4）以前？	『発心集』成立
1233（天福元）頃	『建礼門院右京大夫集』成立
1254（建長 6）	『古今著聞集』成立

1300 年代

1305（嘉元 3）	『雑談集』成立
1313（正和 2）以前	『とはずがたり』成立
1329（元徳元）～1349（正平 4）	『竹むきが記』
1330（元徳 2）～1350（正平 5）頃	『徒然草』成立
1352（観応 3）頃	『兼好法師集』成立
1357（延文 2）	『頓阿法師詠』成立

1400 年代以降

1437（永享 9）	『正徹永享九年詠草』成立
1501（明応 10）～1536（天文 5）	『再昌草』成立
1666（寛文 6）	『伽婢子』刊行

1000年代

1001(長保3)頃	『枕草子』成立
1001(長保3)〜1010(寛弘7)頃	『源氏物語』成立
1003(長保5)〜1004(寛弘元)	『和泉式部日記』
1006(寛弘3)頃	『拾遺和歌集』成立
1008(寛弘5)〜1010(寛弘7)	『紫式部日記』
1019(寛仁3)頃?	『紫式部集』成立
1030(長元3)頃?	『和泉式部集』成立
11世紀中頃?	『公任集』成立
1059(康平2)以降	『更級日記』成立
11世紀中〜後期	『狭衣物語』成立
11世紀中〜後期	『栄華物語』成立
1087(寛治元)	『後拾遺和歌集』成立

1100年代

1126(大治元)	『金葉和歌集』成立
1128(大治3)	『散木奇謌集』成立
1130(大治5)〜1140(保延6)	『今昔物語集』成立
1151(仁平元)	『詞花和歌集』成立
1157(保元2)頃?	『袋草紙』成立
平安末〜鎌倉初期?	『篁物語』成立
平安末〜鎌倉初期	『古本説話集』成立
1178(治承2)	『長秋詠藻』成立
鎌倉初期?	『好忠集』成立
鎌倉前期	『宇治拾遺物語』成立
1180(治承4)〜1235(嘉禎元)	『明月記』
1182(養和2)頃	『高倉院升遐記』成立
1188(文治4)	『千載和歌集』成立

引用史料略年表

700—800年代

712(和銅5)	『古事記』撰録
720(養老4)	『日本書紀』完成
733(天平5)頃	『風土記』撰進
759(天平宝字3)	『万葉集』最後の歌
822(弘仁13)頃	『日本霊異記』成立
平安初期?	『催馬楽』成立

900年代

900(昌泰3)頃?	『伊勢物語』成立
905(延喜5)?	『古今和歌集』成立
935(承平5)頃	『土佐日記』成立
939(天慶2)以降	『伊勢集』成立
951(天暦5)頃	『大和物語』成立
955(天暦9)〜958(天徳2)頃?	『後撰和歌集』成立
965(康保2)頃?	『平中物語』成立
974(天延2)以後	『蜻蛉日記』成立
985(寛和元)	『往生要集』成立
987(永延元)〜989(永祚元)頃	『安法法師集』成立
998(長徳4)	『実方集』成立
970(天禄元)〜999(長保元)	『宇津保物語』成立
10世紀末頃	『一条摂政御集』成立
10世紀末頃?	『落窪物語』成立
10世紀末以降	『檜垣嫗集』成立

山本幸司

1946年生まれ．慶應義塾大学大学院経済史専攻修士課程修了．出版社勤務を経て，中央大学大学院国史学専攻博士課程単位取得．神奈川大学短期大学部・同大学院教授，静岡文化芸術大学教授を務めた．静岡文化芸術大学名誉教授．専門は日本中世法制史・思想史．
著書に『天武の時代』(朝日新聞社，1995)，『頼朝の精神史』(講談社，1998)，『〈悪口〉という文化』(平凡社，2006)，『頼朝の天下草創(日本の歴史 09)』(講談社学術文庫，2009)，『穢と大祓(増補版)』(解放出版社，2009)，『狡智の文化史』(岩波現代文庫，2022)，共編著に『岩波講座 天皇と王権を考える』『網野善彦著作集』，編著に『網野善彦対談集』(以上，岩波書店)などがある．

死者を巡る「想い」の歴史

2022年9月14日　第1刷発行

著　者　山本幸司《やまもとこうじ》

発行者　坂本政謙

発行所　株式会社 岩波書店
〒101-8002 東京都千代田区一ツ橋 2-5-5
電話案内 03-5210-4000
https://www.iwanami.co.jp/

印刷・三陽社　カバー・半七印刷　製本・松岳社

ISBN 978-4-00-061558-7　　Printed in Japan